本书出版得到教育部人文社会科学重点研究基地中华伦理文明研究中心、中国特色社会主义道德文化省部共建协同创新中心、湖南师范大学哲学系资助

康德的相容论

胡好 著

Immanuel

Kant

中国社会科学出版社

图书在版编目（CIP）数据

康德的相容论 / 胡好著 . —北京：中国社会科学出版社，2023.8
ISBN 978 – 7 – 5227 – 2589 – 5

Ⅰ. ①康… Ⅱ. ①胡… Ⅲ. ①康德（Kant, Immanuel 1724 – 1804）—
哲学思想—研究 Ⅳ. ①B561.31

中国国家版本馆 CIP 数据核字（2023）第 169888 号

出 版 人	赵剑英
策划编辑	朱华彬
责任编辑	王　斌
责任校对	谢　静
责任印制	张雪娇

出　　　版	中国社会科学出版社
社　　　址	北京鼓楼西大街甲 158 号
邮　　　编	100720
网　　　址	http://www.csspw.cn
发 行 部	010 – 84083685
门 市 部	010 – 84029450
经　　　销	新华书店及其他书店

印刷装订	北京市十月印刷有限公司
版　　　次	2023 年 8 月第 1 版
印　　　次	2023 年 8 月第 1 次印刷

开　　　本	710 × 1000 1/16
印　　　张	13.5
插　　　页	2
字　　　数	223 千字
定　　　价	88.00 元

凡购买中国社会科学出版社图书，如有质量问题请与本社营销中心联系调换
电话:010 – 84083683

目　　录

第一部分　基本概念

第二部分　核心论证

第三部分　回应质疑

前　言

本书探讨的相容论是指自由和自然因果性（或因果决定论）① 的相容。康德为什么会提出相容论思想，这跟他所处的时代有密切关系。康德哲学脱胎于莱布尼茨—沃尔夫体系，康德本人深受莱布尼茨影响。莱布尼茨提出人类理性的两大迷宫，其中之一是自由与必然的关系问题，这一问题深深影响到康德。除此之外，他还受到其他人影响，比较重要的有休谟和牛顿。休谟对因果关系的怀疑打破了康德"独断论的迷梦"，让他意识到莱布尼茨—沃尔夫体系的局限性。在当时大家都对休谟不够重视的情况下，康德敏锐地意识到休谟的怀疑论动摇了自然科学和机械论的理论基础。另一方面，牛顿力学的巨大成功鼓舞了哲学家，人们纷纷接受了机械论。在这种思潮下，拉美利特、爱尔维修、霍尔巴赫等人认为人不过是部机器，其一切活动都可以用力学规律加以解释，自由意志只是一种纯粹的幻想。康德意识到自由在机械论的图景下陷入了危机。因此，康德面临一个时代问题：机械论无效怎么办，机械论有效又怎么办。于是他一方面积极回应休谟的怀疑论，建构先天必然的自然因果性，夯实自然科学的理论基础，另一方面在承认自然因果性的前提下拯救自由。这就是康德提出相容论的时代背景，他深深意识到相容论问题的紧迫性。②

自由和自然因果性的关系问题在康德哲学中具有非常重要的地位。

---

① 康德用的术语是自然因果性，但在当代相容论讨论中与自由相对的是决定论（determinism），尤其是因果决定论（causal determinism）。由于自然因果性和因果决定论的含义基本是相同的，因而本书使用康德自己的术语。

② 参考曾晓平《自由的拯救与危机》，博士学位论文，武汉大学，1995 年，第 1—2 页。

康德在写给克里斯蒂安·加尔弗的信中说道:"我的出发点不是对上帝存在、灵魂不朽等等的研究,而是纯粹理性批判的二律背反:'世界有一个开端,世界没有一个开端'等等。直到第四个二律背反:'人有自由;以及相反地;没有任何自由,在人那里,一切都是自然的必然性。'正是这个二律背反,把我从独断论的迷梦中唤醒,使我转到理性本身的批判上来,以便消除理性似乎与它自身矛盾这种怪事。"① 这里的"第四个二律背反"就是《纯粹理性批判》中的第三个。从信中不难看出,自由和自然因果性的关系问题是康德批判哲学体系的出发点。如果联系到《判断力批判》,我们还会发现这个问题贯穿批判哲学体系的始终。

相容论对康德来说既是紧迫的,也是重要的,但康德哲学中紧迫而重要的问题有很多,我作为研究者为什么要选择这个主题呢? 一个直接的原因是我想弄清楚康德对自由和自然因果性的调和是否成功。然而在探讨过程中,我发现还有一系列相关的问题需要考察,比如康德有没有回答休谟的问题、任意和意志是什么关系、自由是什么意思、他对自由和自然因果性的调和算不算相容论,这些问题都是相容论的议题必须回答的。其次才是康德的论证。康德认为以往的经验论和唯理论不区分现象和物自身,在同一种意义下调和自由和自然因果性,因而陷入二律背反,他主张通过区分现象和物自身进行调和。可是他从提出先验观念论的思想开始就遭到大家的批评,于是如下几个问题必须回答:现象和物自身何以能够区分、它们是何种区分,两个世界还是两个方面,最为重要的是,这一区分用来调和自由和自然因果性是否成功。许多研究者急于利用当代的理论资源替康德辩护,然后陷入各种各样的争论之中,我们随处可见这个理论那个理论,却渐渐看不到康德本人的辩护,似乎他的辩护已经过时了,不值一提。我的意图是在相容论问题的观照下,回归康德的文本,看看他能否将自由拯救出来。没有人会否认康德思想的深邃,而相容论正是他面对的问题,我相信他本人的解决值得期待。或许它不是非常完美,但至少会带来一些启发。这正是我研究这个主题的第二个原因,考察康德相容论的当代价值。我们常说哲学的特点是往回看,回到以往的哲学家那里寻找思想资源。那么,我想追问的是,康德

---

① ［德］康德:《康德书信百封》,李秋零译,上海人民出版社 2006 年版,第 242 页。

的相容论能在当代自由意志问题的探讨中带来什么样的启发，尽管这不是本书的主要任务。

关于这一主题，国内外的研究文献汗牛充栋，在此我只简述哈德森（Hud Hudson）、伍德（Allen Wood）和宫睿的作品，因为他们都写了题为"康德的相容论"的著作或论文，其他的成果将在后文中具体引述。哈德森的著作除了序言还有四章，重点是第一章（原书第二章）有关康德相容论的部分。他不满足于单纯的文本研究，而是借用戴维森（Donald Davidson）的异常一元论来替康德辩护。他认为康德的先验自由和自然因果性之间既是个例—个例同一性（token-token identity），又是类型—类型不可还原性（type-type irreducibility）的关系，因而二者能够相容，而且这种新的解读"能够最好地容纳康德文本中传统的、有问题的段落"①。哈德森几乎抛开了所有康德本人进行论证的文本，包括《纯粹理性批判》先验辩证论"纯粹理性的二律背反"部分的第九节和《实践理性批判》的重要段落，所以严格说来，这是种"康德式"的相容论，而不是"康德"的相容论。我不知道哈德森的方案能否解决相容论问题，但对于这个问题，如果康德的方案就能够解决，为什么还要诉诸别的方案？如果不去根据文本重构康德的论证，又如何知道他的论证能否解决？

伍德的论文基于康德的文本展开，这是我们研究康德的相容论无法绕开的一篇论文。他认为康德在论证自由的可能性时，不必证明他的形而上学理论是正确的，只需要表明反对者无法证伪自由。并且，他主张康德从两种立场的角度调和自由和自然因果性，"作为经验性品格的结果，我们的行动被自然原因决定，因而是不自由的。但作为我们的理知品格的结果，同一些行动却可能被先验地自由原因产生"②，因而是自由的。所以，同一些行动在一种立场上是被自然因果性决定的，在另一种立场上却是自由的，二者并不冲突。接着他提出两个子问题：其一，如果自然原因能够决定我们的行动，那么我们如何能够具有绝对自发性的能力；其二，如果我们的每一个行动在原则上都能被精确预测，那么我

---

① H. Hudson, *Kant's Compatibilism*, Ithaca and London: Cornell University Press, 1994, p. 7.

② A. W. Wood, "Kant's Compatibilism", *Self and Nature in Kant's Philosophy*, ed. by Allen W. Wood, Ithaca: Cornell University Press, 1984, p. 85.

4 / 前 言

们如何能够具有本来可以不这么做的能力？他诉诸自然因果性是理知因
果性的结果来解决第一个问题，而诉诸无时间的能动性能够敞开某个特
定的可能世界来解决第二个问题。① 伍德对论证的重构和对质疑的回应都
极具启发，很多地方我都非常赞同。宫睿的论文也很重要。他涉及"自
行开始""无时间性""做另外的事情的能力""归责"等一系列复杂问
题，并且诉诸两种品格来解决相容性问题。自然因果性是经验性品格，
自由因果性是理知品格，由于经验性品格是理知品格的感性图型，前者
是后者的反映，因而二者是相容的。在我看来，伍德的"两种立场"和
宫睿的"两种品格"各抓住了康德相容论的一个侧面，但都不够全面，
它们合起来可以建构一个倒 T 模型。倒 T 模型才反映康德相容论的全貌。

　　本书的任务是重构康德的论证，考察他既要自由又要自然因果性的
诉求是否成功，并且考察这种相容论在当代自由意志问题的讨论中能否
提供有价值的思想。在选材方面，只考察两种因果性的关系问题，不涉
及自由的目的在自然中的实现问题，因而讨论的文本集中在《纯粹理性
批判》和《实践理性批判》，不涉及《判断力批判》。② 在研究方法方面，
力图将问题研究和文本研究结合起来。哲学史研究经常被批评为缺乏问
题意识，钻故纸堆，但这种研究也可以有明确的问题，只不过这些问题
不同于那些纯论证性的问题而已。本书试图直面康德的相容论相关的种
种问题，将它们揭示出来，根据文本和其他资源进行解决，而不是脱离
文本，另起炉灶。

　　本书的写作偏向于分析风格，遵循五条原则。第一，要有敏锐的问
题意识。不拘泥于琐碎的文本考证，而是提出一些有趣的问题，例如异
质性问题和基于对比解释难题的动机选择问题，希望能给人一种"哇，
还真是个问题"的感觉。第二，观点明确。对于一些疑难问题，明确给
出观点，不模棱两可，并且尽可能保持观点的一致性。第三，概念清晰。
不使用修辞，例如隐喻、反讽，直接给出字面意思，不用深究微言大义。

---

　　① Cf. A. W. Wood, "Kant's Compatibilism", *Self and Nature in Kant's Philosophy*, ed. by Allen W. Wood, Ithaca：Cornell University Press, 1984, pp. 85 – 93.

　　② Cf. H. E. Allison, *Kant' Theory of Taste*, Cambridge：Cambridge University Press, 2001, p. 203.

当然，这期间我尽量使用可读性更好的写法，而不是像个机器人在写作。第四，论证严密。但凡提出重要观点，都给出理由和证据来支持它，而不是仅仅给出一些断言。第五，要有突出的结构意识。本书的各章之间、每一章的各节之间、每一节的各目之间，甚至是每一目的各段之间都具有合乎逻辑的关系，并且注重部分与部分之间的过渡与衔接，形成一个有机整体，而不是零散的章、节、目。简言之，问题、观点、概念和论证方面的原则都是为了让写作更明晰，结构意识则为了让全文具有整体的明晰性。特拉松当年批评康德的《纯粹理性批判》举例太少，以至于书的篇幅虽然短了，但让人阅读的时间却长了。他说了句著名的话："有些书如果不是如此简短的话，那将会简短得多。"康德却认为举例子虽然可以在章节的局部变得明晰，但妨碍了整体的明晰性，于是他反驳："有些书如果不是如此明晰的话，那将会明晰得多。"① 这让我意识到整体的明晰性的重要性。我将通过对结构的编排尽可能做到这一点。

本书分为三大部分，第一部分是基本概念，第二部分是核心论证，第三部分是回应质疑。第一部分相当于康德相容论的准备工作，后两部分分别是相容论的正面论证和反面论证。我将表明康德的论证是成功的，并且仍然具有当代价值。具体安排如下：

第一部分分两章，依次是自然因果性和自由。讲到康德的因果观，我们自然会联想到休谟，因而第一章的一个重点是康德对休谟因果观的继承与改造。另一个重点是康德在第二类比中对自然因果性的确立。第二章在康德有关自由的众多表述中考察自由的含义。两对自由是这一章的重点。一对是先验自由和任意自由，二者是同一个自由在理论和实践两个领域的运用。虽然理论和实践领域使用的术语不同，但它们都指向同一个对象。另一对是合法则的自由和自发的自由，它们由任意自由的歧义所致。这一章还会处理一个难题，第一批判中先验辩证论和先验方法论有关先验自由和实践自由关系的论述究竟是否冲突。

第二部分包括第三、四、五章。第三章确立康德的相容论立场。由于康德的先验观念论，他是否主张相容论成为一个问题。自由和自然因

---

① 参见 [德] 康德《纯粹理性批判》，邓晓芒译，杨祖陶校，人民出版社 2004 年版，第7页。

果性有四种可能关系，分别是相容、不相容、既相容又不相容、既非相容又非不相容。有趣的是，这四种关系都有文本依据，也都有人主张，因而引发难题。该章通过细致分析将康德确立为相容论者。第四章考察相容论的基础：先验观念论，回答三个子问题：其一，现象与物自身何以能够区分；其二，现象与物自身是何种区分，两个视角还是两个世界；其三，时间的先验观念性在捍卫自由的过程中起什么作用。第五章是本书重点，即重构康德相容论论证。这一章以第三个二律背反为契机，引出相容论问题，然后概括出康德两步走的解决思路，即自由的可能性论证和自由的现实性论证。在自由的可能性论证中，通过两个方面和两种品格的铺垫，概括出倒 T 模型。康德使用这一模型论证了自由和自然因果性不相冲突的可能性。而在自由的现实性论证中，他利用作为理性事实的道德律，反推出自由的现实性。在康德看来，两步走的解决方案实属无奈之举，假如可以一步到位就绝不会这么做。

第三部分分三章，通过回应质疑的方式来反证康德相容论的合理性。第六章考察过度决定问题。同一个行动被自由因果性和自然因果性决定，因而它被过度决定了。由于自由看上去随附于自然因果性，因而它是多余的，光靠自然因果性就足以对行动提供解释。这给相容论带来毁灭性打击，它意味着康德所有拯救自由的工作都白费了。第七章考察他律行动的归责问题。这是个经典的质疑，最早由与康德同时代的莱因霍尔德（C. L. Reinhold）提出。它是从合法则的自由引出来的。自由必须是合乎自律的，这样一来，他律行动成为不自由的，而不自由的行动不能追究责任，因而诸如杀人放火这类他律行动不能追究责任，这是很荒谬的。因此，合法则的自由会带来荒谬的结论。如何给他律行动归责成为急需回答的问题。第八章考察基于对比解释难题的三个质疑，它们都否认行动是自由的这一点。第一个质疑是动机选择问题。基于任意（Willkür）的绝对自发性，我们无法对它选择感性动机还是理性动机提供对比解释，也就是无法回答为什么选择一个动机而不是另一个动机的问题，因而这种选择是随机的，随机选择不自由，所以这里出现一个吊诡的问题，彰显自由的绝对自发性恰好变成了不自由。其他两个质疑分别是时机选择问题和纯粹机遇问题。它们的内容不同，但思路是相同的，由于给不出对比解释，因而行动是随机的和不自由的。所有这些质疑都针对自由，它们或者认为自由会带来不可接受的后果，或者认为自由是多余的，或者干脆否定行动的自由。因此，如果康德的相容论要成立，就必须认真回应它们。

第一部分

基本概念

第 一 章

自然因果性概念

　　康德的相容论有两个基本概念，分别是自然因果性和自由，前者是首要的，它通过第二类比得以确立。谈到康德的因果观，我们几乎不可避免地要讨论休谟的因果观，因为康德曾说："我坦率地承认：正是大卫·休谟的提醒，在多年以前首先打破了我的独断论迷梦。"① 学界关于康德与休谟因果观的比较性研究成果丰富，国外重要的有拉夫乔伊（A. Lovejoy）、贝克（L. W. Beck）、阿利森（H. E. Allison）、斯特劳森（P. F. Strawson）等人的成果，② 国内比较重要的有钱捷、刘凤娟、邓南海、甄龙、吴童立等人的成果。③ 接下来我将站在前人的基础上展开研究，首先论述休谟的因果观，探讨他想要回答的问题以及他的解决方案，其次论述康德的因果观，指出他俩之间的关联，并重构出第二类比的论证，最后回应一些重要的质疑。

---

　　① ［德］康德：《未来形而上学导论》，载《康德著作全集》第 4 卷，李秋零译，中国人民大学出版社 2013 年版，第 261 页。

　　② Cf. A. Lovejoy, " On Kant's Reply to Hume ", *Kant*: *Disputed Questions*, ed., Moltke S. Gramed, Chicago: Quadrangle Books, 1967, pp. 300 – 301; L. W. Beck, " A Prussian Hume and a Scotish Kant ", *Essays on Kant and Hume*, New Haven: Yale University, 1978, pp. 120 – 129; H. E. Allison, *Kant's Transcendental Idealism*, New Haven: Yale University, 1983, p. 247; P. F. Strawson, *The Bounds of Sense*, New York: Methuen &Co. Ltd, 1966, p. 138.

　　③ 参见钱捷《因果律的休谟诠释和康德诠释——兼对〈休谟因果问题的重新发现及解决〉一文提几点质疑》，《哲学研究》1999 年第 3 期；刘凤娟《康德因果性理论研究》，社会科学文献出版社 2017 年版，第 29—102 页；邓南海《确立客观相继的因果原理——对康德"第二类比"的"弱读"》，《自然辩证法研究》2010 年第 4 期；甄龙《康德"第二类比问题"再探——基于两种因果模式的区分》，《东岳论丛》2014 年第 9 期；吴童立《康德能够解决休谟问题吗》，《学术研究》2017 年第 12 期。

第一节 休谟的因果观

休谟对因果关系的怀疑与重建是很著名的，属于先破后立的结构。后人通常接受他的怀疑，拒绝他的重建。本部分主要重构出他的论证，弄清楚休谟要解决的问题、思路和具体的论证细节，并指出他存在的一些缺陷。

一 休谟因果性论证的重构

休谟追问的是因果关系的必然性的根据，即因果关系为何具有必然性。这个问题又分为两个子问题："对于进入因果观念中的那个必然联系的本质的问题，我们必须放弃直接的观察，而力图去发现其他一些问题，……这些问题共有两个，我将加以考察。第一，我们有什么理由说，每一个有开始的存在的东西也都有一个原因这件事是必然的呢？第二，我们为什么断言，那样一些特定原因必然要有那样一些特定结果呢？"[1]前一个问题涉及的因果关系是普遍的，后一个涉及的是特殊的，它们通常被称为"普遍因果律"和"特殊因果律"。休谟作为一个经验论者，其论证思路是从特殊因果律推到普遍因果律，重点是特殊因果律。

为了论证因果关系的必然性，休谟做的准备工作也值得交代一下。他认为观念是印象的摹本，但凡有一个观念，都有一个相应的印象，无论是感觉印象还是反省印象，总之有个印象的来源。因果关系也是个观念，它也有相应的印象来源。"我们的一切观念无非是我们的印象的摹本，……因此，为了充分了解能力或必然联系的观念，让我们考察一下它的印象。"[2] 在休谟看来，追问因果关系的必然性的根据和追问因果的能力或必然联系观念的印象来源，这两者是一回事。

休谟在《人性论》和《人类理智研究》中对因果关系都有论述，但鉴于后者的论述更为简洁清晰，下文主要参考《人类理智研究》。大多数研究者只注意到这一著作的第四章"关于理智活动的怀疑论的怀疑"，而

---

[1] ［英］休谟：《人性论》（上册），关文运译，商务印书馆1980年版，第94页。

[2] ［英］休谟：《人类理智研究》，周晓亮译，中国法制出版社2011年版，第50—51页。

对第七章"论必然联系的观念"有所忽视。但第七章非常重要,它补充了第四章没有论及的对单一经验的怀疑,还正面论证了对因果关系的重建。下文将综合这两章的内容进行重构。

休谟对特殊因果律的论证可以分为五个步骤:第一步,因果关系的必然联系不来自理性的先天推理,而来自经验;第二步,经验分为单一经验和多个经验,必然联系不来自单一经验;第三步,所以,必然联系来自多个经验,即恒常会合(constant conjunction,即两个事件的经常伴随);第四步,恒常会合的必然联系不来自感性,也不来自理性;第五步,所以,恒常会合的必然联系来自想象力,即习惯性联想。习惯性联想是恒常会合产生的新印象,因果关系的观念正是来自这个印象。这个论证大量运用了排除法。

第一步,既然必然联系不来自先天推理,那就来自经验;第三步,既然必然联系不来自单一经验,那就来自恒常会合;第五步,既然必然联系不来自感性和理性,那就来自想象力。这些都是使用排除法的结果。它在形式上没有问题,接下来我们逐步考察。

第一步,休谟一上来就说:"我将大胆地断言一个不容许有任何例外的普遍命题:这种关系的知识,在任何情况下,都不是由先天的推理获得的,而是……完全从我们的经验中来的。"① 文中"这种关系"指因果关系,它的知识不来自先天推理,而来自经验。之所以如此,有几个理由:(1)如果因果关系的知识来自先天推理,则不需要任何经验即可推断两个事件的关系,但实际做不到,所以因果关系的知识不来自先天推理。例如"不能从水的流动性和透明性推断水能把他窒息"②,换言之,水能使人窒息,这不是一个分析命题,当然不是先天推理。(2)如果因果关系知识来自先天推理,则两个事件的次序会是任意的,因为无论哪种次序都不矛盾,但实际上事件的次序是确定的,所以这种知识不来自先天推理。例如一块石头悬在空中,如果不给它支撑的话,它会立刻落下来,而不会到处乱飞。这种次序是确定的,而非任意的。(3)休谟还回应了一个有力的质疑。有人第一次看到一颗弹子球撞击另一颗弹子球

---

① [英]休谟:《人类理智研究》,周晓亮译,第22页。
② [英]休谟:《人类理智研究》,周晓亮译,第22页。

就能断定第二颗弹子球会弹开，第一次看就能断定，这似乎是先天推理，但休谟认为"它乃是习惯的影响"①。虽然我们以前未必看过一颗弹子球撞飞另一颗弹子球，但一定看过一个物体撞到另一个物体时，将运动传递给那个物体。正因为我们有过类似的经验，所以这一次遇到撞击时能够准确预测。反过来看，如果一个人从来没有遇见过撞击的事例，他是无法断定一颗弹子球能撞飞另一颗弹子球的。由此可知，因果关系的知识绝不来自先天推理。知识要么来自先天推理，要么来自经验，所以它只能来自经验。

第二步，因果关系的必然联系也不来自单个经验，"在任何单一的、特殊的因果事例中，没有任何东西能暗示出能力或必然联系的观念"②。这一步论证较少有人注意到。它相当复杂，可以从两个方面展开。一方面，能力或必然联系的观念不来自物体，因为物体是惰性的，"任何物体都不能显示可以作为那个观念之来源的任何能力"③。关键是第二方面，能力观念也不来自心灵。它又分为两点。其一，心灵可以影响身体，这似乎说明心灵有种能力，但休谟否认这一点，他认为我们没有关于心灵能力的任何印象，因而不能通过摹仿产生能力观念。④ 它主要有两个理由：（1）如果心灵对身体有控制能力的话，它就可以控制身体的一切部位，但实际上有些部位它控制不了，例如心脏和肝脏，所以心灵不具有控制能力。也就是说，休谟认为如果心灵有能力，那就解释不了对身体部位控制的差异。（2）能力等同于因果作用机制，"如果我们知道了一个能力，我们就知道了原因中使原因能产生出结果的那个情节。因为能力和那个情节有同样的含义"⑤。具体而言，心灵的能力等同于神经元活动的作用机制，但"使上述整个活动运行的那个能力是极端神秘而不可理解的，因为它不能被我们的内部知觉或意识直接、充分地认识到"⑥，所以心灵能力是不可知和无法设想的。其二，抛开身体不说，心灵至少可

① ［英］休谟：《人类理智研究》，周晓亮译，第23页。
② ［英］休谟：《人类理智研究》，周晓亮译，第51页。
③ ［英］休谟：《人类理智研究》，周晓亮译，第52页。
④ 参见［英］休谟《人类理智研究》，周晓亮译，第55页。
⑤ ［英］休谟：《人类理智研究》，周晓亮译，第55页。
⑥ ［英］休谟：《人类理智研究》，周晓亮译，第54页。

以控制自己的官能和观念，这应该可以说明它有能力。休谟仍然否定这一点。理由跟上面的类似。理由1：如果心灵有控制能力的话，那它对自身的控制就不会有差异，但实际上有差异，所以心灵没有控制能力。"难道会有任何人妄求指出这些界限的最终理由，或者说明为什么在一种情况下是不足的，而在另一种情况下则相反吗？"① 理由2：由于我们无法理解心灵对自身的作用机制，因而不能断定心灵有能力。"至少我们应当承认，心灵感觉不到，也不知道，甚至不能设想那样的能力。我们只是感到那样一件事情，即随着意志的一个命令，一个观念出现了。但是，对于这个作用进行的方式，对于使观念产生出来的那个能力，我们是完全不理解的。"②

第二步论证非常重要。总的来说，休谟主张原因的能力观念或者原因和结果的必然联系观念不来自单个经验，因为如果它们来自单个经验，则要么来自物体，要么来自心灵，现在它们既不来自物体，又不来自心灵，所以这些观念不来自单个经验。能力观念之所以不来自物体，是因为物体是惰性的，不具有任何能力。这些观念之所以不来自心灵，是因为心灵虽然能够影响身体，也能影响自身的观念，但我们无法理解，也无法设想它的能力。"在物体作用的单一事例中，我们即使作最仔细的检查，也只能发现一个事件跟随另一个事件，并不能了解使原因发生作用，或使原因与其所谓的结果发生联系的任何力量或能力。同样的困难在我们思考心灵对身体的作用时也会出现。……至于意志对它自己的官能和观念的控制力，我们也丝毫不能更容易地了解。"③

第三步，既然因果关系的必然联系来自经验，却不来自单个经验，那么它只能来自多个经验（恒常会合）。"当我们在一个事例或一次经验中看到一个特定事件跟随另一个事件之后，我们没有权利形成一个普遍的规则，没有权利预言在相似情况下什么事情将发生。……可是，如果在一切例证中，特定的一类事件永远与另一类事件会合，我们在一类事件出现后就会毫不犹豫地预言另一类事件也会出现……于是，我们称一

---

① ［英］休谟：《人类理智研究》，周晓亮译，第56页。
② ［英］休谟：《人类理智研究》，周晓亮译，第56页。
③ ［英］休谟：《人类理智研究》，周晓亮译，第60—61页。

个对象为原因，另一个对象为结果。我们假设在它们之间有某种联系，假设在原因中有某种能力，它使原因无误地产生出结果，使原因的作用具有最大的确定性和最牢固的必然性。于是看来，各事件之中的这个必然联系的观念，是从这些事件恒常会合的许多相似例证中产生的。"① 到了这一步，因果关系的模型就由 A→B 转变为（$A_n - B_n$）→（$A_{n+1} - B_{n+1}$）。单个经验必然联系的观念发生在 A 和 B 之间，恒常会合必然联系的观念则在两个括号之间。通过 $A_1 - B_1$、$A_2 - B_2$……一直到 $A_n - B_n$ 的 n 次会合，那么我们可以推出，第 n + 1 次 A 发生时，B 一定会发生。现在的问题在于，两个括号之间的因果关系又来自哪里？

第四步，恒常会合的必然联系的观念不来自感性，也不来自理性。首先，这种观念不来自感性，因为关系是知觉不到的。"一个命题是：我发现这样一个对象永远被这样一个结果所伴随；另一个命题是：我预见到，看起来相似的其他对象将被相似的结果所伴随。请注意，我将承认，后一个命题可以恰当地从前一个命题推论出来。……这两个命题之间的联系不是直觉的。"②

其次，必然联系的观念也不来自理性推理，因为如果它来自理性推理，则要么来自演证性推理（演绎推理），要么来自或然性推理（归纳推理），但它既不来自演证性推理，又不来自或然性推理，所以它不来自理性推理。两种推理涉及著名的"休谟之叉"。休谟将研究对象分为两类，一类是观念的关系，另一类是实际的事情，二者类似于思维与存在的区分。演证性推理是关于观念的关系的推理，或然性推理是关于实际的事情的推理。因果关系属于实际的事情，它显然不来自演证性推理。最简单的一点，演证性推理具有严格的必然性，其反面会出现矛盾，但因果关系的反面不会出现矛盾，因而因果必然联系不来自演证性推理。例如，"难道我就不能清楚明白地设想，一个物体从云中掉下来，它各方面都像雪，只是有盐的滋味，或触之如火吗？……凡是可以理解的事情，凡是可以清楚设想的事情，都不蕴涵矛盾"③。另一方面，因果必然联系也不

---

① ［英］休谟：《人类理智研究》，周晓亮译，第61—62页。
② ［英］休谟：《人类理智研究》，周晓亮译，第27—28页。
③ ［英］休谟：《人类理智研究》，周晓亮译，第28页。

来自或然性推理。它跟著名的归纳问题相关，但本章不涉及这一问题的讨论，只聚焦于休谟的论证。看上去因果必然联系来自或然性推理，因为它从 n 次 A 和 B 的伴随关系推出第 n + 1 次 A 引起 B。但休谟反对这一点，理由大致有二。一是或然性推理是一种从过去推断未来的推理，[①] 它不会增加任何新东西，它顶多可以从 A 先于 B 的 n 次经验推出第 n + 1 次 A 仍然先于 B，但却推不出 A 引起 B 这类因果关系。在先者未必是原因，因果关系是超出先后关系的新东西。这种新东西是推理无法得出的。所以，因果关系不来自或然性推理。二是或然性推理必须以自然齐一性的假设为前提，也就是说，只有假定将来与过去的自然进程相一致，我们才能从过去的经验推断未来，反之，假如"自然的进程可能会改变，过去的事情可能不是将来的规则，那么，一切经验都会变得无用，不能产生任何推断或结论"[②]。但自然齐一性的假设是未经证明的，因而以之为前提的或然性推理不具有确定性。因果关系的必然性不可能来自不具有确定性的或然性推理。休谟注意到有人想从或然性推理来证明自然齐一性，即将来之所以和过去相一致，是因为我们可以根据过去的经验来预测未来。他认为这种做法完全是循环论证。"我们的一切经验结论都是依据将来与过去相一致的假设而作出的。因此，对于最后这个假设，如果我们致力于用或然的论证，即关于存在的论证去证明，那显然一定陷入循环，把正要证明之点当作理所当然的了。"[③] 既然必然联系的观念既不来自演证性推理，又不来自或然性推理，那它也就不来自理性推理。

第五步，我们的认识能力大致分为感性、理性（或知性）和想象力，既然必然联系的观念不来自感性和理性，那它只能来自想象力。两个事件经过恒常会合以后，想象力为必然联系的观念提供的印象是习惯性转移，即当 A 和 B 经过 n 次伴随之后，第 n + 1 次 A 出现时，我们会习惯性地期待且相信 B 将出现，这就从 A 转移到 B 了，而这种转移就产生了必然联系的观念。"在这许多的例证中，并无与假定为精确相似的单一例证不同之处，但只有一点除外，即在相似对象的反复出现之后，心灵由习

---

① 参见［英］休谟《人类理智研究》，周晓亮译，第 28 页。
② ［英］休谟：《人类理智研究》，周晓亮译，第 30 页。
③ ［英］休谟：《人类理智研究》，周晓亮译，第 29 页。

惯所带领，当一个事件出现，就期待通常与它相伴随的事件，并相信那个事件将出现。因此，我们在心中感到的这种联系，想象力由一个对象到与它通常伴随的对象的这种习惯性转移（customary transition），乃是知觉或印象，我们从这个知觉或印象形成了能力或必然联系的观念。"① 值得注意的是，习惯性转移是不同于 A 和 B 的新印象，它不来自 A 和 B，而来自这两者的恒常会合。恒常会合产生这一印象后，进而形成了必然联系的观念。"当有许多一律的事例出现，同样的对象总是被同样的事件所跟随，于是我们就开始接受原因和联系的概念。这时，我们感到一种新的知觉或印象，即一个对象和它的通常伴随对象在思想或想象中的习惯性联系；这个知觉是我们所寻找的那个观念的来源。"② 所谓因果关系，其实就是 "一个原因的出现借助于习惯性转移，将心灵带到结果的观念上"③。

休谟论证的这五步中，前四步可以看作对因果关系的怀疑，第五步可以看作对因果关系的重建。它的核心是恒常会合和习惯性转移（或习惯性联想）。不过这只是论证了特殊因果律的必然性，即特定的原因必然会有特定的结果。那么，如何论证普遍因果律的必然性呢？休谟提出了普遍因果律的任务，④ 却没有给出明确回答。我们仅根据上述论证做一个猜想。他的思路是从特殊因果律推出普遍因果律，关键在习惯性联想。借助于想象力，我们不仅可以纵向地在时间秩序上从原因观念转移到结果观念，还可以横向地从某一个或某一类因果必然联系的观念转移到所有因果必然联系的观念。既然在某一类事件之间存在因果必然联系，那么我们可以期待且相信在其他种类的事件之间也有因果必然联系，进而期待且相信所有事件都有因果必然联系，即一切发生的事情必然有原因。"我们可以设想一下，认识的主体在经验了自然中许多种事物都具有恒常结合的原因后，内心就产生了另外一种习惯性联想，相信其他一切事物也都有其恒常结合的原因。这样一种信念也是产生于事物之间的恒常结

---

① ［英］休谟：《人类理智研究》，周晓亮译，第 62 页。
② ［英］休谟：《人类理智研究》，周晓亮译，第 64 页。
③ ［英］休谟：《人类理智研究》，周晓亮译，第 63 页。
④ 参见 ［英］休谟《人性论》（土册），关文运译，第 94 页。

合的经验，但是，它是由某些种类事物向一切其他种类事物的习惯性推移，而不是 B 命题（特殊因果律）中要求的从过去到将来的推移。前者是横向的推移，后者是纵向的推移；前者是推移到自然中的一切事物，后者是推移到未来同样的两类事物。"① 休谟从特殊因果律推普遍因果律，这也正好体现了他的经验论立场。

顺带提一下，根据休谟的论证结构，他的《人类理智研究》的章节安排似乎不合理。这一著作的第四章和第七章主要论述休谟对因果关系的怀疑和重建。按理说，第四章是怀疑，第七章是重建，这样可以清晰地将两章区分开。可是，第七章第一节还在谈怀疑，而且这个对单一经验的怀疑处于对先天推理和恒常会合的怀疑之间，因此，我们作为读者，可以这样来划分：将第四章分为三节，第一节照旧，第二节将第七章第一节调过来，原来的第二节变成第三节，然后第七章只留下第二节。这样一来，第四章全部谈怀疑，第七章全部谈重建。而在谈怀疑的部分，又分三个层次，第一节是对因果关系的观念来自先天推理的怀疑，第二节是对因果关系的观念来自单个经验的怀疑，第三节是对这一观念来自感性和理性的怀疑。

以上是对休谟因果关系必然性论证的重构。由于习惯性转移来自想象力，因而休谟主张的必然性有个特点——它是主观的。"整个说来，必然性是存在于心中，而不是存在于对象中的一种东西"；"能力和必然性乃是知觉的性质，不是对象的性质。"② 实际上这种必然性是种信念，它是由想象力激发的对两个事件的引起关系的期待和相信的态度。

二　学界对休谟因果性论证的质疑

休谟对因果关系的论证遭到诸多质疑，例如与他同时代的里德（T. Reid）就批评说："由这个原因的定义我们可以推论，夜晚是白天的原因，白天也是夜晚的原因。因为，自世界诞生之初，再也没有哪两个

---

① 刘凤娟：《被误读的休谟》，《南昌大学学报》（人文社会科学版）2013 年第 1 期，第 19 页。

② ［英］休谟：《人性论》（上册），关文运译，第 190—191 页。

东西比它们更加地相互紧随了。"① 这个质疑是针对原因概念的。既然恒常会合能产生习惯性联想的新印象，而习惯性联想又能形成因果关系的观念，那因果关系的观念就来自恒常会合。但事实上恒常会合却可能无法形成因果关系的观念，例如白天和夜晚恒常会合，但它们中的任何一个都不是另一个的原因。当然，当代有新休谟主义的推进，例如麦基（J. Mackie）的 INUS 理论，② 他们对原因概念给出了更为缜密的定义。如何界定原因是个复杂的问题，本章不做详述。

还有些质疑是针对因果关系的必然性的。将必然性的根据建立在习惯和想象力之上，这是不合适的，因为无论是基于习惯还是想象力，都无法得出一个东西的必然性。不同的人有不同的习惯，同一个人此时习惯于这样，彼时习惯于那样，它没有必然性可言，想象力天马行空，更无从谈起必然性。最根本的，休谟的经验论立场就无法确保必然性，来自经验的东西不会具有严格的必然性。正是在这一点上，康德走出了一条完全不同的道路，他从先验论立场出发，直接论证普遍因果律，而非从特殊因果律一步步推出普遍因果律。

第二节 康德的因果观

康德有没有成功解决休谟提出的问题，这是学界争论已久的话题。本书不参与这些争论，而是根据康德的文本，首先论述他对休谟因果观的继承与改造，然后重构出康德因果观的论证，最后概括出自然因果性的特点。

一 康德对休谟因果观的继承与改造

康德和休谟一样，关注的问题是因果关系必然性的根据何在。他赞同休谟对因果关系必然性的怀疑，认为这种必然性不来自理性的先天推

---

① ［英］托马斯·里德：《论人的行动能力》，丁三东译，浙江大学出版社 2011 年版，第 338 页。

② Cf. J. Mackie, "Causes and Conditions", *American Philosophy Quarterly* 2, Sosa and Tooley, 1993.

理。"休谟有理由断言：我们通过理性以任何方式都看不出因果性的可能性"①；"他无可辩驳地证明道：理性完全不可能先天地从概念出发设想这样一种结合"②。但康德不同意休谟本人的重建，"我远未达到赞同他的结论的地步"③。休谟采取排除法，既然必然性不来自先天来源，那它就来自经验（恒常会合）。通过经验，想象力产生了习惯性转移的新印象，由此形成因果关系的必然性观念。康德对此说道："想象力凭借经验而受孕，把某些表象置于联想规律之下，并把由此产生的主观必然性，亦即习惯，硬说成是洞察到的客观必然性。"④ 他批评休谟只满足于因果关系的主观必然性，这样会把原因概念给毁掉。"如果我们像休谟所做的那样，想要把这个概念从发生的事经常地与在先的事相伴随中，从由此产生的诸表象的习惯（因而仅仅是主观的必然性）中引申出来，那么这个概念就会完全失去了。"⑤ 更为重要的是，不单想象力得不到真正的必然性，经验也得不到。"这个概念基于这一点就会只不过是经验性的，而它所带来的规则即一切发生的事情都有原因就会同经验本身一样是偶然的：这样一来，它的普遍性和必然性就会只是杜撰出来的，而不会有真正的普遍有效性了"⑥；"必然性只有在一个联结先天地认识的情况下才能够赋予这些联结；因为经验对一种联结所提供出来的认识只会是'它存在'，却并不是'它必然这样存在'"⑦。经验来源无法提供严格的普遍性和必然性，这是康德的一贯立场。因此，康德赞同休谟对理性的先天推理的怀疑，反对他诉诸经验来获取因果关系的必然性。

康德主张因果必然性必须建立在先天来源之上，不能来自经验。"我却远远没有把这些概念视为仅仅从经验得来的，……毋宁说，我已经充分地指出，它们以及由它们构成的原理都是先天地先于一切经验而确定的。"⑧ 但这种先天来源不是理性提供的，而是出自知性。这是康德对休

① ［德］康德：《未来形而上学导论》，载《康德著作全集》第 4 卷，李秋零译，第 313 页。
② ［德］康德：《未来形而上学导论》，载《康德著作全集》第 4 卷，李秋零译，第 258 页。
③ ［德］康德：《未来形而上学导论》，载《康德著作全集》第 4 卷，李秋零译，第 261 页。
④ ［德］康德：《未来形而上学导论》，载《康德著作全集》第 4 卷，李秋零译，第 259 页。
⑤ ［德］康德：《纯粹理性批判》，邓晓芒译，杨祖陶校，第 3—4 页。
⑥ ［德］康德：《纯粹理性批判》，邓晓芒译，杨祖陶校，第 181 页。
⑦ ［德］康德：《实践理性批判》，邓晓芒译，杨祖陶校，人民出版社 2016 年版，第 63 页。
⑧ ［德］康德：《未来形而上学导论》，载《康德著作全集》第 4 卷，李秋零译，第 314 页。

谟的第一个改造——区分理性和知性。他不满意休谟对它们的混用，"休谟没有在知性的有根据的要求和理性的辩证僭妄之间——其实他的攻击矛头主要是针对后者的——作出任何区别"，① 而是主张虽然因果必然性不来自理性的先天推理，但可以来自知性的先天原理。"我已确知，它们并不像休谟所担忧的那样是从经验派生的，而是从纯粹知性产生的。"② 在康德看来，同样是先天来源，理性和知性有区别，前者的先天推理是单纯先天的，不包含任何经验的成分，就像唯理论者那样从逻辑推论实在，康德将其安置在先验辩证论部分；后者的先天原理既包含先天的要素，又包含经验的成分，先天的部分被称为形式，后天的部分被称为质料，它们是康德予以肯定的，被安排在先验分析论部分。

由先天来源形成的判断有先天分析判断和先天综合判断。由于知性包含了先天的形式和后天的质料，因而它构成的是先天综合判断。而来自经验的判断不包含先天的成分，它是后天综合的。于是，在康德这里，存在着三种认识来源和三种判断类型。这三种认识来源分别是：单纯的先天来源、单纯的经验来源、先天和经验相结合的来源。三种判断类型分别是：先天分析判断、后天综合判断、先天综合判断。而在休谟那里，只有前两种来源和前两种判断类型。休谟只在单纯的先天来源和单纯的经验来源中做选择，即不是前者就是后者，他没认识到还有一种混合式的来源。这是康德对他的第二个改造，增加了第三种认识来源。而且，休谟只在理性的先天分析判断和来自经验的后天综合判断之间做选择，不是前者就是后者，却没看到还有一种先天综合判断。这是康德对他的第三个改造，增加了第三种判断类型。当然，休谟没有使用分析和综合这样的术语，但康德认为他有这样的意思，"休谟也许有个这种思想，尽管他从来也没有把它完全阐明出来，这就是：我们在某一类判断中超出了我们关于对象的概念。我把这类判断称之为综合的。……经验本身就是诸知觉的这样一种综合，它使我凭借知觉而拥有的概念通过另外附加的知觉而得到增加。不过我也相信能够先天地超出我们的概念并扩展我们的知识。……我们的怀疑论者没有区分这两种他本来毕竟应当加以区

① ［德］康德：《纯粹理性批判》，邓晓芒译，杨祖陶校，第 588 页。
② ［德］康德：《未来形而上学导论》，载《康德著作全集》第 4 卷，李秋零译，第 261 页。

分的判断"①。康德说休谟没有区分后天综合判断和先天综合判断，实际
上是批评他没注意到先天综合判断。

休谟否认因果必然性来自理性的先天推理，进而否认一切先天来源，
将必然性建立在经验的根据之上。康德通过区分理性和知性，将必然性
的根据重新拉到先天来源这边。纯粹知性既包含先天形式，又包含后天
质料，它的综合性在容纳经验成分的同时，又能确保因果关系的必然性。
康德同意单纯的概念分析推不出因果关系，"照在蜡块上的阳光同时使蜡
块溶化，却使黏土坚硬，这是没有任何知性能够从我们事先关于这些事
物的概念中猜得出来的，更不用说合法地推论出来了"②，这说明因果关
系离不开经验。但他不同意单纯的经验可以推出因果关系，因为由经验
得到的知识不可能具有必然性。一方面需要经验的成分，另一方面又不
能全都来自经验，于是康德将经验和先天要素结合起来，结合的方式是
先天形式加后天质料。通过形式，我们可以先天地断定发生的事情必然
有原因，通过质料，我们在经验中寻找它的确切原因。简言之，凡是发
生的事情一定有原因，至于这个原因是什么，需要到经验中寻找。这个
过程可能会出错，找到一些虚假的原因，但有原因这一点是毋庸置疑的。
因此，特定结果的特定原因是偶然的，但它有原因却是必然的。

　　尽管我们永远不能直接超越所给予我们的概念的内容，我们毕
竟可以完全先天地……认识那个与其他事物相连结的法则。所以，
如果原先固体的蜡块融化了，那么我就先天地认识到必定有某种东
西先行了（例如太阳的热），融化则是按照某种固定的规律而跟随其
后的，虽然我离开了经验就既不能先天地和无经验教导而确定地从
结果中认识原因，也不能这样从原因中认识结果。所以，他是错误
地从我们按照法则进行规定时的偶然性推论出了法则本身的偶
然性。③

①　［德］康德：《纯粹理性批判》，邓晓芒译，杨祖陶校，第586页。
②　［德］康德：《纯粹理性批判》，邓晓芒译，杨祖陶校，第587页。
③　［德］康德：《纯粹理性批判》，邓晓芒译，杨祖陶校，第587页。

　　第一句中的"法则"就是知性的先天形式，即凡事都有原因。这条法则可以被先天地认识到。当它运用到"蜡块"的例子时，我们可以得到：蜡块融化一定由某种原因引起，不会无缘无故地发生，这个原因必须通过经验，而不能先天地确定，它可能是太阳的热。太阳的热可能是蜡块融化的原因，也可能不是，这个特定的原因对于蜡块融化来说是偶然的，但这件事一定有某个原因。康德批评休谟"错误地从我们按照法则进行规定时的偶然性推论出了法则本身的偶然性"，也就是说，休谟错误地从"特定原因"的偶然性推论出了"有原因"的偶然性，但实际上"有原因"是必然的。换言之，从质料方面看，特定结果有特定原因是偶然的，它容纳了休谟的观点，而从形式方面看，特定结果有原因是必然的，它实现了休谟想要达到而没有达到的目标。

　　纯粹知性的形式有很多，具体到因果关系问题上，它的形式是因果性范畴和由该范畴形成的因果性原理，这条原理就是普遍因果律，即一切发生的事情都有原因。相应的，纯粹知性的质料是感性直观和特殊因果律，即特定的原因有特定的结果。普遍因果律是先天地确定的，具有严格的必然性，特殊因果律则通过经验得到，它虽是偶然的，却具有相对的必然性，即由归纳而来的必然性。不同于休谟的经验论立场，由特殊因果律推出普遍因果律，康德持先验论立场，先天地推出普遍因果律。在康德这里，不是经验使因果关系成为可能，而是因果关系使经验成为可能。"并不是说它们派生自经验，而是说经验派生自它们；这种完全颠倒过来的联结方式，是休谟从未想到过的。"① 但康德并没有从普遍因果律推出特殊因果律，两种因果律是因果律的两种不同方式。这样一来，他保留了休谟主张的来自经验的必然性，而又开出了严格必然性的面向。可是，为什么从形式上看因果关系是必然的呢，如何先天地推出普遍因果律？这就需要回到第二类比，看康德是如何论证的。

二　康德因果性论证的重构

　　康蒲·斯密（K. Smith）和裴顿（H. J. Paton）认为康德在第二类比

---

① ［德］康德：《未来形而上学导论》，载《康德著作全集》第 4 卷，李秋零译，第 316 页。

给出了六个证明，① 但他们的重构过于琐碎。第二类比是所有知性原理中篇幅最长的，这说明康德对它的重视。它共有 28 个自然段，前 16 段是康德的论证，后面有些段落是回应质疑，有些段落是延伸到其他话题。本书简要重构前 16 段的论证，并概括出自然因果性的几个特点。

重构之前，我们再回顾下康德与休谟的区别。在休谟看来，对于 A 先于 B，在经验的累积下，想象力会产生一个习惯性转移的新印象，它将这一新印象添加到 A 先于 B 的知觉上，就得到了 A 引起 B 的因果关系。这种因果关系被称为特殊因果律。康德赞同休谟的地方在于，在 A 先于 B 的知觉上添加一个新东西，会得到 A 引起 B 的结论，但对于添加路径和添加的东西，他有不同看法。显然，作为先验论者，康德不会赞同从经验中获得新东西，这个新东西必须是先天地提供的，它不再是习惯性转移的印象，而是因果性范畴。能够提供因果性范畴的认识能力也不是想象力，而是纯粹知性。因此，在康德看来，对于 A 先于 B 的知觉，知性先天地将因果性范畴添加上去，由此得到 A 引起 B 的结论。除了添加路径和添加的东西，康德得出的结论也与休谟的不同。A 引起 B 固然如休谟主张的那样是种特殊因果律，但在康德这里，它还预先包含了普遍因果律。换言之，A 引起 B 的形式是普遍因果律，即 B 一定有原因或者 A 一定有结果，它的质料是特殊因果律，即当我们说 A 是 B 的原因时，此时已经借助了经验。值得注意的是，从发生学看，形式优先于质料，也就是说，当因果性范畴添加到 A 先于 B 的知觉上，先会得到 B 有原因 x，然后借助于经验，将 A 的知觉充实原因 x，这才得到 A 引起 B 的结论。因此，康德的结论能够容纳休谟的结论，同时还以先天的方式论证了普遍因果律。

上面的问题在于，为什么当因果性范畴添加到 A 先于 B 知觉上能得到普遍因果律呢。叔本华质疑说，如果在 A 先于 B 之上添加因果性范畴就可以得到 A 引起 B，那会是荒谬的。这个质疑下文会详细阐述，在此只回答普遍因果律的问题。康德从先后秩序的角度来论述。现实中现象

---

① 参见［英］康蒲·斯密《康德纯粹理性批判解义》，韦卓民译，华中师范大学出版社 2000 年版，第 387—404 页；［英］H. J. 裴顿《康德的经验形而上学——〈纯粹理性批判〉上半部注释》，韦卓民译，华中师范大学出版社 2009 年版，第 780—821 页。

杂多的先后秩序是确定的，如上文所述，一块石头悬在空中，只要没有支撑就会往下落，这样的先后关系是确定的，不会出现先下落，再回到空中的情况。这种确定的先后秩序被康德称为客观相继，与之相对的是主观相继。它们之间的关系在学界颇有争议，不过在我看来，客观相继是确定的先后关系，其特点是不可逆；主观相继是不确定的先后关系，特点是可逆，它意味着哪个在先都可以。"客观的相继就在于现象之杂多的秩序，按照这个秩序，对一个（发生的）某物的领会是根据一条规则而跟随在对另一个（先行的）某物的领会之后的"；"按照这条规则该事件总是必然地跟随在后；但反过来，我却不能从这个事件倒退回去，（通过领会）去规定那个先行的某物。"① 与之相反，"单是主观相继丝毫不能证明杂多在客体上的连结，因为它完全是随意的"；"在这些知觉的系列中没有任何确定的秩序，可以使得我在领会中必须从哪里开始来经验性地联结杂多这一点成为必然的"②。在这里，康德用了著名的看船顺流而下和看房子的例子，前者在不加动力的前提下，只能看到船先在上游，后在下游，不能颠倒次序，而后者则可以从左边看到右边，也可以从右边看到左边，次序可以颠倒。因此，客观相继和主观相继的区别在于前者的次序不可逆，后者的可逆。不过，二者还有关联，即使是主观相继，也要以客观相继为前提，也就是说，现象杂多主观上之所以有先后，还是由于它们事先被客观相继规定了，所以康德说："在现在的情况下，我就不能不从现象的客观相继中推出领会的主观的相继来。"③

现象杂多客观相继的根据是什么？它不会来自感官，因为感觉稍纵即逝，无法呈现在连续的意识流之中，它需要被想象力再现出来。它也不来自想象力，因为想象力联结的两个状态的先后关系是不确定的，"我只是意识到，我的想象力把一个置于前面，把另一个置于后面，而不是在客体中一个状态先行于另一个状态；换言之，通过单纯的知觉，相互继起的诸现象之客观关系仍然还是未定的"④。客观相继的根据只能来自

---

① ［德］康德：《纯粹理性批判》，邓晓芒译，杨祖陶校，第179页。
② ［德］康德：《纯粹理性批判》，邓晓芒译，杨祖陶校，第179页。
③ ［德］康德：《纯粹理性批判》，邓晓芒译，杨祖陶校，第179页。
④ ［德］康德：《纯粹理性批判》，邓晓芒译，杨祖陶校，第176页。

纯粹知性。但知性有很多范畴，能够提供出确定秩序的只有因果关系。量的范畴、质的范畴和模态范畴跟秩序无关，哪怕是关系范畴中的实体与偶性范畴、协同性范畴，它们也与先后秩序无关，只有因果性范畴包含秩序，因为原因总是先于结果。一旦将因果性范畴添加到现象杂多上，由于这个范畴内在包含确定的秩序，因而现象杂多也会有确定的秩序。因此，客观相继的根据是纯粹知性的因果性范畴。"带有综合统一的必然性的这个概念只能是一个纯粹知性概念，……它就是因果关系的概念，在这种关系中，原因在时间中把结果规定为接续而来的东西。"①

因果性范畴有两个特点，它除了包含先后秩序，还包含因果关系。结果总是原因的结果，有果必有因，这是因果关系的题中应有之义。由现象杂多的客观相继，我们可以看出它必定被因果性范畴规定了，否则就会是主观相继。又由于因果性范畴还包含因果关系，因而现象杂多之间呈现出因果关系。不过这种因果关系只是有待质料充实的形式。对于 A 先于 B 来说，通过因果性范畴的规定，能够得出 B 一定有原因，相对的，也可以得出 A 一定有结果。由于结果的情况跟原因的类似，因而我们只讨论原因。因果性范畴能够先天规定的是跟随在后的 B 有原因，但这个原因只是有待质料充实的虚位状态，它不能先天断定 B 的原因就是 A。不难看出，这里的"B"可以指代任何一件发生的事，因此，结论是凡是发生的事情都有原因——这就是普遍因果律。

除了从 A 和 B 的先后关系推出普遍因果律，康德还从单独发生的 B 来论证。现实中任何一件发生的事都有一个确定的时间位置。对于 A 先于 B 来说，只要 B 有确定的时间位置，那就意味着："第一，我不能颠倒这个序列，而把发生的某物置于它跟随其后的某物之前；紧接着是：第二，如果先行的状态被设定，则这个确定的事件就免不了必然地会跟随而来。"② 那么，B 有确定的时间位置，它的根据是什么？"它之所以得到自己在这种关系中的确定的时间位置，是由于在先行的状态中预先假定了某物，而发生的事情是任何时候、也就是按照一条规则跟随其后的。"③

---

① ［德］康德：《纯粹理性批判》，邓晓芒译，杨祖陶校，第 176—177 页。

② ［德］康德：《纯粹理性批判》，邓晓芒译，杨祖陶校，第 182 页。

③ ［德］康德：《纯粹理性批判》，邓晓芒译，杨祖陶校，第 182 页。

它的根据是规则，按照规则，B 跟随在先行的 A 之后。这条规则归根到底就是因果性范畴。因此，由于 B 有确定的时间位置，我们可以推出它被因果性范畴规定。因果性范畴不仅能给 B 带来确定的时间位置，还能给它带来因果关系，因而 B 总是有原因的。由于 B 指代任何一件发生的事，因此凡事都有原因。

总的来说，康德的论证思路是这样的：从现实中 A 和 B 的先后关系或者 B 的确定的时间位置，推出它们被因果性范畴规定，再从因果性范畴推出 B 有原因，即普遍因果律。

三　普遍因果律的特点

结合上文不难看出，普遍因果律具有以下几个特点：

其一，现象中的原因是有条件的。凡是发生的事件都有原因，即任何一件发生的事都以某个在前的事件为前提，按照因果律不可避免地跟随而来，但那个在前的事件必定也是发生起来的，而不是永恒存在的，如果它永恒存在，则作为结果的事件也会是永恒的，而不是发生起来的。既然那个在前的事件也是发生起来的，那么按照凡是发生的事件都有其原因的规则，它必定也有原因，这样一来，每个事件都有原因，而原因又有其原因，依此类推，以至于无穷。因此，现象中的原因都是有条件的，每一个原因之前还有原因。

其二，事件的联系是以时间秩序为必要条件的。时间秩序是经验性判断的可能性条件，知性把时间秩序加到了现象及其存有身上，因而每个事件的发生都是以时间秩序为必要条件，换言之，没有事件是从空的时间中产生的。一切变化都是连续的，它们构成连续的序列，贯穿宇宙的始终，中间不存在任何奇迹所造成的断裂。

其三，事件能够在自然中得到解释和预测。因果律指出，一切事件都有其原因，并且如果先行原因被给定，结果必然会跟随而来，这就使得任何事件在自然中都能得到解释和预测。就前者而言，由于我们可以通过回溯的方式找出原因，不管这个原因的经验内容如何，总是能找到它，因而能够解释该事件。当然，由于普遍因果律和特殊因果律的区分，要具体解释一个事件，还需要经验性的内容。就后者而言，我们可以通过推进的方式预测结果。这条原理加上经验中获取的信息，就可以预测未来事件的发生。康德激进地认为，从理论上讲，人的一切行动都能够得到预测，并作为必然的来认识，"如果我们有可能把人的任意之一切现象一直探索到底，那就决不会有任何单独的人的行动是我们不能肯定地预言并从其先行的诸条件中作为必然的来认识的"①。

第三节 回应重要质疑

康德对因果关系的论述遭到很多质疑，比如客观相继的客观性来源问题和著名的"不合逻辑的推论"（a non-sequitur）。参与这些讨论的有斯特劳森、迪克、贝内特、贝克、阿利森等人。② 刘凤娟对此做了细致的梳理和精到的评论，③ 因此这些问题不再赘述。接下来讨论另外两个重要质疑，一个是同时因果关系带来的，另一个来自叔本华。重点是对叔本华质疑的回应。

一 回应同时因果关系的挑战

康德论证完普遍因果律之后，面临一个棘手的问题：既然因果性范畴包含了先后秩序，那如何解释同时因果关系？既然原因和结果是同时的，那为什么这个是那个的原因，而不是那个是这个的原因呢？康德不像其他人那样，通过提高时间测量的精度来否认同时因果的存在，而是在承认有同时因果的前提下，通过区分时间过程和时间秩序来回应。"我们针对的是时间秩序，而不是时间过程；即使没有任何时间流过，这种关系仍在。"④ 时间过程是我们通常理解的时间流逝过程，在这个意义上，同时因果关系中的原因和结果是同时的。但康德认为它们之间仍然有一种时间秩序，即先后秩序。

---

① ［德］康德：《纯粹理性批判》，邓晓芒译，杨祖陶校，第444页。

② Cf. P. F. Strawson, *The Bounds of Sense*, pp. 133 – 139; G. Dicker, *Kant's Theory of Knowledge: An Analytical Introduction*, pp. 166 – 170; J. Bennett, *Kant's Analytic*, p. 221; L. W. Beck, *Essays on Kant and Hume*, p. 147; H. E. Allison, "Kant's Non-Sequitur", *Immanuel Kant*, Vol. I, ed., H. F. Klemme and M. Kuehn, Ashgate, 1999.

③ 参见刘凤娟《康德因果性理论研究》，社会科学文献出版社2017年版，第84—95页。

④ ［德］康德：《纯粹理性批判》，邓晓芒译，杨祖陶校，第185页。

那么，什么是时间秩序？康德举了好几个例子来说明，其中一个特别的例子是："一杯水乃是水上升到它的水平面以上的原因，虽然这两种现象是同时存在的。因为我一旦用杯把水从较大的容器中舀出来，随之就有某件事发生，即水从原先在容器中的水平位置变得下陷了杯中所装的那么多。"① 意即，倒水的过程和水面上升是同时的，但倒水是水面上升的原因，因为如果舀水出来，则水面会下降。显然，这里的"同时"是就时间过程而言的，"原因"则是就时间秩序而言的。既然是同时发生，为什么我们能够确定倒水是水面上升的原因，而不是水面上升是倒水的原因呢？因为倒水是时间秩序在先的，所以它是原因。时间秩序在先类似于我们说的逻辑在先，即必要条件。在逻辑上，如果非 A 则非 B，那么 A 先于 B。康德似乎也是这个意思。倒水先于水面上升，因为如果出现倒水的对立面（舀水），则会出现水面上升的对立面（水面下降）。他用对立面来说明时间秩序在先，其实还可以更简单一点，直接用反面即可。也就是说，倒水先于水面上升，因为如果不倒水，则水面不会上升，但不能反过来说，如果水面不上升，则不会倒水。倒水不会跟在水面不上升之后。因此，康德说的时间秩序类似于逻辑次序，而时间秩序在先类似于逻辑在先。

既然同时因果关系在时间过程的意义上是同时的，而在时间秩序的意义上仍然有先后，那么它就不构成对因果关系的挑战，因为因果关系中的先后秩序仍然得到保留。这就是康德对同时因果关系挑战的回应。

二 回应叔本华的质疑②

第二类比论证的核心前提是：因果性范畴是客观相继的根据，叔本华对其提出了两个反驳。第一个反驳是外围性的，针对客观相继概念。他从看房子和看船顺流而下的例子开始。"我主张，在这两种场合之间根本不存在任何差别"，因为"这两种场合都是两个物体中相对位置的变

---

① ［德］康德：《纯粹理性批判》，邓晓芒译，杨祖陶校，第186页。
② 下文关于叔本华的论述出自笔者发表的论文《论叔本华对康德因果关系理论的反驳》，《西北师大学报》（社会科学版）2018年第4期。

化"。① 前者是房子不动眼睛动，后者是眼睛不动船动，无论如何，它们都是两个物体的相对运动，区别仅在于，第一种场合的参照物是观察者自身，因而很容易颠倒观看房子的次序。"如果对于观察者来说，使这条船逆流而上地移动就像改变他自己眼睛的方向一样容易，那么在第二种场合将变化的相继次序加以颠倒，就将同第一种场合一样是可能的。"②在叔本华看来，看房子和看船顺流而下跟"我"经过一队士兵和一队士兵经过"我"一样，都是"我"和士兵的相对运动，没有实质上的差别。由于看房子和看船顺流而下没有差别，又由于看房子和看船顺流而下是主观相继和客观相继的例子，因而他主张主观相继和客观相继区分不开。

第二个反驳直接针对因果性范畴是客观相继的根据的观点。叔本华认为这个核心前提出自第二类比的第二版标题："一切变化都按照因果连结的规律而发生"③。"变化"是实体的偶性的客观相继，"因果连结的规律"简称因果律，因而"一切变化都按照因果连结的规律而发生"是指因果律是客观相继的根据。④ 但是，叔本华将它进一步理解为因果律是客观相继的认识根据，即"变化的客观相继只能通过因果规律而被我们认识"⑤。只有认识到事件被因果律规定，才能认识到它们客观相继，根据推论可知，它等同于只要认识到事件客观相继，就能认识到它们被因果律规定。这意味着只要认识到两个事件客观相继，就能确知它们具有因果关系。

叔本华认为这与事实不符。事实上，我们认识到两个事件客观相继，但确知的是它们未必具有因果关系。他举了三个例子来佐证这一点。第一，设想"我"走出房间时恰好有块瓦片掉下来，我们知道"我"走出房间和瓦片落下是客观相继的，但能够确知这两个事件不具有因果关系；第二，我们知道一个音乐作品的各个音符是客观相继的，但也能确知它

---

① ［德］叔本华：《充足理由律的四重根》，陈晓希译，商务印书馆1996年版，第89页。
② ［德］叔本华：《充足理由律的四重根》，陈晓希译，第89页。引文略有改动，译文中的"连续次序"改成了"相继次序"。下文遇到"连续"概念，均改为"相继"。
③ ［德］康德：《纯粹理性批判》，邓晓芒译，杨祖陶校，第175页。
④ 因果律和因果性范畴可以交替使用，因为通过概念分析可知，因果性范畴是原因和结果的必然关系，这种必然关系相对于感性直观而言就是一条规律（一切发生的事情都有原因），所以也可以说，因果性范畴是客观相继的根据。
⑤ ［德］叔本华：《充足理由律的四重根》，陈晓希译，第92页。

们不具有因果关系；第三，也是非常著名的例子，我们知道白天和黑夜是客观相继的，而且是交替的客观相继，但我们确知它们并不互为因果。"就连白天和黑夜的相继毫无疑义也是作为一个客观的东西而被我们认识的，但我们同样肯定地没有把白天和黑夜看成是互为因果的。"①

第二个反驳主张因果律不是客观相继的根据。叔本华采用归谬法来论证，他先将因果律是客观相继的根据转化为因果律是客观相继的认识根据，由此推出只要认识到两个事件客观相继，则能确知它们具有因果关系，然后通过指出它与事实不符得出结论：因果律不是客观相继的根据。②

如果叔本华的反驳成功，那么因果关系论证就是不可靠的。研究者们不愿意接受这个结果，他们对其展开批评。康蒲·斯密和尤因（Ewing）全面回应了叔本华的两个反驳，裴顿、阿利森、沃特金斯（Watkins）和盖耶尔（Guyer）等人回应了第二个反驳。

叔本华的第一个反驳是：由于看房子和看船顺流而下都是客观相继的，因而康德试图区分的主观相继和客观相继实际上区分不开。康蒲·斯密认为这是"叔本华完全不能理解康德批判观念论的中心论题的典型例证"③。他认为康德还是区分了主观相继和客观相继，尽管主观相继中包含了客观的因素，但不能混淆二者的区别。④ 尤因对叔本华的反驳是，看房子和看船顺流而下有区别：看房子的知觉是被自己，而非外部对象决定，看船的知觉则是被外在的船决定，因而前者是主观相继的，后者是客观相继的。"我们并不将客观性赋予我们知觉房子的不同部位的秩

---

① ［德］叔本华：《充足理由律的四重根》，陈晓希译，第 91 页。

② 学界引发热议的"不合逻辑的推论"的反驳和这个反驳如出一辙。斯特劳森批评康德从"概念的必然性"到"因果的必然性"的推论是不合逻辑的。他所说的"概念的必然性"其实就是事件或与之对应的知觉之间的客观相继，即"从事件 A 到事件 B 的客观上的变化"或"关于 A 的知觉到关于 B 的知觉而不是相反的次序"，而"因果的必然性"是指事件或与之对应的知觉之间的因果关系（参见 P. E. Strawson, *The Bounds of Sense*, Taylor & Francis Group, 1966, p. 138），因而所谓从"概念的必然性"推论出"因果的必然性"，实质是从客观相继推论出因果关系。这正是叔本华反驳的靶子。叔本华认为康德的观点是：只要认识到两个状态客观相继，就能确知它们有因果关系，这种认识上的充分条件关系就是从客观相继推论出因果关系。

③ ［英］康蒲·斯密：《康德〈纯粹理性批判〉解义》，韦卓民译，第 390 页。

④ ［英］康蒲·斯密：《康德〈纯粹理性批判〉解义》，韦卓民译，第 391 页。

序，因为我们不把这个秩序看作被我们身体以外的因素所决定。"①

斯密和尤因都坚持康德成功地区分了主观相继和客观相继，尤因还提出了区分标准，即被自己决定的知觉秩序是主观相继的，被外部对象决定的知觉秩序是客观相继的。但这种解读没有文本依据。康德通过想象力和纯粹知性概念来区分主观相继和客观相继，在这里没有得到体现。而且，按照叔本华的思路，尤因的区分恰好取消了二者的区别，因为尽管看房子和看船顺流而下在运动物上有区别，但二者都是两物的相对运动，一个是眼睛相对于房子在运动，一个是船相对于眼睛在运动，就像我经过一队士兵和一队士兵经过我，二者没有实质差异。所以，斯密和尤因对叔本华的批评是不成功的。

对于叔本华的第二个反驳，当代研究者认为他理解错误，不能将"一切变化都按照因果连结的规律而发生"理解为因果律是客观相继的认识根据。斯密的理解是：客观相继有先行原因。也就是说，他把客观相继当作一个整体，所谓客观相继（变化）按照因果律而发生，是说这个相继序列的整体有先行原因，而不是说这个序列内部的事件或知觉相关于因果律。由此他重新解释了叔本华的三个例子。斯密认为后两个例子很容易解释。"乐器从声音的一种状态过渡到另一种状态；地球从成为白昼的光度到黑夜的光度。关于这样的变动，没有人说它们不涉及一种原因的。"② 乐器声的客观相继的原因是乐手的演奏，地球从白昼到黑夜的客观相继的原因是"地球对于太阳变动着的位置"，③ 即地球的自转。难以解释的是第一个例子："我"走出房间随后瓦片落下，因为我们似乎找不到这个客观相继的原因。斯密借用斯达里尔（Stadler）的话来回答。"如果实体 S 由于原因 X，从状态 A 变为状态 B，而实体 S' 由于原因 X'，从状态 A' 变为状态 B'，我们如果称第一个变化为 V，第二个变化为 V'，问题就是，VV' 之间相继的客观性是如何相关于因果律的。"④ 其中，S 是我，V 是我走出房间，S' 是瓦片，V' 是瓦片落下，问题在

---

① A. C. Ewing, *Kant's Treatment of Causality*, Kegan Paul, Ltd, 1924, p. 87.

② ［英］康蒲·斯密：《康德〈纯粹理性批判〉解义》，韦卓民译，第 401 页。

③ ［英］康蒲·斯密：《康德〈纯粹理性批判〉解义》，韦卓民译，第 401 页。

④ ［英］康蒲·斯密：《康德〈纯粹理性批判〉解义》，韦卓民译，第 402 页。

于 VV' 的客观相继如何相关于因果律。斯达里尔的答复是："VV'的相继只有我认为它是一种必然的联系时，才成为客观的。它必定是这样被确定着，使 V' 在'一般的意识中'只能在 V 之后；必定有一个 U，它的加入就是 V' 在 V 之后的原因。我不必现实地知道 U 才深信这一点。我只知道每一次 U 都使 VV' 这个相继次序发生。"① 意即对于"我"走出房间和瓦片落下，即使我们在经验中找不到这个客观相继的原因，也可以断定它有个原因。斯密认为，客观相继有先行原因才是正解。

裴顿、尤因和沃特金斯同斯密持相同的看法。裴顿认为，康德"没有在任何地方断言，当我们经验到前后相继的事件时，第一个事件必是第二个事件的原因。他只曾断言，这样的一种前后相继必须是在因果上被确定的，而且在先于任何事件的整个事态中，得要发现某东西，'某种还没有确定性的关联物'，是那事件的原因。"② 尤因认为："康德所证明的不是说如果 B 跟随 A，它就因果地被 A 决定，而是说 **A－B 这个序列必然地被某个原因或某些原因决定**。"③ 沃特金斯指出："如果原因不必是客观相继的实例的第一个状态，……那么必然联系也就不必是相继的各个状态之间的，而是原因（不管它是什么）和结果，也就是和状态的相继性之间的。"④ 他们跟斯密一样，都把这个相继序列当作一个整体，认为这个整体有原因，而不认为相继序列中的第一个状态是第二个状态的原因。

阿利森进一步指出，叔本华关注的客观相继只是同一个实体的诸状态的相继，充其量构成一个事件，因而跟因果关系无关，因为后者必须是两个事件之间的关系。"由于他关注的客观相继是构成一个事件的诸状态的相继，……因此，它不蕴涵我们能经验到的唯一的相继（不同事件的）是原因和结果的相继。"⑤ 阿利森区分了同一个事件内部状态的相继

---

① ［英］康蒲·斯密：《康德〈纯粹理性批判〉解义》，韦卓民译，第402页。

② ［英］裴顿：《康德的经验形而上学》，韦卓民译，第831页。

③ A. C. Ewing, *Kant's Treatment of Causality*, Kegan Paul, Ltd, 1924, p. 87. 黑体是笔者添加。

④ E. Watkins, *Kant and the Metaphysics of Causality*, Cambridge University Press, 2005, p. 212.

⑤ H. E. Allison, *Kant's Transcendental Idealism*, Yale University Press, 2004, p. 254.

和两个事件之间的相继，只有后者才涉及因果关系。这样一来，叔本华所说的白天和黑夜的更替，就同因果关系无关了，因为它不过是同一个实体——地球——的偶性变更，只构成一个事件。

上述研究者认为客观相继的现象作为一个整体有原因，这种理解无疑是准确的。然而，这并没有回应叔本华的反驳。叔本华质疑的不是客观相继的整体和因果律的关系，而是客观相继的内部状态的次序和因果律的关系。从看船顺流而下的例子可知，看上游的船的知觉只能先行于看下游的船的知觉，不能颠倒次序，这说明客观相继的内部状态的次序是必然的。叔本华追问这种内部状态的必然次序来自哪里，康德说它来自运用于其上的因果性范畴，叔本华认为这个解释不合适，于是提出了反驳。换言之，他质疑的是事件或知觉之间的必然次序跟因果律的关系。因此，上述研究者批错了地方。

盖耶尔注意到必然秩序和因果律的关联，他说："他的原则是一个事态被决定跟随另一个事态，因而仅当存在一条据此第二个状态必然跟随第一个状态的因果律，这两个事态才构成一个事件，这个事件包含从一个状态到另一个状态的变化。正是因为它的原因，第二个状态才必然跟随第一个状态，而第一个状态不必成为第二个状态的原因。"① 文中的"他"指康德。在盖耶尔看来，康德主张客观相继的两个状态具有必然秩序，这种秩序只有通过同样具有必然秩序的因果律才得以成立。正是因为有了因果律的规定，第二个状态才必然跟随第一个状态。可惜盖耶尔没有深入讨论因果律和必然秩序（客观相继）的关系，更为重要的是，他忽略了叔本华的一个重要预设。

上述研究者对叔本华的批评是不成功的。对于叔本华的第一个反驳，斯密和尤因局限在他的理论框架中，没有成功地将主观相继和客观相继区分开；对于叔本华的第二个反驳，研究者们错失了反驳要点。接下来笔者将通过回应两个反驳来捍卫康德的因果关系理论。

首先，我们考察叔本华的第一个反驳。叔本华拒绝承认康德关于主观相继和客观相继的区分，认为看船顺流而下和看房子的情况是一样的。但这种观点是不对的。主观相继分两种，一种是从现象的客观相继推出

---

① P. Guyer, *Kant and the Claims of Knowledge*, Cambridge University Press, 1987, p. 240.

的，另一种是单纯的主观相继。我们现在讨论的是第二种主观相继。这种主观相继"是完全不确定的，也就不能把任何一个现象与另一个现象区别开来了。单是主观相继丝毫不能证明杂多在客体上的连结，因为它完全是随意的"①。它的特点是没有确定的秩序，表现出一种随意性。"我们以这种方式将只会有某种表象游戏，它与任何客体都没有关系，就是说，凭借我们的知觉将根本不会有一个现象按照时间关系与任何别的现象区别开来。"② 单纯主观相继是表象游戏，跟客体无关。

客观相继是"现象之杂多的秩序，按照这个秩序，对一个（发生的）某物的领会是根据一条规则而跟随在对另一个（先行的）某物的领会之后的"③；"两种状态之间的这一关系必须这样来设想，即通过它，两种状态中何者必须置于前面、何者必须置于后面而不是相反，这被规定为必然的"④，客观相继是现象之间的必然秩序。

由此可见，主观相继是基于想象力的表象游戏，与客体无关，主观相继的两个状态没有确定的秩序，而客观相继受到范畴的规定，是在客体中的相继，具有必然秩序。关于没有确定的秩序和必然秩序之间的区别，我们可以想象一根时间轴，t1 时刻发生事件 A，t2 时刻发生事件 B，t1 < t2。没有确定的秩序是说，时间可以从 t1 流到 t2，也可以倒过来从 t2 流到 t1，相应地，A 可以先行于 B，B 也可以先行于 A。这就跟放电影一样，既可以顺着放，也可以倒带。顺着放时 A 先行于 B，倒带时则 B 先行于 A。必然秩序是说，时间只能从 t1 流到 t2，相应地，A 只能先行于 B，不能颠倒。

之所以如此，是因为主观相继是想象力的产物。"在想象力中根本不是按照（何者必须先行、何者必须随后的）秩序来规定的，一个个跟随而来的诸表象的这个序列同样既可以视为后退的也可以视为前进的。"⑤ 在想象中，事件的次序可以随意调换。现实中覆水难收，可在想象中泼出去的水也可以收回来。而客观相继受到了因果性范畴（规则）的规定，

① ［德］康德：《纯粹理性批判》，邓晓芒译，杨祖陶校，第179页。
② ［德］康德：《纯粹理性批判》，邓晓芒译，杨祖陶校，第180页。
③ ［德］康德：《纯粹理性批判》，邓晓芒译，杨祖陶校，第179页。
④ ［德］康德：《纯粹理性批判》，邓晓芒译，杨祖陶校，第176页。
⑤ ［德］康德：《纯粹理性批判》，邓晓芒译，杨祖陶校，第184页。

"按照这条规则该事件总是必然地跟随在后；但反过来，我却不能从这个事件倒退回去，（通过领会）去规定那个先行的某物。"①

主观相继和客观相继除了含义和规定根据有差别，在判定标准上也有差别。撒齐汀（Suchting）认为看房子和看顺流而下的船的区别体现在下面的思想实验中："如果我们设想两个人看墙，那么他们在同一时间可能知觉到关于墙的不同序列；但如果我们设想两个十分相似的人看离开港口的船，那么假定相同的外部因果条件，他们却只能知觉到相同的序列。"② 设想两个类似的人，在相似的物理条件下，对于同一个对象，如果他们的知觉次序可以不同，则说明该次序是主观的，反之该次序是客观的。假设张三在 t_1 到 t_2 的时间段中从房子的左边看到右边，此时这个次序是主观的，因为我们可以设想另一个视力正常的李四，在 $[t_1, t_2]$ 中可以从房子的右边看到左边。而看船顺流而下的次序是客观的，因为即使设想另一个视力正常的李四，他在 $[t_1, t_2]$ 中也只能看到船从上游漂到下游。

然而，这种判定方法会受到经验的干扰。比如在看房子的例子中，当设想李四的情况时，如果李四恰好也从左边看到右边，那根据判定原则，看房子的次序是客观的。这显然与实际情况不符。当然可以再设想王五赵六等，但仍然可能他们都凑巧从左边看到右边，这样一来，还是得将这个次序判定为客观的。所以依靠类似的人来判断"能不能"颠倒次序是有缺陷的。

我认为可以通过是否违背物理规律来判定。对于一个给定的次序，在同一个时间段，面临类似物理条件，若设想一个相反的次序会违反物理规律，则该次序是客观的，反之则是主观的。还是张三看房子的例子，不需要设想李四、王五会怎样，只需要设想在同一个时间段，面临相似的物理条件，张三若从右边看到左边，会不会违反物理规律。显然不违反，所以它是主观的。反之，看船顺流而下，同一个时间段在不加动力的情况下，若这艘船逆流而上，则违反了重力原理，所以它是客观的。

---

① ［德］康德：《纯粹理性批判》，邓晓芒译，杨祖陶校，第 179 页。

② W. A. Suchting, "Kant's Second Analogy of Experience", *Kant-Studien*, Walter de Gruyter, No. 58, 1967, p. 362.

因此，主观相继和客观相继的判定标准是看这个秩序的反面是否违背物理规律，如果违背，则它是客观相继的，如果不违背，则它是主观相继的。综上，叔本华的第一个反驳不能成立，无论从含义和规定根据还是从判定标准看，主观相继和客观相继都有明确区分。

其次，我们来考察叔本华的第二个反驳。第二个反驳是这样的：（1）如果因果律是客观相继的根据，那么因果律是客观相继的认识根据；（2）如果因果律是客观相继的认识根据，那么只要认识到两个事件客观相继，则能确知它们具有因果关系；（3）事实上我们认识到两个事件客观相继，能确知的是它们未必具有因果关系；（4）所以，因果律不是客观相继的根据。前提（3）有三个重要例子支持：第一，我们知道"我"走出房间随后瓦片落下是客观相继的，但确知它们没有因果关系；第二，我们知道音乐的音符演奏是客观相继的，也确知它们没有因果关系；第三，我们知道日夜更替是交替地客观相继，却确知它们不是互为因果。

这个反驳要成立，必须保证前提（1）和前提（2）是康德的主张，只有这样，才能通过前提（3）起到反驳的效果。然而，前提（1）并非康德的观点。在康德看来，因果律是客观相继的根据，不能推出因果律是客观相继的认识根据，只能推出因果律是客观相继的存在根据。认识根据是认识论视角，存在根据是本体论视角，前者意味着只有认识因果律才能认识客观相继，后者意味着只有被因果律规定，事件才是客观相继的，否则就只会是基于想象力的主观相继。很显然，因果关系论证跟认识无关，它属于本体论视角，因而叔本华理解有误。如果非要涉及认识根据，那么毋宁说，客观相继是因果律的认识根据，因为"时间相继当然就是结果在与先行原因的因果关系中唯一的经验性标准"①。"时间相继"即客观相继的时间秩序，而"经验性标准"是将某物识别出来的认识根据，这句话表明因果律只有通过客观相继才能认识。

即使把前提（1）中的认识根据改成存在根据，叔本华的反驳依然不能成立。如果是存在根据，那么反驳变成这样：（1）如果因果律是客观相继的根据，那么因果律是客观相继的存在根据；（2）如果因果律是客观相继的存在根据，那么只要两个事件客观相继，则它们具有因果关系；

---

① [德]康德：《纯粹理性批判》，邓晓芒译，杨祖陶校，第186页。

（3）事实上两个事件客观相继，它们未必具有因果关系；（4）所以，因果律不是客观相继的根据。这样一来，前提（1）的确符合康德的立场，但前提（2）仍然是误解。

前提（2）省去了两个重要预设。预设 1，如果因果律是客观相继的存在根据，那么只要两个事件客观相继，则它们被因果律规定；预设 2，如果只要两个事件客观相继，则它们被因果律规定，那么只要两个事件客观相继，则它们具有因果关系。简言之，**预设 2 就是被因果律规定的两个事件一定具有因果关系**。预设 1 是康德主张的，但预设 2 是康德反对的。叔本华误解了康德。这种误解比较普遍，斯特劳森批评康德从概念的必然性跳跃到因果的必然性，① 陈嘉明批评康德从形式的必然性跳跃到内容的必然性，② 他们都错误地把预设 2 当作康德的主张。

康德的主张是被因果律规定的事件未必具有因果关系。准确地说，发生的某物被因果律规定，必定有另一物充当它的先行原因，但要确定是哪一物和它具有因果关系，得诉诸经验。换言之，两个事件是否具有因果关系，这是由经验决定的，跟因果律没有直接关联。因果律能先天断定的是形式的必然性，而非内容的必然性。所谓形式的必然性，是指发生的某物被因果律规定，则必有**另一物**充当它的先行原因，而内容的必然性是指发生的某物被因果律规定，则必有**那一物**充当它的先行原因，前者只断定某物之前必有一个未知的原因 X，后者却断定某物之前有一个确定的原因。康德显然不会主张因果律具有内容的必然性。"如果原先固体的蜡块融化了，那么我就先天地认识到必定有某种东西先行了（例如太阳的热），融化则是按照某种固定的规律而跟随其后的，虽然我离开了经验就既不能先天地和无经验教导而确定地从结果中认识原因。"③ 这句话明确表明，发生的某物（蜡块融化）必有一个原因，这个原因是未知的，它究竟是什么，必须诉诸经验。从原理分析论的角度看，因果性原理是经验的类比，这种类比是范导性的（regulativ），并不能像数学一样

---

①　P. E. Strawson, *The Bounds of Sense*, Taylor & Francis Group, 1966, p. 138.

②　陈嘉明：《概念实在论：康德哲学的一种新解释》，《哲学研究》2014 年第 11 期，第 65 页。

③　[德] 康德：《纯粹理性批判》，邓晓芒译，杨祖陶校，第 587 页。

根据结果将原因构造出来，所以因果律不具有内容的必然性，不能先天地将特定的两个事件规定为原因和结果。①

陈嘉明批评康德，认为他主张"感冒"和"发烧"一旦被因果律规定，就具有因果关系。② 如果真是这样，那康德确实先天地断定了内容的必然性，但事实并非如此。康德的观点是：如果感冒和发烧被因果律规定，那么可以先天地断定感冒必有后继结果 Y，发烧必有先行原因 X，但 Y 是不是发烧，X 是不是感冒，这必须通过经验来确认。因此，被因果律规定的事件是否具有因果关系，这是由经验决定的。前提（2）并非康德的主张。

除此之外，支持前提（3）的理由也不成立，叔本华举的三个例子都不是客观相继。以第一个例子为例，实际上"我"走出房间然后瓦片落下，但如果设想瓦片落下"我"再走出房间，这丝毫不会违背物理规律，因而它肯定不是客观相继的。不可否认，上述事件有时间先后，但时间先后不同于客观相继。不同之处有二。其一，没有时间先后，却是客观相继的，即同时因果关系仍然客观相继。"如果我把一个放在膨起的床垫上压出一个小凹陷的球看作原因，那么它与结果就是同时的。不过我毕竟通过二者的力学连结的时间关系而区分了这两者。因为，如果我把这球放到床垫上，那么在床垫原先平坦的形状上就会随之有一个凹陷，但如果床垫有一个（我不知从何而来的）凹陷，那么在其上并不随之就有一个铅球。"③ 在这个例子中，原因和结果是同时的。但这里边有客观相继的时间秩序，球必然先行于床垫的变化，不能像主观相继一样倒退回

---

① 需要指出，在康德那里存在两种必然性，一种是严格的必然性，另一种是相对的必然性，前者是指命题的反面不可能，例如我们说原因有结果是严格地必然的，原因若没有结果是不可能的，后者是指就目前而言没有反例的情况，但它保留出现反例的可能性。本书主张的因果律不具有内容的必然性是在前一种意义上使用的，亦即被因果律规定的两个事件不具有严格的必然性，但它们具有相对的必然性。总体来说，两个事件之间具有两种必然性，一种是基于范畴而来的形式的严格必然性，一种是基于经验而来的内容的相对必然性，但它们不具有内容的严格必然性。内容之间并不因为来自经验就成为完全偶然的，它们仍然具有相对的必然性。正因如此，我们才能将诸如太阳晒导致石头热的判断当作知识。

② 陈嘉明：《概念实在论：康德哲学的一种新解释》，《哲学研究》2014 年第 11 期，第 65 页。

③ ［德］康德：《纯粹理性批判》，邓晓芒译，杨祖陶校，第 185—186 页。

去。其二，有时间先后，相继的秩序却是同时的。第三类比中看月亮和看大地就是如此。先看月亮再看大地，这是有时间先后的，但由于它们是交互接续的，因而在秩序上是同时的。因此，叔本华的三个例子跟先看月亮再看大地一样，虽有时间先后，但在相继秩序上是同时的，并非客观相继。因此，叔本华的第二个反驳采取归谬法，他试图从康德认可的前提导出与事实不符的结论，然而那些前提都不是康德的主张，所以他的归谬不成功。他批倒的只是一个虚构的稻草人，不是康德。

三 由叔本华的质疑引发的问题

毫无疑问，如果两个知觉客观相继，那么它们被因果律规定，因为因果律是客观相继的存在根据。但反过来，如果两个知觉被因果律规定，它们一定客观相继吗？从直觉上看，回答是肯定的。尤其是当我们将客观相继和同时并存进行比较时，这种直觉更加强烈。试想，被因果性范畴规定的知觉怎么会同时并存呢，同时并存应该来自协同关系范畴才对。人们认为因果性范畴只能运用到顺流而下的船的知觉上，将其规定为客观相继，不能运用到月亮和大地的知觉上，将其规定为同时并存。于是有人质疑，康德无法解释为什么因果性范畴只能运用到这种知觉，而不能运用到那种知觉上。迈蒙（Maimon）质疑"康德不能提供标准来解释因果性范畴何以能够辨别特定的知觉"[1]；刘凤娟也质疑道："人们毕竟可以问，统觉是如何把因果关系概念赋予这一现象（如顺流而下的船）而不是那一现象（如房屋）？关于这一点康德并没有交代。"[2]

然而，康德的主张是被因果性范畴规定的两个知觉未必客观相继，它们究竟是客观相继，还是同时并存，得诉诸经验。对于可能经验的某个知觉来说，它被因果性范畴规定，必定有另一个和它具有必然秩序的知觉充当先行状态，但哪一个知觉能充当它的先行状态，必须求助于经验。这个道理同因果律规定的事件未必具有因果关系是一样的。被因果性范畴规定的知觉具有形式的必然性，而非内容的必然性，也就是说，

---

① 转引自 Peter Thielke, "Discursivity and Causality: Maimon's Challenge to the Second Analogy", *Kant-Studien*, Walter de Gruyter, 92 (2001), p. 463。

② 刘凤娟：《康德因果关系理论研究》，第92—93页。

某个知觉必有**另一个**和它具有必然秩序的知觉先行，却不必是**那一个**知觉先行。康德不会先天地对内容（两个特定的知觉）的秩序有所断定。"在我们的诸表象之间形成了一种秩序，在其中当前之物（只要它已形成了）对某种先行状态提供了指示，将它看作这个已经给予的事件的某个相关物，这相关物虽然尚未确定，但却对这个作为其后果①的给予事件有规定性的关系。"② 这句话说明，发生的某物的知觉必有另一个对它具有规定性的知觉先行，而这个先行的知觉还有待经验的确定。

因此，并非如刘凤娟所言，因果性范畴不能赋予房屋的知觉，这个范畴完全可以运用到看房子的知觉上。诚然，先看房子左边再看房子右边的秩序不是客观相继的，但它仍然可以被因果性范畴规定，因为因果性范畴只规定形式的必然性。就这个案例而言，被给予我们的是两个知觉：看房子左边的知觉和看房子右边的知觉。这两个知觉被因果性范畴规定后，我们可以先天地断定，看房子右边的知觉必有和它具有必然秩序的先行状态 X。然而，我们通过经验可知，X 不是看房子左边的知觉。所以，虽然这两个知觉被因果性范畴规定，但它们并没有显示出客观相继的关系。其实，任何两个知觉是不是客观相继，这得取决于经验。因果性范畴不对特定内容的秩序先天地做出承诺。

所以，迈蒙和刘凤娟的质疑是成问题的。因为不存在某个范畴只能运用到这个知觉而不是那个知觉的情况，不需要解释某个范畴如何辨别特定的知觉，所以不用辨别，一切范畴运用到每个知觉上。即使是顺流而下的船，它也受到所有范畴的规定，包括本源性的四类十二个范畴以及派生性的其他范畴。很多人担心，同一类范畴中有些范畴是冲突的，比如关系范畴中的因果性范畴和协同关系范畴就是这样，前者对应的秩序是客观相继，后者对应的是同时并存，显然两种秩序是冲突的。于是他们担心，如果因果性范畴和协同关系范畴规定同一个知觉，那会导致那个知觉既客观相继，又同时并存。然而，这种担心混淆了范畴的先天规定和秩序的后天判定的区别。看下游的船的知觉可以被因果性范畴规

---

① "后果"的原文是 Folge。在这句话中，Folge 其实就是后继状态，不是特指因果关系中和原因相对的结果（Wirkung）。

② ［德］康德：《纯粹理性批判》，邓晓芒译，杨祖陶校，第182—183页。

定，也可以被协同关系范畴规定。它被前者规定，则有另一个知觉和它处于必然的先后秩序中，它被后者规定，则有另一个知觉和它处于同时并存的秩序中。这两者丝毫没有冲突，只是着眼点不同。当我们着眼于看上游的船的知觉和它的经验，此时它们的秩序是客观相继，而当我们着眼于看另一艘下游的船的知觉和它的经验，此时它们的秩序是同时并存。所以，同一个知觉可以被因果关系和协同关系范畴同时规定，只是在不同的经验中展现为不同的秩序。

知觉被范畴规定相当于潜能层次，而它们的秩序如何，相当于现实层次，康德实际上描绘了从潜能到现实的过程。《未来形而上学导论》中知觉判断转变成经验判断需要三步：第一步，知觉通过想象力综合起来，形成主观相继的知觉判断，例如先有看上游的船的知觉，再有看下游的船的知觉。第二步，知觉判断被添加范畴，形成先天综合判断。如果这个判断加上因果性范畴，那么得到看下游的船的知觉必定有先行知觉 X。第三步，这个先天综合判断通过经验将虚位以待的位置充实起来。例如我们通过经验将看上游的船的知觉充实"先行知觉 X"，这就得到看上游的船的知觉必定先行于看下游的船的知觉。① 三步其实就是从潜能到现实的转化。这个过程的第二步相当于潜能层次，这个阶段知觉判断加上所有范畴，然后到第三步，我们通过经验将其中某一种可能性实现出来。例如，看下游的船的知觉可以被因果关系和协同关系范畴规定，被规定之后产生许多潜在的判断，这些判断通过不同的经验表现为不同的秩序。上文已述，如果着眼于它和另一艘下游的船的知觉的经验，那么被实现出来的秩序就是同时并存。

因此，和被因果律规定的事件未必具有因果关系类似，康德主张被因果性范畴规定的知觉未必客观相继。每一个知觉都被所有范畴规定。由此看来，迈蒙和刘凤娟的质疑是成问题的。因果性范畴不辨别特定的知觉，经验才辨别，不同的经验将被范畴规定的知觉实现为不同的秩序。

考察康德的因果观，总是需要与休谟因果观作比较，正是基于这种比较，我们才能弄清楚康德提出先验论因果观的来龙去脉。休谟也追求

---

① 参见［德］康德《未来形而上学导论》，载《康德著作全集》第 4 卷，李秋零译，第302—308 页。

因果关系的必然性，他把这种必然性建立在恒常会合和习惯性转移的基础上。他基于经验论立场，由对 A 先于 B 的多次观察，借助于外部的习惯性转移的新印象，推出 A 引起 B，又由特殊因果律，逐步推出普遍因果律。康德指出他的漏洞：基于想象力和经验无法得到因果关系的必然性。他基于先验论立场，同意从 A 先于 B 通过借助于外部的新东西，可以推出 A 引起 B，但认为这个新东西不是习惯性转移，而是来自纯粹知性的因果性范畴，而且这种推论要借助于先天和经验两种来源。纯粹知性将因果性范畴先天地添加到 A 先于 B 的知觉上，得到普遍因果律：B 有原因，然后借助于经验，得到特殊因果律：B 的原因是 A。在康德这里，普遍因果律和特殊因果律不是推导关系，而是同一个因果律的形式和质料。之所以因果性范畴加到知觉上可以得到普遍因果律，这主要是因为这一范畴是客观相继的根据。A 和 B 有确定的先后关系或者 B 有确定的时间位置，这是由于它们预先被因果性范畴规定了。既然 A 先于 B 的知觉被因果性范畴规定，而这一范畴又内在地包含因果关系，那么就可以得出普遍因果律：B 有原因。

这一观点面临同时因果关系和叔本华的挑战。前者的挑战在于，既然原因和结果同时，那原因先于结果的秩序如何体现。康德的回应是：同时性是时间过程方面的，但在时间秩序方面原因仍然先于结果，因此这个挑战可以迎刃而解。他通过区分时间过程和时间秩序加以回应。叔本华针对康德的核心前提——因果性范畴是客观相继的根据——提出了两个反驳。他认为康德无法区分主观相继和客观相继；并且因果性范畴不是客观相继的根据。但这两个反驳都不成功。首先，无论从含义和规定根据，还是从判定标准看，康德都已将主观相继和客观相继明确地区分开；其次，第二个反驳对康德的主张存在三重误解，尤其是误把被因果性范畴规定的事件具有因果关系当作康德的主张，因而反驳不成功。针对因果性范畴和客观相继的关系，本章继而指出康德的主张是被因果性范畴规定的知觉未必客观相继，特定知觉的秩序必须通过经验来辨别。

第 二 章

自由概念

　　作为相容论的一个要素，弄清楚自由概念的含义是题中应有之义。可是，自由本身的含义十分丰富，康德对自由的表述又非常多，诸如先验自由、实践自由、任意自由、意志自由等，因此弄清楚它们的含义并不是件容易的事情。学界对康德自由观的研究成果非常丰富，阿利森就曾出版过《康德的自由理论》的专著。不过本章只聚焦于康德自由概念的含义，不涉及其他方面的内容。所有这些成果中，对我产生巨大帮助的是邓晓芒的《康德自由概念的三个层次》和贝克的《康德的五个自由概念》，它们提供了一个自由概念的框架。在邓晓芒看来，康德的自由概念分为先验自由、实践自由和自由感三个层次，其中实践自由又分为任意（Willkür）的自由和意志（Wille）的自由。通常我们讨论的是先验自由和实践自由，他还发现了不被人注意的自由感。自由感在审美、自然目的论、社会历史和政治方面得到讨论。① 我极为赞同三个层次的划分，不过自由感似乎属于外在自由，它跟审美、权利这些因素联系到一起，而本章主要关注与个体相关的内在自由，故只讨论先验自由和实践自由。贝克的论文除了讲到这两种自由之外，还提到经验的自由（康德所说的比较的自由），② 这个概念虽然是

---

① 参见邓晓芒《康德自由概念的三个层次》，《复旦学报》（社会科学版）2004 年第 2 期，第 24—30 页。

② Cf. L. W. Beck, "Five Concepts of Freedom in Kant", in *Stephan Körner-Philosophical Analysis and Reconstruction*, ed. J. T. J. Srzednicki. Hingham：Kluwer, 1987, pp. 35 – 51. 贝克讲到的五个自由概念分别是：经验的自由概念、道德自由的概念、作为自发性的自由概念、先验自由概念和悬设自由的概念。其中道德自由和作为自发性的自由实际上是意志自由和任意自由。第五个悬设自由指的不是《实践理性批判》中的自由悬设，而是第一和第三批判中的悬设。这个概念比较奇怪，本章暂且搁置。

康德反对的，但它和先验自由一起构成理论的自由。这样一来，康德自由概念的框架就被勾勒出来。自由概念分为内在自由和外在自由，我们只讨论内在自由。内在自由分为理论自由和实践自由，理论自由进一步分为经验的自由和先验自由，实践自由分为任意自由和意志自由。据此，本章分为三部分。第一部分讨论理论自由和实践自由，第二部分讨论任意自由和意志自由，第三部分将康德的自由概念同其他自由概念进行比较，通过参考系反观这些自由概念的确切含义。

第一节　理论自由和实践自由

比较的自由与先验自由形成鲜明的对照，它虽然是康德反对的，但毕竟被康德提到了，因此，为了顾及自由概念的全面性，也为了突显先验自由的特征，我们有必要对它进行简要的考察。然后，本部分将分别考察先验自由和实践自由（主要指任意自由）的含义，最后揭示二者的区别与联系。

一　比较的自由

比较的自由又被康德称为心理学的自由。根据这种自由概念，一个结果之所以是自由的，是因为规定它的原因是内部的，即使它被更遥远的外部原因规定也没关系，也就是说，只要它被内部原因规定，那就是自由的。"对一个东西进行规定的自然根据若处于起作用的存在者内部，这个东西有时就叫做自由的结果，例如一个被抛物体当它在自由运动时所做的，我们在这里运用自由这个词，是因为该物体在它处于飞行的期间没有从外部受到任何东西的推动"，"如果我们意志的自由无非是后一种（例如说心理学的和比较的，而非同时是先验的即绝对的）自由，那么它从根本上也丝毫不比一个旋转烤肉叉的自由好到哪里去，后者一旦上紧了发条，也会自行完成它的运动。"① 被抛物体运动时被称为自由落体，这是因为它下落期间没人推动，而是自己往下落，烤肉叉被称为自由旋转，这同样是因为它旋转时没人推动，而是自行

_____

① ［德］康德：《实践理性批判》，邓晓芒译，杨祖陶校，第119、121页。

旋转。

但康德说比较的自由是"可怜的借口"，它根本不是自由。因为这些结果虽然是自行完成的，但最终被外部原因规定。自由落体的物体虽然没被人推动，但受到外部的重力牵引，自由旋转的烤肉叉也被上好发条之后齿轮间的作用力推动。所以，在比较的自由中有个清晰的因果链条：外部原因—自己（或内部原因）—结果。尽管自己是结果的直接原因，但它又被外部原因决定，这就相当于外部原因经由自己产生一个结果，这样一来，这个结果完全是被决定的，没有自由。比较的自由强调的只是独立于某些外部原因，却受制于另一些外部原因，所以它不是真正的自由。真正的自由必须独立于一切外部原因。这就是先验自由。

二　先验自由与实践自由

康德对先验自由的描述是："我所说的自由在宇宙论的理解中就是自行开始一个状态的能力，所以它的原因性并不是按照自然规律又从属于另外一个按照时间来规定它的原因。自由在这种意义上就是一个纯粹的先验理念，它首先不包含从经验中借来的任何东西，其次它的对象也不能在任何经验中被确定地给予，……，理性就为自己设立了能够自行开始行动的某种自发性的理念，而不允许预先准备一个另外的原因再来按照因果联系的法则去规定这个自发性的行动。"[1] 由此可知，所谓先验自由，其实是自由的先验理念。先验理念有三个，分别是灵魂、自由和上帝。自由这个先验理念就是先验自由。它是宇宙论理解的自由。宇宙论是从秩序的角度来看待宇宙，秩序有很多，主要的秩序是因果秩序。因此，先验自由必须从因果秩序的角度来理解。它分为消极和积极两个方面。消极的先验自由是种独立性，独立于来自经验的一切自然原因，积极的先验自由则是种自发性，自行开启一个全新的自然因果序列。值得注意的是，独立性和自发性并不相互蕴涵，而是相对独立的两种性质。缺乏自发性的独立性在概念上是能够成立的，它不仅独立于外部原因，而且独立于内部原因，简言之，它独立于一切。在这种图景下，事物是

---

① ［德］康德：《纯粹理性批判》，邓晓芒译，杨祖陶校，第433页。

完全失控的，呈现出随机发生的状态。缺乏独立性的自发性在概念上也能成立，这就是比较的自由所描述的相对自发性。在这种图景下，事物能够自己产生结果，但由于它没有独立于先行原因，因而是被决定的。先验自由是独立性和自发性的统一，必须两个条件同时满足才能称为先验自由。这种自发性不再是相对的，而是绝对的。所以，先验自由的本质含义是绝对自发性，它要求独立于时间中的一切先行原因，并在时间中开启一个因果序列。

如果说先验自由是理论领域的自由，那么实践自由，顾名思义，就是实践领域的自由。实践自由包括任意自由和意志自由，跟先验自由关系密切的是任意自由，因而接下来谈到的实践自由主要是指任意自由。任意自由的含义我们将在下一部分讨论，这里只给出结论：任意自由的本质含义也是绝对自发性。这一点跟先验自由是相同的。不过，二者也有区别。第一，先验自由和实践自由的关注对象不一样。前者总是纠缠于自然因果性，考察自然因果性有没有吞噬它，如果它得以成立，又有没有反过来威胁到自然因果性，换言之，先验自由总是在与自然因果性的紧张关系中得到考察。后者则与自然因果性无关，它只考虑行动的应当，即哪些行动是应当做的，哪些行动又是不该做的。对于这一区别，康德说道："理性本身在它由以制定规律的这些行动中是否又是由别的方面的影响所规定的，而那在感性冲动方面被称作自由的东西在更高的和更间接地起作用的原因方面是否又会是自然，这点在实践中与我们毫不相干，我们在实践中首先只向理性求得行为的规范，而那个问题只是一个思辨性的问题，只要我们的意图是针对所为所不为。"① 思辨性的问题是有关先验自由的，它总是和自然纠缠在一起，实践自由则关注行为的规范，即应当做什么的问题。

正因如此，先验自由和实践自由的第二个区别表现在模态上，前者仅仅是可能的，后者是现实的，即在实践上具有现实性或客观

---

① ［德］康德：《纯粹理性批判》，邓晓芒译，杨祖陶校，第610页。

实在性。① 先验自由是在理论领域讨论的。正是在这个领域，自然因果性已经被确立，而先验自由又跟自然因果性冲突，因而它看上去是成问题的。"先验的自由看起来是和自然律、因而和一切可能的经验相违背的，所以仍然是一个问题。"② 既然先验自由是个问题，那么解决方案就是不被自然因果性吞噬。康德采取的策略是把先验自由放到不可知的黑箱。不可知的东西至少跟自然因果性不再冲突，由此它便获得了一种可能性，但只是一种不被证实的可能性。实践自由不一样，它在实践领域被证实了，因而是现实的。"对于自由，那本身不需要任何辩护理由的道德律不仅证明它是可能的，而且证明它在那些认识到这个法则对自己有约束的存在者身上是现实的。"③ 实践自由甚至被经验所证明，康德明确说"实践的自由可以通过经验来证明"④。这句话我们留待下文详细解释。在这里只想表明，实践自由不像先验自由那样是可能的，而是现实的。

因此，先验自由和实践自由有两个区别：一是前者关注与自然因果性的关系，后者关注行为的规范，二是前者是可能的，后者是现实的。但这不意味着它们是两种不同的自由，而是同一个自由在不同领域的运用，也就是说，两个自由其实是同一个意思，但由于视角不同，因而使用了不同的表述。先验自由采取宇宙论的视角，因而使用的是理知原因、理知因果性、自然因果性、结果这些表述，而实践自由采取实践的视角，它使用的是自由意志、定言命令、假言命令、行动这些表述，其实两者

---

① 实在性、客观实在性、现实性，这三个概念之间的关系很微妙。实在性显然不同于现实性，前者是质的范畴中的第一个范畴，后者则是模态范畴中的第二个范畴，它们含义不一样。康德著名的存在论题——存在不是实在谓词，表达了这个意思。但是，客观实在性虽有实在性的字眼，但却偏向于现实性的含义。康德在《实践理性批判》中经常将客观实在性和现实性混用，例如康德说："对于自由，那本身不需要任何辩护理由的道德律不仅证明它是可能的，而且证明它在那些认识到这个法则对自己有约束的存在者身上是现实的。"这里他使用了"自由是现实的"表述。康德接着又说："道德律规定的是思辨哲学曾不得不任其不加规定的东西，也就是其概念在思辨哲学中只具有消极性的那种原因性的法则，这就第一次使这条法则获得了客观实在性。"（［德］康德：《实践理性批判》，邓晓芒译，杨祖陶校，第58—59页）意即道德律使得自由获得客观实在性。这两句话的意思是一样的，但康德一会儿用现实性，一会儿用客观实在性，这表明在他看来，二者是可以等同使用的。因此，本书主张实在性不同于客观实在性和现实性，而客观实在性和现实性是基本等同的，尤其在实践领域是如此。

② ［德］康德：《纯粹理性批判》，邓晓芒译，杨祖陶校，第611页。

③ ［德］康德：《实践理性批判》，邓晓芒译，杨祖陶校，第58页。

④ ［德］康德：《纯粹理性批判》，邓晓芒译，杨祖陶校，第610页。

是一回事。自由意志即理知原因，理知因果性是定言命令，自然因果性是理知因果性作用于结果借助的中介，相应的，假言命令也是定言命令产生行动借助的技术手段，理论领域的结果就是实践领域的行动。这些都是一一对应的，只是由于研究视角不同，因而采用的术语不同。我们在其他研究中也能看到类似情形。例如同一个物体，基于物理学研究，我们使用力、速度等术语，基于化学研究，使用元素、分子、化学键等术语，基于哲学研究，则使用实体、属性等术语。不同的视角、领域有不同的术语和范式。因此，康德虽然使用先验自由和实践自由的表述，但它们实际上是同一个意思，即因果秩序下的绝对自发性。先验自由是独立于一切先行原因，并能产生自然结果的绝对自发性，实践自由则是独立于一切动机，并能产生行动的绝对自发性。两种自由本质含义是完全一样的，只是视角、领域有差异。

三　看似矛盾的两处文本

上述观点似乎遭到康德某些表述的否认。他说："以这个自由的先验理念为根据的是自由的实践概念"，"取消先验自由的同时就会把一切实践的自由也根除了。"① 这些话的意思是：先验自由是实践自由的前提。一个东西是另一个东西的前提，这好像表明这两个东西是不同的。而且，更为严重的是，阿利森据此发现了"先验辩证论"和"纯粹理性的法规"部分的矛盾之处。先验自由对实践自由的前提作用是前者的表述，而在后者中，康德说先验自由"不能经验性地预设为解释现象的根据，相反，它本身对于理性是一个问题"，并且"实践的自由可以通过经验来证明"，这似乎在暗示，即使先验自由被自然因果性吞噬也没关系，实践自由能够被经验所证明。换言之，在"纯粹理性的法规"部分，康德似乎否定了先验自由对实践自由的前提作用。阿利森发现两个部分的矛盾之后评价道："要调和针对实践的自由和先验的自由的关系所做的两种论述，似乎就不太可能了。"②

接下来我将调和两处文本的矛盾，并在此过程中解释为什么先验自

---

① ［德］康德：《纯粹理性批判》，邓晓芒译，杨祖陶校，第434页。
② ［美］阿利森：《康德的自由理论》，陈虎平译，辽宁教育出版社2001年版，第73页。

由是实践自由的前提，两者还是同一个东西。要调和矛盾，我们必须澄清两个关键之处：（1）先验自由的前提作用表现在哪里；（2）如何理解实践自由可以通过经验来证明。第一点相对容易。取消先验自由就会把一切实践自由根除，这说明先验自由是实践自由的必要条件。也就是说，自由如果不在理论领域中取得与自然因果性不相冲突的可能性，它在实践领域将什么都不是。实践自由的前提是先验自由不被自然因果性消灭掉。必要条件不必存在于两个东西之间，而可以存在于同一个东西的两种状态之间。例如一个部队必须夺取某个制高点才能赢得胜利，可是如果它在争抢制高点的过程中被敌人消灭了，就不可能再赢得战斗了，因此我们可以说抢占制高点是赢得胜利的必要条件，但这个必要条件针对的是同一个部队。同理，如果自由在与自然因果性的紧张关系中被对方消灭了，它就不可能在实践领域施展拳脚，因此我们可以说纠缠于自然因果性的先验自由是实践自由的必要条件，但这个必要条件针对的是同一个自由。

第二点比较复杂，需要详细阐述。康德不仅在《纯粹理性批判》中说到实践自由可以被经验证明，在《实践理性批判》中也有类似的表述，例如"就连经验也证实了我们心中的这一概念秩序"，[①] 这里的"概念秩序"指的是从道德法则的意识到自由的秩序，最终证实的是自由，它被经验所证实。但是，在另一些地方，康德又似乎说出相反的表述，例如"这种能力不能被任何经验所证明，但思辨理性却（为了在自己的宇宙论理念之下按照这能力的原因性找到无条件者，以便思辨理性不自相矛盾）至少必须把它假定为可能的，这就是自由的能力"，[②] 亦即自由的能力不能被经验所证明。另外，康德还说自由的实在性"通过实践理性的一条

---

① ［德］康德：《实践理性批判》，邓晓芒译，杨祖陶校，第 36 页。

② ［德］康德：《实践理性批判》，邓晓芒译，杨祖陶校，第 58 页。康德的原文是"自由的能力不是必须（müssen）被任何经验证明"，不过弗兰德（Vorländer）认为此处应为"不能被"（转引自 ［德］康德：《实践理性批判》，邓晓芒译，杨祖陶校，第 58 页。），格雷戈尔（Gregor）也译为"不能被（no experience could prove）"（Kant, *Critique of Practical Reason*, translated by Mary Gregor, Cambridge：Cambridge University Press, 1997, p. 42）。从义理来看，笔者认为弗兰德和格雷戈尔的理解是准确的，故遵从他们的翻译。

无可置疑的规律而被证明了"，① 这条规律显然是道德律，也就是说，自由是被道德律先天地证明的，不是被后天的经验所证明。结合这些表述，我们不禁要问，实践自由可以通过经验证明，这究竟是什么意思，它跟实践自由通过道德律证明真的冲突吗？

实际上，这两个表述之间是不冲突的。表面的冲突或许是由于证明（beweisen）这个词的歧义造成的。一方面，它指的是我们通常理解的证实的意思，另一方面，它还可以是验证的意思。验证不同于证实，而是证实之后的一种确认。就像纯粹数学一样，它本身是先天地通过公理、定理、推论等原则所证明的，但可以通过经验中的实例来验证它的正确性。例如三角形内角和等于180°，这个命题是通过"两直线平行，同位角和内错角相等"的公理和定理推论出来的，显然不能通过画图，用量角器量的方式来证明，但它一旦被证实之后，却可以通过画图的方式来验证。换言之，就算我们量过1000、10000个三角形，甚至更多，发现它们的内角和都是180°，这也不能证明三角形内角和必然是180°。这个证明必须先天地完成，但却可以通过后天的方式加以验证。同理，实践自由虽然必须通过道德律先天地证实，但可以通过经验加以验证。因此，当康德说实践自由被道德律证明时，他指的是证实的意思，当他说实践自由可以被经验证明时，所指的是验证的意思。虽然都是证明这个词，但由于表达的含义不同，因而并不矛盾。反过来看，如果认为实践自由能被经验所证实的话，这恰恰是康德要反对的，这样一来，实践自由就被当成了知识，很可能面临被取消的威胁。

总的来说，本部分考察了康德的三个自由概念，分别是比较的自由、先验自由和实践自由，他否定第一个自由概念，肯定后两个。比较的自由是一种相对的自发性，虽然结果是出自内部原因，但这个内部原因却被外部原因规定，因而沦为不自由。与之相反，先验自由和实践自由都是因果秩序下的绝对自发性，它们都不被一切先行原因规定，且能产生

---

① ［德］康德：《实践理性批判》，邓晓芒译，杨祖陶校，第2页。值得注意的是，在实践领域，实在性和现实性经常被康德混用，例如就在这一段，康德既讲自由的实在性，又讲自由的现实性，它们其实是同一个意思。因此，本书认为在实践领域，自由的实在性和自由的现实性是等同的。

后续结果，说到底是种理性的因果性。因此，两种自由的本质含义是同一的。不过，它们的视角和领域有差异。先验自由作为理论领域的自由，关注的是与自然因果性的关系，其目标是保留可能性，而实践自由关注的是行为的规范，它的目标是现实性。同一个自由，只有得以可能才能进一步谈现实性，因而先验自由是实践自由的前提。另一方面，自由不能仅仅停留于可能性，它必须获得现实性才能完成全部论证，就此而言，实践自由又是先验自由的归宿。因此，对于先验自由和实践自由的关系，我们可以这么说：前者是后者的前提，后者是前者的归宿。阿利森发现了先验自由和实践自由文本上的表面冲突，但这一冲突完全可以得到调和。

第二节　任意自由和意志自由

跟先验自由形成对照的实践自由主要是指任意自由，但除此之外，实践自由还包括意志自由，因而本部分讨论实践自由内部的任意自由和意志自由。它首先考察任意和意志的关系，接着考察涉及它们的各种自由，最后揭示出康德本人没有明确表述的两种自由——合法则的自由和自发的自由。

一　任意与意志的关系

18 世纪 90 年代之前，意志和任意没有明显区别，它们经常在文本中交替使用。康德既用意志自由，也用任意自由，既用意志自律和他律，也偶尔使用任意自律和他律，例如在《实践理性批判》中他就使用了"任意的自律"这种表述，① 这说明这个时期康德没有刻意区分二者。它们的区分主要发生在《道德形而上学》中。

> 法则来自意志，准则来自任意。任意在人里面是一种自由的任意；仅仅与法则相关的意志，既不能被称为自由的也不能被称为不自由的，因为它与行动无关，而是直接与为行动准则立法（因此是

① ［德］康德：《实践理性批判》，邓晓芒译，杨祖陶校，第46页。

实践理性本身）有关，因此也是绝对必然的，甚至是不能够被强制的。所以，只有任意才能被称作自由的。①

这段文本经常被大家引用，它包含了丰富的含义。在此我只想讨论意志和任意的区别。康德对它们的定性是不同的。意志既不是自由的，也不是不自由的，也就是说，它与自由无关，只有任意才能谈自由。康德对意志自由的定性是有变化的。在此之前，意志自由的表述比比皆是，但在这里，意志却无关乎自由。值得注意的是，康德对意志本身的理解并没有变。广义的意志包括狭义意志和任意，狭义意志是纯粹意志或纯粹实践理性。纯粹意志经常被等同于纯粹实践理性，比如在《道德形而上学的奠基》（下文简称《奠基》）中，有"既然为了从法则引出行为就需要理性，所以意志无非就是实践理性"②，而在《实践理性批判》中，还有"一个纯粹意志的客观实在性，或者这也是一样的，一个纯粹实践理性的客观实在性"③；"至善是一个纯粹实践理性、亦即一个纯粹意志的全部对象"④。而在这里，意志指的是之前说的纯粹意志，它被等同于纯粹实践理性。因此，康德在 18 世纪 90 年代对意志本身的理解和以前一样，但对意志自由的定性变了，之前认为意志是自由的，现在认为它无关乎自由。

不过，康德对任意的理解和对任意自由的定性自始至终都没有变。任意的德文是 Willkür，它的词根是 Wille 和 - kür，前者的含义是意志，后者是选择，因而这个词的本义是做选择的意志。它分为动物的任意和人的任意。按照词源上的本义，动物的任意也能做选择，但这种选择实际上是虚假的，因为它的规定根据是单纯的感性冲动。哪种感性冲动的驱动力更大，这种任意就屈从于哪个，它实际上服从自然规律，没有选择，没有自由。人的任意不一样。它可以独立于感性冲动的规定，按照

---

① ［德］康德：《道德形而上学》（注释本），张荣、李秋零译注，中国人民大学出版社 2013 年版，第 24 页。出于术语统一的考虑，笔者将文中的"任性"改成了"任意"。

② ［德］康德：《道德形而上学的奠基》（注释本），李秋零译，中国人民大学出版社 2013 年版，第 30 页。

③ ［德］康德：《实践理性批判》，邓晓芒译，杨祖陶校，第 68 页。

④ ［德］康德：《实践理性批判》，邓晓芒译，杨祖陶校，第 136 页。

理性的规定行事，因而它可以是自由的。这些观点无论是在《纯粹理性批判》《实践理性批判》，还是在《道德形而上学》中，都是一贯的。例如成书最晚的《道德形而上学》中，康德也说："可以受纯粹理性规定的任意是自由的任意。而只能由偏好（感性冲动、刺激）来规定的任意则是动物的任意。相反，人的任意是这样的任意：它虽然受到冲动的刺激，但不受它规定，因此本身（没有已经获得的理性技能）不是纯粹的，但却能够被规定从纯粹意志出发去行动。"①

因此，意志和任意的区别首先表现在定性上，意志自由的定性发生了改变，18 世纪 90 年代的意志不再是自由的，而变得跟自由无关，而任意自由的定性没有发生改变，它总是自由的。其次，更为重要的是，意志是种立法的欲求能力，而任意是种执法的欲求能力。意志与自由无关，"因为它与行动无关，而是直接与为行动准则立法（因此是实践理性本身）有关"。这说明两点，一是意志作为纯粹实践理性，只是行动准则的立法者；二是与之相对应的，任意则是与行动相关的，它是产生行动的执法者。立法和执法的差异很重要。纯粹实践理性是为任意订立法则的，它将道德法则颁布给任意，充当了后者的规定根据。任意是负责执行的。它根据各种规定根据，选择手段纳入准则，然后将准则实施出来，做出行动。意志和任意的简要图景是这样：意志（纯粹实践理性）→任意→行动。

二　任意自由的歧义

如上所述，18 世纪 90 年代以前，意志作为立法者是自由的。这种自由表现为自律或自我立法。下面这些文本表明了这一点："除了自律之外，亦即除了意志对于自己来说是一个法则的那种属性之外，意志的自由还能是什么呢？"②；"自律的概念和自由的理念不可分割地结合在一起"③；"道德律仅仅表达了纯粹实践理性的自律，亦即自由的自律。"④

---

① ［德］康德：《道德形而上学》（注释本），张荣、李秋零译注，第 12 页。
② ［德］康德：《道德形而上学的奠基》（注释本），李秋零译，第 69 页。
③ ［德］康德：《道德形而上学的奠基》（注释本），李秋零译，第 76 页。
④ ［德］康德：《实践理性批判》，邓晓芒译，杨祖陶校，第 41 页。

可到了 18 世纪 90 年代，意志虽然还是立法者，但已经跟自由无关了。这说明很重要的一点，自由必须跟行动相关。换言之，只有在行动的过程中才能评判自由与否，如果是立法过程，则一概无关乎自由。而任意作为执法者跟行动直接相关，所以康德才说"只有任意才能被称作自由的"①。

但是，任意的自由有歧义，它首先是种合法则的自由，也就是行动合乎道德法则才是自由的，不合乎道德法则的行动不自由。这就是康德一直强调的消极自由和积极自由的含义。任意自由是种"不依赖于感性冲动，也就是通过仅由理性所提出的动因来规定"的欲求能力，② 前者是对感性冲动的独立性，"那种独立性是消极理解的自由，而纯粹的且本身实践的理性的这种自我立法则是积极理解的自由"③；"任意的自由是它不受感性冲动规定的那种独立性。这是它的消极自由概念。积极的概念是：纯粹理性有能力自身就是实践的"④。简言之，任意自由是任意在行动过程中独立于感性动机的规定，并且服从理性法则的规定所体现的自由。这种自由在感性动机和理性法则之间是不对称的。如果任意确实不受感性冲动规定，且服从道德法则，则它是自由的；但如果任意受到感性冲动的规定，没有服从道德法则，则它是不自由的。这种不对称性还可以扩展到其他方面。出自理知原因的行动自由，仅仅被自然原因规定的行动不自由；自律的行动自由，他律的行动不自由；行善自由，作恶不自由。因此，任意作为一种合法则的自由，是不对称的。

其次，任意自由是种自发的自由，即出自绝对自发性的自由。只要一个行动是任意自主地做出的，它就是自由的。这种自由没有被康德明确命名，但却是康德主张的。自发的自由在感性动机和理性法则（或者自然原因和理知原因、自律和他律、善和恶）之间是对称的，它们都具有这种自由。不管是任意的规定根据，还是它做出的行动，它都一视同仁。

---

① ［德］康德：《道德形而上学》（注释本），张荣、李秋零译注，第 24 页。
② ［德］康德：《纯粹理性批判》，邓晓芒译，杨祖陶校，第 610 页。
③ ［德］康德：《实践理性批判》，邓晓芒译，杨祖陶校，第 41 页。
④ ［德］康德：《道德形而上学》（注释本），张荣、李秋零译注，第 12 页。

在规定根据方面，感性动机和理性法则都不能真正规定它，除非被它先采纳。"任意的自由具有一种极其独特的属性，它能够不为任何导致一种行动的动机所规定，除非人把这种动机采纳入自己的准则（使它成为自己愿意遵循的普遍规则）；只有这样，一种动机，不管它是什么样的动机，才能与任意的绝对自发性（即自由）共存。"① 在行动过程中，不仅感性动机不能规定任意，理性法则同样不能规定它，因为"道德法则在理性的判断中自身就是动机"②，但任意不被任何一种动机所规定。正因如此，任意才是自由的。所以，任意自由在规定根据方面是对称的，它表现出一种绝对自发性。

不仅如此，自发的自由在行动方面也是对称的。换言之，不管是善行还是恶行，都具有自发的自由。有人为恶行开脱，认为恶行被诸如悲惨的童年经历、不幸的遭遇等一系列原因必然导致，因而可以减免罪责。康德反对这一套，他认为就算是天生的恶棍或坏到无可救药，他们的恶行仍然是自由的，因而可以归责。③ 此时的自由是一种绝对自发性，我们可以用以下两方面的证据来论证。

证据 1，"有理性的存在者对于他所干出的每个违背法则的行动，哪怕它作为现象是在过去充分规定了的并且就此而言是不可避免地必然的，他也有权说，他本来是可以不做出这一行动的"④。意即，理性存在者做出的违背法则的行动是自由的，自由表现在本来可以不这么做。之所以如此，是因为任意具有绝对自发性，它可以绝对自主地选择服从或违背法则而行动。既然出于绝对自发性，那么做出哪个行动都自由。所以违背法则的行动是自由的，可以归责，换言之，"自由的先验理念……是构成行动的绝对自发性的内容，即行动的可归咎性的真正根据"⑤。

证据 2，恶意的撒谎。"人们最初的想法是审查他的经验性品格，直到这品格的根源，人们在糟糕的教育、不良的交往……现在人们即使相

---

① ［德］康德：《纯然理性界限内的宗教》（注释本），李秋零译注，中国人民大学出版社2012 年版，第 7 页。

② ［德］康德：《纯然理性界限内的宗教》（注释本），李秋零译注，第 7 页。

③ ［德］康德：《实践理性批判》，邓晓芒译，杨祖陶校，第 124—125 页。

④ ［德］康德：《实践理性批判》，邓晓芒译，杨祖陶校，第 122 页。

⑤ ［德］康德：《纯粹理性批判》，邓晓芒译，杨祖陶校，第 376 页。

信这个行动就是由此而被规定的，却并不减少对这个行为者的指责……因为人们预设了，我们可以完全撇开他这种生活方式是如何造成的不管，把这些条件的流逝了的序列看作未发生的，但却把这一行为看作对先行状态而言完全是无条件的，就好像这个行为者借此完全自行开始了一个后果序列似的。"① 康德认为即使有些自然原因不可避免地导致了恶意的谎言，但它仍然可以归责，因为它出自理性的绝对自发性。"理性在其原因性中不服从现象和时间进程的任何条件，……时间的差别不可能造成行动在与理性的关系中的任何差别"②；"理性在事情取决于我们的理知实存的法则（道德律）时不承认任何时间差异，而只是问这个事件作为行为是否属于我。"③ 理性可以抽象掉行动发生的时间差异，不管这个行动有多少原因先行于它，它都被看作全新的当下的行动，就像以前所有的一切都没有发生过一样，由此任意完全自主地选择行动，不管这些行动最终是服从还是违背道德法则，它们都是出于绝对自发性而做出的，因而是自由的。

因此，康德在为违背道德法则的行动（他律行动或恶行）归责时，他通常使用自发的自由。这种自由是种绝对自发性，它在服从和违背道德法则方面是对称的。当任意面对感性动机和理性动机，或者面对服从还是违背法则的行动准则，由于它有绝对自发性，因而选哪个都自由。

正如西季威克所言，合法则的自由和自发的自由的区分或许是康德没有意识到的，但它却存在于康德的文本中。当康德要强调道德的应当时，他会主张合法则的自由，而当他要为行动归责，尤其为不道德的行动归责时，他往往会强调自发的自由。④ 这就是任意自由的歧义。

合法则的自由和自发的自由不能相互还原，它们之间有原则性的区别。第一，善恶对称性不一样。从合法则的自由看，善行才自由，恶行不配拥有自由，但从自发的自由看，无论善恶，都是自由行动。第二，

---

① ［德］康德：《纯粹理性批判》，邓晓芒译，杨祖陶校，第 447 页。
② ［德］康德：《纯粹理性批判》，邓晓芒译，杨祖陶校，第 448 页。
③ ［德］康德：《实践理性批判》，邓晓芒译，杨祖陶校，第 123 页。
④ 参见［英］西季威克《伦理学方法》，廖申白译，中国社会科学出版社 1993 年版，第 519 页。西季威克用的术语是理性的自由和中立的自由，前者对应合法则的自由，后者对应自发的自由。

道德定性不一样。自发的自由在道德上是中立的，它只是对行动的评判，无所谓价值与否，但合法则的自由具有道德上的善，它本身就是值得追求的好东西，正是在这个意义上，西季威克把它称为善的自由。① 由此我们可以开出人格、尊严等价值。第三，层次不一样。自发的自由尽管也能称为自由，但它是低层次的，合法则的自由才是高层次的自由。在动物—人—神的三元结构中，动物只有单一的感性，神只有单一的理性，而人处于中间位置，他既有感性，也有理性，是二者相结合的双重存在者。在一种观点看来，动物是绝对不自由的，神是绝对自由的，人处于二者之间。自发的自由是人摆脱动物性展现出的自由，动物没得选，人终于有选择了，于是人有了自由。但这种自由只是跟动物比较的结果。如果跟神比，它还是低层次的，必须进阶到合法则的自由。人由于自身的有限性，无法具有神的绝对自由，但可以向它靠近。神的行动准则必然会服从理性颁布的道德法则，人无法做到必然，但他应当这么做。这种应当就彰显出人性中的神性，因而符合法则的要求成为向神靠近的自由。因此，自发的自由只是属人的自由，但合法则的自由是属神的自由。

这样一来，违背道德法则的行动具有自发的自由；而服从道德法则的行动既具有自发的自由，又具有合法则的自由，后一种自由更为重要。也就是说，违背道德法则的行动是自由的，这是因为行动者本来可以做服从道德法则的行动，而服从道德法则的行动是自由的，哪怕本来不可以做违背法则的行动它也自由，这是因为它合乎法则。

三 对合法则的自由的辩护

合法则的自由遭到了质疑，"如果人的自由决断只能选择服从道德法则而不能选择不服从，那么道德法则就会蜕变为自然法则，自由的行为就会蜕变为机械的事件。"② 这个质疑很有代表性，它的言下之意是，没得选，它凭什么是自由呢？

其一，不管谁主张的自由，这种自由要成其为自由，必须包含一些

---

① 参见［英］西季威克《伦理学方法》，廖申白译，第518页。
② 吕超：《人类自由作为自我建构、自我实现的存在论结构——对康德自由概念的存在论解读》，《哲学研究》2019年第4期，第98—99页。

要件。诚然,选择能力是自由的其中一个要件,但它不是全部。除了选择能力之外,自由的要件还有很多,比如摆脱束缚。摆脱束缚跟有不有得选是不同的标准。一只雄鹰展翅高飞,仿佛摆脱了地心引力的束缚,我们说它在自由翱翔,但这种自由跟选择没关系。因此,选择能力只是自由的充分不必要条件。上述质疑却预设了选择能力是自由的必要条件,它是非常狭隘的。

其二,合法则的自由恰好摆脱他者的束缚,因此它可以被当作自由。这里跟康德理性主义的立场有密切关联。他认为纯粹实践理性才是真正的自我,而感性偏好是他者。这里的他者不是个体之外的其他个体,而是个体内部的感性。但无论如何,合法则的自由中的独立性就是对他者束缚的摆脱,因而它包含了自由的要件,当然可以是自由的。

其三,合法则的自由符合越完善越自由的直觉。这种自由不是在好东西和坏东西(这里的好坏不一定是道德上的,也可以是非道德的)之间做选择,而是对好东西的遵循和服从。比如打羽毛球,有种科学合理的规律,按照这个规律打球,轻松自如,就像林丹在自由地打球。还有一种出于本能的规律,按照这个规律打球,费力不讨好,毫无自由可言。这里的自由不是在科学规律和本能规律之间做选择,而是强调越贴合科学规律越好,因为越完善越自由。合法则的自由正是这样。它是对道德善的追求,因而能给人鼓舞和力量,让人宁愿抛头颅洒热血也要为之奋斗。"生命诚可贵,爱情价更高。若为自由故,两者皆可抛。"诗中的自由即为充当崇高价值的合法则的自由。

因此,本部分首先考察了任意和意志的关系,跟贝克和阿利森的观点大致相同。广义意志分为狭义意志和任意,前者是纯粹意志或纯粹实践理性,后者又分为动物的任意和人的任意,跟我们相关的是人的任意。二者的核心区别是:意志具有立法功能,任意具有执法功能。接着我们考察了任意自由和意志自由,但这两个表述不能充分表达康德的意思,因为在《道德形而上学》中,意志已经跟自由无关,不能再称为自由,而任意自由又有两种不同的意思,因而我自创了两个概念:合法则的自由和自发的自由。合法则的自由是指行动独立于感性冲动的规定,服从道德法则所体现的自由,自发的自由则是行动出于任意或理性的绝对自发性所体现的自由。后者在善恶之间是对称的,道德中立,并且是低层次的自由，前者则本身就是善的，它是康德认为的真正的自由。前者虽然没得选，但由于它摆脱了他者的束缚，符合越完善越自由的直觉，因而完全称得上自由。

第三节　跟其他自由的比较

自由有很多维度，它至少包括内在自由和外在自由，后者包括审美的自由感、权利等，我们通常说的言论自由、出版自由等都属于权利的范围。本章讨论的是内在自由。内在自由包含的要件有很多，它至少有这些方面：选择能力、自主性、摆脱束缚、合法则性、自愿、不受强制。

一　自由的要件

选择能力是可供取舍的可能性，对于一个实际做出的行动，如果它本可以不这么做，那么这个行动是自由的。通俗地说，有得选就是自由。自主性是指当一个行动取决于我，而不是取决于别人时，这个行动是自由的。我的地盘我做主，这当然是自由的。摆脱束缚是自由的应有之义。自由的英文是 freedom，由此可知 free from 是种自由。影片《肖申克的救赎》中，当安迪从肖申克监狱中逃出，在雨中仰天长啸时，一种自由感油然而生。这是种直觉性的自由。合法则性和自由的关联不太容易看出，但我们可以从技艺中寻找契机。当菲尔普斯自由地游泳、郎朗自由地演奏时，我们发现越符合好的规律的东西越自由，越不符合越不自由。

自愿也是自由的一个要件。在某些情况下，即使行动是被决定的，但由于它是行动者自愿做出的，因而是自由的。这方面法兰克福提供了一个经典的思想实验。假定存在某个干涉者，他能够通过某种方式操控小明的大脑微观过程，由此干涉小明的决定。又假定干涉者总是等小明下定决心后才决定是否干涉，如果小明的决定与他预期的相符，他不干涉；如果小明的决定与他预期的不符，他进行干涉，最终使得小明只能按照他预期的行动去做。现在小明想要考试舞弊，并且选择带小抄的方式来操作。这一系列的想法跟干涉者的预期完全一致，因而他自始至终都没有干预小明的决定。结果小明在舞弊过程中被抓住。在这种情况下，请问是小明应当受惩罚，还是干涉者？如果没有干涉者，毫无疑问是小明应当受惩罚，有了干涉者之后，事情变得稍稍复杂一些。但无论如何，我们的直觉是小明应当受惩罚，因为干涉者并没有进行任何干涉，这全都是小明自己做的。① 这样一来，我们可以得到几个结论。第一，小明的舞弊行为是自由的，因为他需要为此负责。我们预设了自由是行动归责的前提，既然他需要负责，那就表明这个行动是自由的。第二，小明的舞弊行为是被决定的，他没有本可以不这么做的自由。因为一旦他有不同于干涉者的意愿，干涉者马上进行修改，在这种情况下，小明只能做符合干涉者预期的行动。即便他本来可以产生不同的意愿，但也无法将其实现出来，最终还是不能做不同于实际所做的行动。法兰克福是个相容论者，这一案例表明了自由可以和决定论相容。即使行动被决定，它仍然可以是自由的。但这种自由显然不是选择能力，而是意愿。由于一系列行动是小明自愿做出的，因而这些行动是自由的。所以，不同于选择能力的自愿也是自由的一个要件。

　　自由的要件还有不受强制。不受强制分为两种情况，一是行动始终没有被强制，二是行动过程中被强制，之后又摆脱了强制。摆脱强制和摆脱束缚有关联，但不等同于摆脱束缚，因为束缚有很多，除了强制的束缚，还有决定论、文化、宗教、地理环境等的束缚。摆脱束缚更为宽泛，摆脱强制只是它的其中一种情形。休谟主张自由是不受强制。"若自由是与必然相对立，而非与强制相对立，自由和机会就是同样之事，而人们普遍承认，机会是不存在的。"② 意即与必然对立的自由（机会）是不存在的，而与强制对立的自由是存在的。他也是个相容论者，认为即使行动被彻底决定，它也是自由的，不过这种自由不是选择能力，而是不受强制。他区分了被决定和被强制。被强制必然是被决定的，但被决定未必被强制，二者处于不同的维度。被决定意味着没有别的选择，而被强制意味着违背意志。然而，完全可能出现没有别的选择却是不被强制的情形。假定张三遭人抢劫，歹徒拿刀逼他就范，他鼓起勇气拼死反

① 参见［美］哈里·法兰克福《可供取舍的可能性与道德责任》，葛四友译，载《自由意志与道德责任》，徐向东编，江苏人民出版社 2006 年版，第 364—365 页。

② David Hume, *An Enquiry Concerning Human Understanding and Other Writings*, ed. , S. Buckle, Cambridge: Cambridge University Press, 2007, p. 86.

抗，最终将歹徒制服。张三的反抗行为无疑是自由的，他摆脱了歹徒的强制。但我们可以假定，作为旁观者，了解他的童年经历，知道他很勇敢，并从当时的处境中非常精准地预测他会奋起反抗，因而他的行为是被决定的。这样一来，他的行为即使被决定，也是自由的，自由表现在不被他人强制。①

因此，自由有很多面向，包含很多要件，这些要件不能归结到唯一一种统一的自由含义之下。概而言之，自由有着非常丰富的含义。如果片面地认为自由只具有某种单一的含义，这是不可取的。反之，如果一个哲学家主张好几种自由，而这些自由又囊括了诸多自由的基本要件，这不仅不是缺点，反而是优点。

二　康德的自由概念与自由要件的比较

康德的自由概念能够囊括上述要件。自发的自由能够包含选择能力和自主性。自发的自由的本质含义是绝对自发性，它从定义上就是一种自主性。任意不被任何动机所规定，完全自主地制定准则，做出行动。正因为任意的独立自主，所以它能够进行选择。既可以选择感性动机，也可以选择理性法则，对它来说这就是一念之间的事情。选择能力和自主性在善恶之间是对称的，前者不在意选什么，只在意有没有选的能力，后者也一样，不在意对什么东西能够做主，只在意能否做主。这种对称性很契合自发的自由。值得注意的是，康德的主张是基于任意的绝对自发性推出选择能力，但不能从选择能力反过来界定任意。虽然任意在行动过程中拥有选择能力，但这不是它的定义。

合法则的自由能够包含摆脱束缚和合法则性，前者是这种自由的消极方面，后者是其积极方面。消极自由是摆脱感性冲动的规定。上文已述康德是个理性主义者，他认为理性是真正的自我，把感性看作他者，因而摆脱感性冲动的规定就是摆脱他者的束缚。积极自由是种遵循道德法则的自发性，即准则的合法则性。不过这种自发性跟自发的自由中的自发性不同，它不是遵循或违背道德法则的自发性，而是仅仅遵循道德法则的自发性，换言之，它是不对称的自发性，而非前面那种对称的自

① 参见胡好《再论自由、强制和必然》，《道德与文明》2019 年第 5 期，第 137—138 页。

发性。另外，值得强调的是，合法则的自由本身是个好东西，它是那些自愿被奴役的人不配拥有的。诸如卖国贼、汉奸、巨婴这类人，他们自愿丢掉自己的独立人格，依附在别人的人格之下，宁愿跪着生活，这些人不配拥有自由。他们这么做或许拥有自愿的自由、选择的自由、自主的自由，但他们自由地放弃了合法则的自由。合法则的自由值得追求，需要争取。

合法则的自由还能包含自愿。当行动遵循道德法则时，它拥有合法则的自由。道德法则适用于一切理性存在者，在人类这里它表现为定言命令式。在阐述定言命令式时，康德已经将意愿纳入其中了。他说："定言命令式只有一个，那就是：要只按照你同时能够愿意它成为一个普遍法则的那个准则去行动。"[1] 行动准则只有能够并且愿意成为一条普遍法则，它才是自由的。作为一个典型的动机论者，康德强调不仅要合乎义务，而且要出于义务而行动，要为了义务而义务，这里边也充分地包含了自愿的因素。

不过，康德的自由概念似乎不同于不受强制的自由，他甚至主张自由也是一种强制。他说："道德律在人类那里是一个命令，它以定言的方式提出要求，因为这法则是无条件的；……它意味着对一个行动的某种强制，虽然只是由理性及其客观法则来强迫，而这行动因此就称之为义务，因为一种在病理学上被刺激起来的（虽然并不由此而规定了的、因而也总是自由的）任意，本身带有一种愿望，这愿望来源于主观原因，因此也有可能经常与纯粹的客观的规定根据相对立，因而需要实践理性的某种抵抗作为道德的强制，这种抵抗可以称之为内部的、但却是智性的强制。"[2] 简言之，道德法则在人类这里是对行动的某种强制，它以定言命令式的方式向人们提要求，而任意如果遵循定言命令式而行动，则是自由的。因此，任意的自由并不排斥道德的强制，甚至可以说，我们被强制着去自由。此时的自由不再是一种静观的评判，而变成了一种活动，一种存在的展开方式。这样说或许有些偏离康德，但和他的精神气质是契合的。当然，在这里，被强制的是人的自然本性或感性，也就是

---

① ［德］康德：《道德形而上学的奠基》（注释本），李秋零译，第40页。
② ［德］康德：《实践理性批判》，邓晓芒译，杨祖陶校，第40页。

说，被强制的是他者，理性的自我并没有被强制，反而是强制的施加方，所以康德说这是种"内部的、智性的强制"。这一点跟休谟的不受强制是一致的，后者也主张自我不能被强制。但康德比休谟更为深刻的地方在于，他不仅看到了自由和强制之间的区别，还发现它们之间的关联。因此，合法则的自由也能包含强制的因素。

不得不承认，本部分对自由要件的讨论是比较零散的，而且某些要件之间可能有重叠，比如自愿和不受强制难以区分，前者甚至是构成后者的一个重要条件。要搞清楚自由的所有含义是非常困难的，恐怕一本书也说不完，本部分只是略微提及，勾勒出一个粗略的轮廓。根据上面的论述，我们发现康德的自由概念没有丢掉自由的基本要件。自发的自由包含了选择能力和自主性的意思，合法则的自由包含了摆脱束缚、合法则性、自愿和不受强制（或强制）的意思。

康德使用的自由概念虽然有很多，但重要的是先验自由和任意自由，后者是与前者相对的实践自由。其实，它们是同一个自由，只不过先验自由是任意自由的理论版。任意自由可以分化出自发的自由和合法则的自由，同样的，先验自由也可以分化出自发的自由和合法则的自由。只不过二者使用的术语和模态不一样。在实践领域，自发的自由使用的术语是动机、道德法则和行动，而在理论领域，自发的自由使用的术语是原因、理性因果性和结果；在实践领域，合法则的自由使用的术语是独立于感性冲动，遵循道德法则的规定，在理论领域，合法则的自由使用的术语是独立于自然原因，遵循理知因果性的规定。这些术语都是对应的。但理论领域的自发的自由和合法则的自由终究是可能的，只有到实践领域才具有现实性或客观实在性。因此，对于康德的自由概念，我们需要抓住这样一些区分：先验自由和任意自由、理论和实践、自发的自由和合法则的自由。最后一个对子能够展现康德自由概念的丰富含义。

第二部分

核心论证

第 三 章

相容论立场的确认*

前两章是本书的第一部分，它阐述了康德相容论的两个要素：自然因果性和自由，现在进入第二部分，正面阐述康德的论证。首要的任务是确认相容论的立场。要论证康德的相容论，前提是认同他主张的相容论，否则就难以展开讨论了。但这一点并不那么容易，需要仔细辨析。其次需要交代相容论的基础。康德的相容论是建立在现象与物自身的区分之上的，但现象与物自身何以能够区分，它们是何种区分，这些问题学界讨论了很多年，值得进一步思考。最后是给出康德的论证。因此，本书第三章确认相容论立场，第四章探讨先验观念论及其在时间方面的应用，第五章重构康德的相容论论证。

相容论（compatibilism）的基本含义是自由和自然因果性可以相容，与之相对的是不相容论（incompatibilism），它是指二者不可以相容。不相容论又分两种，一是自由论，只有自由，决定论为假；二是强决定论，决定论为真，没有自由。但康德是相容论者这一点并不是自明的。由于独特的先验观念论，他写作的文本呈现出多个面向，有些文本支持相容论立场，有些文本支持不相容论立场，因而给研究者们的判定造成困扰。而相容论和不相容论这对术语的使用语境可能不适用于康德，这又给立场的判定增添了难度。因此，不同的研究者有不同看法。大多数研究者认为康德是相容论者，阿利森认为他是不相容论者，① 谢胜建持第三种观

---

* 本章写作参考笔者以前发表的论文《康德是相容论者吗》，《哲学评论》2016 年卷，第 54—65 页。

① Henry E. Allison, *Kant's Theory of Freedom*, Cambridge：Cambridge University Press, 1990, p. 28.

点，他认为康德既不是相容论者，也不是不相容论者。① 面对这种众说纷纭、莫衷一是的局面，本章试图提供一种解决方案，首先揭示出康德相容论判定的困难，然后为相容论立场的解读辩护，最后通过和其他相容论的比较突显出康德相容论的独特性。

第一节 相容性问题的困难

对于自由和自然因果性的关系，逻辑上有四种可能：（1）二者相容；（2）二者不相容；（3）二者既是相容的，又是不相容的；（4）二者既不是相容的，也不是不相容的。有趣的是，这四种观点都可以找到证据，而且都有人主张。

支持自由与自然因果性相容的文本依据有很多，例如：（1）"这个结果就其理知的原因而言可以被看作自由的，但同时就诸现象而言可以被看作按照自然必然性而来自现象的后果"②；（2）"如果自然必然性仅仅与现象相关，而自由仅仅与物自身相关，那么，当人们同时假定或者承认两种因果性时，就不产生任何矛盾"③；（3）"当我们说人有自由的时候，与我们认为人作为自然的部分而服从自然的这些法则的时候相比，我们是在另一种意义上和另一种关系中设想人的；二者不仅能够很好地共存，而且必须被设想为在同一主体中必然地结合在一起"④；"同一个行动，作为属于感官世界的行动，任何时候都是以感性为条件的、也就是机械必然的，但同时也作为属了行动着的存在者之原因性的行动，就这存在者属于理知世界而言，有一个感性上无条件的原因性做根据，因而能够被思考为自由的。"⑤ 这些文本分布在不同的著作中，但意思是相同的，同一个行动或同一个主体既是服从自然因果性的，又是自由的。正

---

① Xie Shengjian，"What Is Kant：A Compatibilist Or An Incompatibilist？" in *Kant-Studien*，100 (2009)，p. 68.

② 〔德〕康德：《纯粹理性批判》，邓晓芒译，杨祖陶校，第 436 页。

③ 〔德〕康德：《未来形而上学导论》，载《康德著作全集》第 4 卷，李秋零译，第 348 页。

④ 〔德〕康德：《道德形而上学的奠基》（注释本），李秋零译，第 81 页。

⑤ 〔德〕康德：《实践理性批判》，邓晓芒译，杨祖陶校，第 130 页。

因如此，伍德、哈德森、沃特金斯等人都认为康德主张相容论。① 例如伍德说："康德公开宣称的目的是'统一自然和自由'，是'消除自然机械作用和自由的表面冲突'，是表明'自由因果性至少与自然不相冲突'。"②

但有些文本却表明自由和自然因果性不相容。首先，当康德引出相容论的问题时，似乎反对相容论的思路。"如果我关于一个犯过一次偷盗行为的人说：这个行为是按照因果性的自然法则从先行时间的规定根据来的一个必然后果，那就不可能有这个行为本来可以不发生这件事；那么，……这个人在该时间点上、就该行动而言毕竟从属于一种不可避免的自然必然性之下，他在这同一时间点上并就同一行动而言又如何能够说是完全自由的呢?"③ 在解决这一问题时，康德把相容论的自由称为"比较的自由"，并评价为"托词"和"可怜的借口"，这似乎表明他反对相容论。

其次，还有文本表明不相容论的立场，例如，"如果我们有可能把人的任意之一切现象一直探索到底，那就决不会有任何单独的人的行动是我们不能肯定地预言并从其先行的诸条件中作为必然的来认识的。所以在这种经验性品格方面没有任何自由"④。阿利森就认为康德是不相容论者。之所以不相容，倒不仅仅是因为我们在经验性品格方面没有自由，而是因为从任何一个单一的角度看都不相容。从单一的现象视角看，只有自然因果性，没有自由，这是引文所讲的强决定论，而从单一的物自身视角看，则有自由，自然因果性为假（因为自由的绝对自发性斩断了连续的自然因果链条，所以自然因果性为假），这是自由论的立场。无论是强决定论还是自由论，它们都是不相容论，因而从单一的视角看，康德主张的是不相容论。很多人不认同康德的先验观念论，他们认为相容

---

① Cf. A. W. Wood, "Kant's Compatibilism", *Self and Nature in Kant's Philosophy*, ed. by Allen W. Wood, Ithaca: Cornell University Press, 1984, p. 74; H. Hudson, *Kant's Compatibilism*, Ithaca and London: Cornell University Press, 1994, p. 5; E. Watkins, *Kant and the Metaphysics of Causality*, Cambridge University Press, 2005, p. 335.

② A. W. Wood, "Kant's Compatibilism", *Self and Nature in Kant's Philosophy*, ed. by Allen W. Wood, Ithaca: Cornell University Press, 1984, pp. 73 – 74.

③ [德] 康德：《实践理性批判》，邓晓芒译，杨祖陶校，第119页。

④ [德] 康德：《纯粹理性批判》，邓晓芒译，杨祖陶校，第444页。

论必须在同一个视角下来判定，如果有不同的视角，那就既不是相容，也不是不相容。因此，康德说的作为物自身的理知品格和作为现象的经验性品格之间的关系跟相不相容无关，要么从理知品格来看，要么从经验性品格看，无论如何自由和自然因果性都是不相容的。正是在这个意义上，阿利森认为就算康德保留了自由，它也只是"不相容论的自由概念"①。

除了文本层次，从概念上分析，我们也能看出自由和自然因果性的冲突。第一章已经表明，自然因果性有三个特点：（1）现象中的原因是有条件的；（2）事件的联系都以时间秩序为前提，必须在时间之中；（3）事件在自然中能够得到解释和预测。而先验自由，在概念上意味着：（1）现象中的原因可以是无条件的，可以被看作绝对的第一开端，就像从椅子上站起来一样，"如果我现在（例如说）完全自由地、不受自然原因的必然规定影响地从椅子上站起来，那么在这个事件中，连同其无限的自然后果一起，就会绝对地开始一个新的序列，虽然按照时间这个事件只是一个先行序列的继续而已"②。（2）事件的联系可以不在时间之中，而在时间之外，"纯粹理性作为一种单纯理知的能力并不服从时间形式，因而也不服从时间次序的诸条件。理性在理知的品格中的原因性并不产生，或者说绝不在某一个时间中起始以便产生一个结果"③；"在它里面，甚至在它的原因性的概念中，都不会发生时间秩序，所以也不能把按照规则来规定时间次序的那条自然的力学性规律应用于它之上"④。（3）事件得不到精确的预测，否则就不再是自由，而变成自然了。因此，从概念上看，先验自由和自然因果性是冲突的。这也从一个侧面支持了不相容论。

既有证据支持相容论，又有证据支持不相容论，这已经显示出相容论判定问题的困难。更困难的是，还有文本支持康德既主张相容论，又主张不相容论。它来自著名的第三个二律背反。这个二律背反的正题是：

---

① H. E. Allison, *Kant's Theory of Freedom*, Cambridge: Cambridge University Press, 1990, p. 28.

② ［德］康德：《纯粹理性批判》，邓晓芒译，杨祖陶校，第378—379页。

③ ［德］康德：《纯粹理性批判》，邓晓芒译，杨祖陶校，第445页。

④ ［德］康德：《纯粹理性批判》，邓晓芒译，杨祖陶校，第446页。

"按照自然律的因果性并不是世界的全部现象都可以由之导出的惟一因果性。为了解释这些现象，还有必要假定一种由自由而来的因果性"；反题是："没有什么自由，世界上一切东西都只是按照自然律而发生的。"① 正题是相容论立场，自然因果性成立，还有自由。反题是不相容论立场，自然因果性成立，没有自由。康德认为只要消除某种误解，正题和反题就都是正确的。"在第一类二律背反（数学类的二律背反）中，前提条件的错误在于：自相矛盾的东西（亦即作为事物自身的现象）被表现为可以统一在一个概念中。但就第二类，亦即力学类的二律背反来说，前提条件的错误在于：可以统一的东西被表现为自相矛盾的。于是，在第一种场合两种彼此对立的主张都是错误的，而在这里，两种由于纯然的误解而彼此对立的主张又都可能是正确的。"② 第三个二律背反作为力学性的二律背反，跟数学性的不同，后者是本来矛盾的东西被看成统一的，因而这类二律背反没法调和，正题反题都错，但前者是本来可以统一的东西由于误解被看成矛盾的，因而只要消除误解，即可得到正题反题都正确。这意味着康德主张相容论和不相容论都正确。对此，伍德和沃特金斯都大胆地提出康德的相容论是"相容论与不相容论的相容"③。

　　更令人惊奇的是，还有人主张康德既不是相容论者，也不是不相容论者，例如谢胜建。谢胜建的立场比较复杂。一方面，他主张康德既不是相容论者，也不是不相容论者，因为这两个术语不适合用在康德身上。相容论和不相容论的术语都来自经验主义者的传统，是以决定论为基础的（determinism-based），而康德的自由理论出自理性主义者的传统，是以自由为基础的（freedom-based），所以它们都不适合评价康德。④ 另一方面，他又认为康德是不相容论者，因为自由和自然因果性在概念上矛盾。他找到判定标准的两个选项，一是它们在概念上是否矛盾，二是能

---

① ［德］康德：《纯粹理性批判》，邓晓芒译，杨祖陶校，第374页。
② ［德］康德：《未来形而上学导论》，载《康德著作全集》第4卷，李秋零译，第347页。
③ A. W. Wood, "Kant's Compatibilism", *Self and Nature in Kant's Philosophy*, ed. by Allen W. Wood, Ithaca: Cornell University Press, 1984, p74; E. Watkins, *Kant and the Metaphysics of Causality*, Cambridge University Press, 2005, p. 335.
④ Xie Shengjian, "What Is Kant: A Compatibilist Or An Incompatibilist?" in *Kant-Studien*, 100 (2009), p. 68.

否共存。共存分为和谐的和不和谐的共存，和谐共存的两物可以相容，不和谐共存的两物不相容。既然共存的两物既能被判定为相容，又能被判定为不相容，那么能否共存不能成为判定两物是否相容的标准。因此，概念上是否矛盾成为相容论的判据。① 由于自由和自然因果性在概念上矛盾，因此谢胜建认为康德充其量是个不相容论者，二者的矛盾体现为："决定论字面上意味着（自然的）强制或者被诸先行原因所规定，而自由字面上意味着独立于强制或者先行原因。"② 总的来说，他认为康德不适用于用相容论来评价，硬要评价的话，他也只是不相容论者。

自由和自然因果性的关系一共有四种逻辑可能的立场，这四种立场都有相应的理由和证据支持，但它们之间是相互冲突的，这呈现出"四律背反"的景象，这给相关的研究带来了困难。

第二节　相容论立场的辩护

笔者在上述四种立场中主张相容论立场，因为康德著作中有大量文本主张相容论，这是直接证据。而对于那些其他立场采用的理由和证据，我将采取倾向于相容论的解释。有的时候不同立场的研究者不是没有看到有利于对方的文本，他们看到了相同的文本，只是彼此的侧重点和评价不同。接下来我们先处理第二种立场，在这期间一并处理第四种立场，最后处理第三种立场。重点是对第二种立场——不相容论——的处理。

不相容论的理由 1 很容易处理。它说的是康德反对相容论，因而间接支持他是不相容论者。可是，相容论有很多种类，并不是唯一的一种。不同哲学家持不同的自由观，可以得出不同的相容论。休谟和莱布尼茨的相容论不同，但他们都是相容论者；法兰克福的"分层动机"学说和斯特劳森的"反应态度"理论不同，但他们都是相容论者。因此，即使康德反对一种相容论，他也可以主张另一种相容论，我们不能从他反对

---

① Xie Shengjian, "What Is Kant: A Compatibilist Or An Incompatibilist?" in *Kant-Studien*, 100 (2009), pp. 57, 67.

② Xie Shengjian, "What Is Kant: A Compatibilist Or An Incompatibilist?" in *Kant-Studien*, 100 (2009), pp. 67–68.

一种相容论就推出他支持不相容论，两者之间不是简单的非此即彼的关系。

不相容论的理由 2 是相容论预设了同一个世界的视角，而从这个视角看，康德主张不相容论，尤其是他明确说过从经验性品格看没有任何自由，两个不同世界的关系不属于讨论范围。针对康德文本明确表述的同一个行动既是自由的，又符合自然规律，他们会说前者处于物自身领域，后者处于现象领域，这是两个不同领域的东西，怎么能说相容呢，它们根本就跟相不相容没关系。相容论只在同一个领域来谈。还是一样，相容论有不同种类，有些相容论预设了同一个世界或同一个领域，但有些相容论却预设了不同的世界或不同的领域。一个世界还是两个世界，这不是判定相容论的必要条件。阿利森把相容论限定得过于狭窄了。谢胜建也有同样的问题，第四种立场——康德既不是相容论，也不是不相容论者，我在这里一并讨论。他认为相容论只能在经验主义传统中讨论，而康德属于理性主义阵营，因而它不适用于康德。他同样把相容论限定得过于狭窄了。相容论的核心问题是：自由和自然因果性是否相容，如果关联到对象，问题就变成同一个对象是否既是自由的，又被自然因果性规定。是就是相容，否就是不相容。对于这个核心问题，康德的回答是肯定的，这足以证明他的相容论立场。至于我们是不是非得在同一个世界中讨论，或者在经验主义脉络中讨论，这都不是必要的。

另外，康德恰恰非常重视两个世界或两个领域的关系，我们不能抛开这一点来谈相容。经验性品格和理知品格的确是相对独立的，从单一的任何一种品格看，自由和自然因果性都不相容，但康德强调这两种品格之间的关联，正因为这种关联，自由和自然因果性能够相容。"假定我们可以说：理性对于现象有原因性；难道这时它的行动，尽管在其经验的品格中（以感官的方式）是完全被精确规定的和必然的，仍然可以叫作自由的吗？这种经验性品格又是在理知的品格中（以思维的方式）被规定的。"[1] 康德在提出相容性问题之后，随后就说经验性品格被理知品格规定，他就是通过两种品格的关联来解决相容性问题的。确切地说，经验性品格是理知品格作用于自然结果的中介。这一点后文会有详述。

---

[1]　[德] 康德：《纯粹理性批判》，邓晓芒译，杨祖陶校，第444页。

这里我只是强调，康德不但论述了单一的经验性品格，而且论述了两种品格之间的贯通和联系，正因如此，自由才借助自然因果性作用于自然结果。这就是二者的相容。

不相容论的理由 3 是自由和自然因果性在概念上矛盾，因而二者不相容。这个理由值得详细论述。

首先，我很赞同用概念上是否矛盾的标准来判定是否相容，也就是说，如果自由和自然因果性在概念上矛盾，则康德是不相容论者，反之，如果它们在概念上不矛盾，则康德是相容论者。选这个标准有两个理由。其一，这个标准承认先验观念论，但不局限于先验观念论。概念上的相互矛盾比先验观念论下的矛盾要求更多，后者只要求分处两个领域的双方是矛盾的，前者却在此基础上，还要求同一个领域的双方也是矛盾的。如果自由和自然因果性在概念上矛盾，那么它们不仅由于分处实践领域和认识领域而成为矛盾的，而且在同一个实践领域也是矛盾的。这样一来，这个标准就能摆脱先验观念论的局限，将自由和自然因果性是否相容的关系确定下来。其二，概念上是否矛盾的标准使相容论的界定更为具体。在相容论的界定中，自由和自然因果性是相容的，然而怎样才算相容，界定没有说清楚，而这个标准做了进一步说明，只有在概念上不矛盾的双方才算得上相容。因此，概念上是否矛盾可以用作判定标准。

其次，根据这个标准，康德是相容论者。其一，任意的绝对自发性使得自由和自然因果性在概念上不矛盾。任意具有绝对自发性，它可以是种选择能力。由于自律和他律的行动都出自任意的选择，因而它们都是自由的。自律行动从准则到行动的过程必须借助于自然因果性，他律行动是任意挑选自然法则的结果，二者遵循自然因果性。由于自律和他律行动既遵循自然因果性，又是自由的，因此，自由和自然因果性在概念上不矛盾。其二，如果自由和自然因果性在概念上矛盾，那么自然因果性和不自由是充要条件关系，因为自由和不自由在概念上矛盾。这就意味着出自自然因果性的行动必定是不自由的，而不自由的行动都出自自然因果性。但是，一方面，出自自然因果性的行动未必都不自由，比如某个行动是任意挑选感性动机的结果，它遵循了自然法则，但同时又是自由的，因为任意本来可以选择理性法则。一个从小没有受到良好教育，很早就显露出顽劣本性的恶棍，即便被看作是无可救药的，他所做的恶行也是自由的，不能逃避责任，因为他总是可以不这么做。另一方面，不自由的行动未必都出自自然因果性，有可能是失去控制的结果，比如情绪失控者或失去行为能力的精神病患者，他们的行为通常被看作不自由的。因此，自然因果性和自由并不在概念上矛盾。所以，借助于上述标准，我们可以认为康德是相容论者。

实际上，康德的文本也表明自由和自然因果性的概念不矛盾，例如文本1，"我们可以承认，假如对我们来说有可能对一个人的思维方式一旦它通过内部的或外部的行动表现出来就具有如此深刻的洞见，以至对这种思维方式的每一个哪怕是最微小的动机，连同一切对这一动机起作用的外部诱因也都为我们所获悉，我们对一个人在未来的行为举止就有可能如同对一次月食或日食一样确定地测算出来，这时我们却仍然主张人是自由的。"[①] 文本2，"在现象中，无论是根据病理学的还是道德的法则，一切都必然是被决定的。在前一种情况下，根据理性的法则，它的对立仍然是可能的，因此人是自由的；在后一种情况下，主体也是自由的。"[②] 在现象中，一切都是被自然因果性决定的，但人还是自由的。如果二者在概念上矛盾，不会出现这种情况。

既然如此，我们该如何解释下列冲突：（1）自由意味着存在第一因，自然因果性意味着不存在第一因；（2）自由意味着行动者处于时间之外，自然因果性意味着行动者只能处于时间之中；（3）自由意味着行动得不到解释和预测，自然因果性意味着行动能够得到解释和预测？这个问题可以通过案例分析解决。假设在狂风暴雨的裹挟下，一个瘦弱的小孩马上要掉进井里，千钧一发之际，从旁经过的路人救了他，救他的是名杀人如麻的杀手。如果以科学的态度审视，杀手救人有原因吗？有，因为小孩快要掉进井里了。能够解释吗？能，小孩身上的光线反射到他的视网膜，信号传到大脑，刺激到主管同情的某个区域，大脑发出指令，通过神经系统和肌肉的协同作用，完成救人行动。但是，对于这个救人行动，我们认为救人的原因要终止于杀手，救人所导致的后果（如褒奖）

---

① ［德］康德：《实践理性批判》，邓晓芒译，杨祖陶校，第124页。

② 转引自 E. Watkins, *Kant and the Metaphysics of Causality*, Cambridge University Press, 2005，p. 335。

应由杀手承担，并且，杀手虽然以前做过许多坏事，但这一次他行善了，他的行善是一念之间的抉择。这个案例表明，对于同一个行动，从认识的视角看，行动必有原因，它处于时间之中，可以得到解释和预测，但从实践的视角看，行动的原因要终止于做出该行动的行为者，不能无限追溯下去，每一个行动都必须在时间归零的情况下进行判断，因为无论是好人还是坏人，在这一次行动中，都有可能违背之前的处事原则，行动只是一念之间的抉择引发的。所以，上述冲突貌似导致了概念上的矛盾，实则可以通过不同视角的区分在同一个行动上得到调和，它们并非真正的矛盾。

以上是对第二种立场的论述，接下来是第三种立场。这种立场认为康德主张相容论与不相容论的相容。如果从第三个二律背反出发，确实可以得出这样的结论，因为正题是相容论，反题是不相容论，正题和反题都对，所以这是相容论与不相容论的相容。但康德更多的是从感官世界和知性世界（或理知世界）的角度来谈相容，而不是从正题和反题的角度谈。正题和反题这个对子同感官世界和知性世界这个对子有区别。反题是单一感官世界的视角，从这一视角看，自然因果性为真，没有自由，但正题不是单一知性世界视角，而是感官世界和知性世界相统一的视角。正因为正题有两个世界的视角，所以才会有自由和自然因果性的相容。但这只是结论。如果具体从两个世界的角度谈相容，我们会发现它是强决定论和自由论的相容。从单一的感官世界看，康德持强决定论立场，从单一的知性世界看，他持自由论立场，重点是康德把感官世界和知性世界融合到一起看，他认为这两个世界是相容的，因而基于两个世界的强决定论和自由论也是相容的。

在《实践理性批判》解决相容论问题的总结性段落中，康德写道："第二级范畴（一物之因果性和必然性的范畴）则完全不要求这种同质性（即有条件者和条件在综合中的同质性），因为在这里应当被设想的不是直观如何由其中的杂多复合起来，而只是那个与直观相应的有条件的对象的实存如何（在知性中作为与之相联结的）添加到条件的实存上去；于是就允许为感官世界中那些通通有条件的东西（不论是因果性方面还是在物本身的偶然存有方面）设立理知世界中的、虽然在其他方面并不确定的无条件者，并使这种综合成为超验的；因此，……两个表面上相互对立的、为有条件者找到无条件者的方式，……实际上并不是相互矛盾的。"① 从这段话我们可以得到几个结论：（1）由于因果性范畴是力学性的，不要求原因和结果具有同质性，因而它们可以分处两个世界，允许为感官世界中的有条件者设立理知世界中的无条件者；（2）这就提供了相容论的可能，现象中的同一个行动既是有条件的，又可以被设想为无条件的；（3）相容论是从两个世界的视角来看的。因此，我想模仿伍德的说法进行概括：康德既主张自由和自然因果性的相容，又主张强决定论和自由论的相容，后者是一种不相容论与另一种不相容论的相容，而非相容论与不相容论的相容。

第三节 康德相容论的独特性

前文已述，人们对形而上学领域的自由有不同理解。一种理解是可供取舍的可能性，它强调候选项的存在，如果在实际所做行动的同时，本来可以不这么做，那么该行动是自由的；另一种理解是自主能力，它强调行为者是行动的来源，不在于有没有候选项，只关心这个行动是不是"我"做出的。这两种看法的侧重点不一样。由此，相容论至少包括两个版本，一是选择版本，二是来源版本。但是，康德的相容论与它们都不同。下面通过与来源版本相容论、选择版本相容论的比较，突显出康德相容论的独特之处。前者以莱布尼茨为代表。

莱布尼茨的相容论，是意志自由与因果关系的相容。莱布尼茨主张的自由是这样的："意志的自由可以从两种不同的意义来看。一种意义是当我们把它和心灵的不完善或受奴役相对立时所说的，那是一种强制或束缚，……另一种意义是当我们把自由和必然相对立时所说的。"② 第二种意义的自由与必然相对，而必然性与偶然性是相对的。严格的必然性，是指这样一种性质，其反面是不可能的，包含矛盾；偶然性指其反面是可能的，不包含矛盾；前者意味着单一的世界图景，后者则意味着可供取舍的可能性，二者根本对立。不过，严格的必然性和偶然性是宽泛必

---

① ［德］康德：《实践理性批判》，邓晓芒译，杨祖陶校，第130页。
② ［德］莱布尼茨：《人类理智新论》，陈修斋译，商务印书馆1982年版，第163页。

然性的两个层次，前者被称为数学的或形而上学的必然性，后者被称为假定的或道德的必然性，两者都具有确定性。这样一来，因果关系就是一种偶然关系，而非严格必然的，因为在某个可能世界，作为原因的事件完全可以不被作为结果的事件所跟随。

不过，莱布尼茨相容论主要涉及第一种意义的自由。这种自由是"自发性加上理智"，它与心灵的强制相对，后者是由感性欲望压倒理性造成的。在莱布尼茨看来，意志自由和因果关系可以相容，因为尽管行动是由原因所规定的，但由于这个原因是出自内部的，因而它同时也是自由的。实际上，莱布尼茨主张来源版本的相容论，他针对某个候选项由谁来选，提出只要某个行动是"我"做出的，它就是自由的。这一点遭到了康德的批评。

康德把莱布尼茨主张的自由称为"心理学的自由"，他认为把出自自我的行动看作自由的，这是不对的，因为"在追问一切道德律及与之相应的责任追究必须当做根据的那个自由时，问题根本不取决于那依照一条自然法则来规定的因果性是由于处在主体之中的规定根据还是由于处在主体之外的规定根据而是必然的，在处于主体之中时又是由于本能还是由于借理性来思考过的规定根据而是必然的"①，意即为道德责任奠基的自由，既不取决于出自内部的还是出自外部的原因，也不取决于出自内部的本能原因还是理性原因，它跟行动来源无关。如果从行动来源的角度思考自由，那"丝毫不比一个旋转烤肉叉的自由好到哪里去，后者一旦上紧了发条，也会自行完成它的运动"②。旋转烤肉叉是不能被看作自由的，因为它尽管能自行完成运动，但终须事先上紧发条，也就是说，虽然从较近的原因看，它能自行完成运动，但终究被较远的原因所规定。心理学的自由也是如此，尽管行动出自内部的原因，但终究被外部原因所规定，归根结底，它只是自然的机械作用，而非真正的自由。真正的自由是先验自由。先验自由与心理学的自由的区别在于，它可以表现为一种可供取舍的可能性，在做出实际行动的同时，行动者本来可以不这么做。只有先验自由是道德归责的基础，因为"没有这种惟一是先天实

① ［德］康德：《实践理性批判》，邓晓芒译，杨祖陶校，第120页。
② ［德］康德：《实践理性批判》，邓晓芒译，杨祖陶校，第121页。

践性的（在最后这种真正意义上的）自由，任何道德律、任何根据道德律的责任追究都是不可能的"①。不难看出，康德的相容论不同于来源版本的相容论，因为在康德看来，后者可以被归结为决定论。那么，康德的相容论和选择版本的相容论是不是相同呢？

选择版本的相容论是：即便决定论为真，行动者也具有本来可以做其他事情的能力。在当代，这种相容论有许多拥护者。他们的任务是：确保两个或两个以上的候选项存在。按照决定论，任何候选项都只是头脑中的幻觉，每个行动在某个特定时刻都已经被许多因素决定，人只能按照实际行动的方式而行动，没有别的可能，所谓选择，不是真的选择，而是在表演选择。但按照可供取舍的可能性，人本来还可以做其他事情，每个行动在做出之前，行动者都面临两个或两个以上的候选项，他只是将其中一个候选项变成现实而已。因此，这种相容论会通过条件分析或倾向分析等方式，来为"本来能够做其他事情"辩护。

但是，康德没有花很多精力来论证候选项的存在，因为先验观念论可以轻松地做到这一点。两可的自由固然可以为道德归责提供基础，但康德伦理学的目的是将人性中的动物性提升为神性，光靠两可的自由还不足以引导人过善的生活，因为它既可以选择从善，也可以选择作恶，所以，他需要提出一种更高层次的自由来约束和规范，这就是理性的自由。于是，康德的任务是论证理性的自由的现实性。他首先证明在决定论的前提下，有可能存在自由，然后证明确实存在自由，这样就达到相容论的结论。因此，康德的相容论不同于选择版本的相容论，他的任务不在于论证候选项的存在，而是在承认候选项存在的前提下，论证只有选理性法则的那种选项才算得上自由，简言之，它不在乎选项的多少，而在乎选项的内容。

徐向东评价，虽然康德批评相容论，但"他实际上提出了一种高度复杂的相容论的观点"②，这种复杂性表现为相互矛盾的立场全都有理由和证据支持。对于自由和自然因果性的关系，有且只有四种可能的立场，

---

① ［德］康德：《实践理性批判》，邓晓芒译，杨祖陶校，第121页。

② 徐向东：《人类自由问题》，载《自由意志与道德责任》，徐向东编，江苏人民出版社2006年版，第10页。

它们分别是相容论、不相容论、既是相容论又是不相容论、既不是相容
论又不是不相容论；它们都有支持者。和大多数研究者一样，我主张康
德是相容论者。虽然其他立场有理由和证据支持，但都可以被解释为相
容论。不相容论的核心理由有两个。一是相容论和不相容论的术语必须
预设一个世界或一个领域的视角，从这个视角看，康德是不相容论者，
二是自由和自然因果性在概念上矛盾，因而它们是不相容的。但其实相
容论问题跟是否预设一个世界或一个领域无关，跟第四种立场说的是否
必须在经验主义传统下讨论也无关，它的关键是同一个行动是不是既是
服从自然因果性的，又是自由的。康德认为是这样，因而他是相容论者。
无论是从文本还是从义理分析，自由和自然因果性在概念上都不矛盾，
因而它们可以相容。对于第三种立场，如果从第三个二律背反的正题和
反题来看，这种立场笔者是赞同的，但康德更多的是从感官世界和知性
世界的视角来看，因而更准确的表述是康德主张强决定论和自由论的相
容。由于康德的伦理学要将人性中的动物性提升为神性，因而他的相容
论不在乎候选项谁来选，也不在乎选项的多少，只在乎选项内容。在这
个意义上，康德的相容论既不同于来源版本的相容论，也不同于选择版
本的相容论，而是走出了第三条道路。总之，对于康德是不是相容论者，
本章给出一个平凡的回答：康德是相容论者，但是个独特的相容论者。

第 四 章

先验观念论[*]

前四章讨论了自由和自然因果性的基本概念，并将康德判定为独特的相容论者，下面的任务就是考察自由和自然因果性是如何相容的。由于先验观念论对康德的相容论起到了必不可少的奠基作用，因而本章先考察它，下一章再根据文本重构出康德的论证。本章算是重头戏开始的前奏。

先验观念论按照自身的内容及其运用可以分为三个问题：一是现象与物自身何以能够得到区分，二是现象与物自身是何种区分，三是时间为何具有先验的观念性。由于学界一般不接受先验观念论，试图取消现象与物自身的二元结构，因而本章的重心在于康德对先验观念论的论证。

本章的安排如下：第一部分重点论述预设物自身，尤其是预设先验理念的理由，指出先验理念与现象的区分可以被用于自由的可能性论证；第二部分表明先验理念与现象并非两种实体，而是两种视角，它为自由的可能性论证和自由的现实性论证提供了基础；第三部分论证时间的先验的观念性，通过反驳自然神学为相容论扫清了道路。

第一节　物自身与现象的区分理由

物自身就是事物自身，它在一般的意义上是不可知之物。不过，我们通常所说的物自身，只是感性物自身。除此之外，还有许多物自身的种类。据韩水法分析，物自身可分为两类，一类是与对象相关的，包括

---

[*] 本章写作参考笔者的博士学位论文《康德的相容论》第三章"康德相容论的基础"。

感性物自身、先验对象、本体以及先验自我，另一类与经验对象无关，指先验理念，包括世界和上帝，它们是经验的总和，却不对经验对象起构成作用。① 与本节相关的是感性物自身、本体和先验理念。本部分的关键在于论证先验理念与现象之间存在区分，因为这一区分使得自由在思辨领域获得了可能性，从而为相容论提供基础。而要论证这一点，需要考察感性物自身和本体，这两者通过为现象与物自身划界，并敞开一个全新的领域，而使得先验理念与现象的区分成为可能。

一　感性物自身与现象的区分

"感性物自身"这个概念不是康德本人的术语，是研究者总结的，它是指刺激感官而与直观直接相关的事物自身。② 对于感性物自身，康德在《导论》中给出了比较详细的描述：

> 我当然承认，在我们之外有物体存在，也就是说，有这样一些事物存在，虽然根据这些事物就自身而言所可能是的样子，它们完全不为我们所知，但我们通过它们对我们的感性的影响给我们所造成的表象来认识它们，而且我们把它们称为物体。③
>
> 恰恰由于知性承认现象④，它也就承认了物自身的存在，而且这样一来我们就可以说：这些作为现象的基础的存在物，从而纯然的知性存在物，其表象就不仅是允许的，而且还是不可避免的。⑤
>
> 这些现象确实与某种和它们不同的东西（从而是完全异类的东西）相关，现象毕竟在任何时候都以一个事物自身为前提条件，从而指示着这个事物自身，无论人们能不能进一步认识它。⑥

首先，感性物自身尽管就自身而言的样子是不可知的，但由于它是

---

① 韩水法：《康德物自身学说研究》，商务印书馆 2007 年版，第 69 页。
② 参见韩水法《康德物自身学说研究》，第 70 页。
③ ［德］康德：《未来形而上学导论》，载《康德著作全集》第 4 卷，李秋零译，第 291 页。
④ 李秋零将 Erscheinung 译为"显象"，为了统一术语，本书将其改为"现象"。
⑤ ［德］康德：《未来形而上学导论》，载《康德著作全集》第 4 卷，李秋零译，第 318 页。
⑥ ［德］康德：《未来形而上学导论》，载《康德著作全集》第 4 卷，李秋零译，第 360 页。

现象的基础，因而可以通过作为后果的、给我们所造成的表象来反推它们，只要承认了现象，就必须预设感性物自身，因此，感性物自身是实在的，它们是现象之所以存在的必要条件。其次，感性物自身与现象是完全异类的东西，前者是主体之外的自在的对象，后者是认识形式综合感性杂多而构建起来的。

认识形式包括直观形式和知性范畴，而知性范畴有四类十二个，其中在质的范畴中有实在性范畴。既然感性物自身具有实在性，那么这是否意味着知性范畴规定了物自身，否则它为什么会具有实在性？其实，在康德哲学中，存在着三种实在性，它们分别是：经验性的实在性、推论的实在性和实践的实在性。

经验性的实在性与先验的观念性是一致的，它们同先验的实在性和经验性的观念性相对。认识形式只具有经验性的实在性，也就是说，它们只在经验的范围内才具有实在性。对于知性范畴来说，它受制于感性直观，必须运用到感性直观提供的材料上，没有这些材料，它是空的。如果认为知性范畴能够凭空产生对象，那么它就具有先验的实在性了，这种观点太强。但如果认为知性范畴由于受制于感性直观，因而它构建的对象只是观念的，那么它就具有经验性的观念性，这种观点太弱。康德认为，一方面，知性范畴必须依赖于感性直观，因而只能运用于经验对象；另一方面，尽管只运用到经验对象，但它却具有实在性，而不是观念的。具有这种实在性的对象是科学研究的对象，它们可以通过经验来验证。

推论的实在性是指某物在推论的意义上实实在在地起了作用，比如 A 是 B 的必要条件，已知 B 是存在的，那么通过反推可知，A 必定是存在的，否则 B 不可能存在。其实，将感性物自身看作具有反推的实在性，也是可以的。对于现象来说，物自身是实实在在地起作用了。由于显现总是显现者的显现，即有显现必有显现者，又由于现象作为显现的结果确实存在了，因此在现象的背后必有显现者。但这个显现者不再是现象，而是与之完全异质的感性物自身。虽然感性物自身具有实在性，但这种实在性只是推论意义上的，因而不是直接的认识对象。这种实在性是属于理论领域的。

实践的实在性是指某物在实践的意义上实实在在地起了作用。比如，康德说，自由具有实践的实在性。由于自由是道德律的存在理由，没有自由就没有道德律；又由于道德律是个理性的事实，因此自由实实在在地起了作用。正是有了自由，行动者才能为他的行动负道德责任。这种实在性同样具有推论的性质，不同于认识论意义上的经验实在性，但它毕竟属于实践领域，不同于推论的实在性。

因此，认识对象具有经验性的实在性，物自身或者具有推论的实在性，或者具有实践的实在性。这样一来，感性物自身虽然具有实在性，但不受实在性范畴的规定，因为实在性有三种，受实在性范畴规定的对象只具有经验性的实在性，二者具有不同的实在性。

可是，感性物自身为什么具有推论的实在性呢？我们有什么理由来预设感性物自身？对此，奇普曼（Chipman）构造了一个论证：

1. 经验的对象仅仅作为时空中的现象而存在；

2. 就我们判断存在现象而言，我们必须判断存在着显现的某物（things appearing）；

3. 在显现的某物暗示出不同于现象的某物（thing-other-than-as-it-appears）；

4. 客观的经验需要我们预设不同于现象的某物，或者物自身。[1]

奇普曼主张康德的论证是失败的，因为三个前提都错了。对于第一个前提，只有直接经验的对象才作为现象而存在。后两个前提错在说得太绝对，他认为，存在现象只意味着有可能存在着显现的某物，并且存在着显现的某物，也只是有可能存在不同于现象的某物。两者都是可能的，却被说成了必然的，因而太绝对。[2]

而且，奇普曼对三个前提的质疑是不成立的。首先，他并没有说明为何只有直接经验的对象才作为现象而存在。我们知道，经验的对象就是感性直观的对象，而直观形式是时空，因而一切经验对象都经由时空形式的规定，成为有待于知性范畴进行规定的感性材料。因此，凡是经

---

① Lauchlan Chipman, "Things-in-Themselves", *Immanuel Kant*, edited by Ruth F. Chadwick and Clive Cazeaux, London and New York: Routledge, 1992, p. 265.

② Cf. Lauchlan Chipman, "Things-in-Themselves", *Immanuel Kant*, edited by Ruth F. Chadwick and Clive Cazeaux, pp. 265 – 271.

验的对象，都作为时空中的对象而存在。

其次，存在现象必定存在着显现的某物，两者是分析关系。在奇普曼看来，前者推不出后者，因为现象可以在毫无知觉的前提下存在，比如梦，梦中有现象，却没有知觉来源，但是，显现的某物必定伴随着或真或假的知觉，它总是有知觉来源的。[①] 其实，只要有某个作为后果的现象，就必定有某物进行显现，不管这个某物是什么，来源如何。比如梦，只要梦中有现象，那么总有某物在显现，只是这个某物或许不真实，或许不可知。它依据的是一条原则：显现必有显现者，也就是说，它只在乎形式，而无关乎显现和显现者的性状。

最后，显现的某物必定不同于现象，即显现者必定不同于显现，二者是异质的。从常识来看，显现者和显现可以相同，也可以不同。比如，筷子放在空气中，我们可以看见它是直的，但把它斜插入水中，我们则会看见水中的是弯曲的。在第一种情况下，显现者是筷子，显现的是直的筷子，而在第二种情况下，显现者还是筷子，显现的却是弯的筷子。这说明，显现者与显现未必是不同的，二者在第一种情况下就是相同的。这只是经验性的区分。在这种区分下，显现者和显现确实可能相同。但康德认为还有一种先验的区分。在这种区分下，作为物自身的显现者与作为现象的显现是完全异质的。这与认识的心理机制有着密切的关系。

我们的感性是被动接受性的，没有外物刺激，它绝不会自动产生出表象。既然我们已经产生出各种表象，那么必定有某物在刺激感官。可是，刺激感官的某物是否有可能不在主体之外，而是主体自身呢？假定该物来自主体自身。首先，它必定不来自感性，因为感性是被动接受性的，它不可能是刺激的发动者；其次，它也不来自知性。如果知性刺激感官，形成感性的杂多，然后知性范畴再将这些质料综合统一成对象，那么，对象的形式和质料就都来自知性。这样一来，它完全可以撇开感性，自身就产生出对象来。这是康德反对的先验实在论的观点。由于出自主体的来源要么是感性，要么是知性，二者都不是刺激的发动者，因此，刺激感官的某物必定来自主体之外。

---

① Cf. Lauchlan Chipman, "Things-in-Themselves", *Immanuel Kant*, edited by Ruth F. Chadwick and Clive Cazeaux, p. 266.

那么，作为刺激来源的显现者同主体的显现是否可能一致呢？我们先来看看个别对象形成的大致过程：某物刺激感官，感官将这些信息接收过来，构成主体的纯质料。这是第一个环节。接着，感性直观的形式对这些质料进行整理，将其放入时空形式的框架之中，于是构成了时空之中的感性材料。此时的感性材料还不是完成的对象，仍然处于不可认识的状态。这是第二个环节。然后，知性范畴进一步将感性材料进行综合统一，形成对它们的概念，这就是认识的对象。此为第三个环节。现象对象的普遍性来源于认识形式，而它区别于其他对象的个别性则来源于感官接收的信息。由此可知，刺激感官的某物与完成的对象是完全异质的，因为后者添加了认识形式，也就是说，显现是形式与质料的结合，而显现者充其量只是显现的质料。对此，康德明确指出，"必然会有某种本身不是现象的东西与现象相应"①。既然显现者和显现在先验区分下是异质的，那么第三个前提是正确的。

因此，奇普曼重构的康德的三个前提都没问题，因而结论也没问题。这个论证依据的是显现总是显现者的显现，细节方面的关联是：现象——某物在显现——显现者不同于显现——显现者为物自身。除此之外，还可以从另一个方面进行论证。鉴于康德所持的认识的心理机制，我们可以从刺激来源进行构造。论证如下：

1. 现象对象来源于感性；
2. 感性来源于物自身的刺激；
3. 物自身是现象的刺激来源；
4. 有现象；
5. 有物自身。

其中，1+2→3，3+4→5。第一个前提，现象对象的来源可以从两个方面来看，一是从形式和质料来看，对象的形式来自主体的先验观念，质料则来自感性直观获得的信息，二是从认识能力来看，对象既来自感性，也来自知性。这个前提强调的是对象形成的第二个环节，它源自感性。第二个前提是由感性的特点保证的。感性是被动接受性的，因而必定有刺激来源，而刺激来源则是主体之外的物自身。我们把刺激主体的

---

① ［德］康德：《纯粹理性批判》，邓晓芒译，杨祖陶校，第229页。

物自身称为感性物自身。这是对象形成的第一个环节，在这个环节中，主体形成了初步的现象（未完成的），即纯质料。关键在于第二个前提。这个前提确立起来之后，下面的论证就水到渠成了。

上述两个论证都源于逻辑原则，前者是从显现总是显现者的显现的原则推出的，后者则是从刺激总是刺激来源的刺激的原则推出的，由此感性物自身获得了实在性，与现象区分开来。感性物自身为同为物自身的先验理念提供了概念空间，它通过消极本体和积极本体过渡到先验理念。

二　消极本体与积极本体

感性物自身和消极本体的所指是同一的。康德对本体的讨论集中在《纯粹理性批判》的"把所有一般对象区分为现象和本体的理由"这一章。他对本体的界定是这样的：

> 如果我们把本体理解为一个这样的物，由于我们抽掉了我们直观它的方式，它不是我们感性直观的客体；那么，这就是一个消极地理解的本体。但如果我们把它理解为一个非感性的直观的客体，那么我们就假定了一种特殊的直观方式，即智性的直观方式，但它不是我们所具有的，我们甚至不能看出它的可能性，而这将会是积极的含义上的本体。①

本体分为消极本体和积极本体，前者是抽掉感性直观之后的客体，它强调的是否定方面，不是感性直观的；后者则是智性直观的客体，但对于智性直观，我们甚至不能看出它的可能性，它强调的是肯定方面，是智性直观的。二者的共同点在于，它们对我们来说是不可知的。

由上文可知，感性物自身作为刺激感官的来源，是抽掉认识形式而自在地存在着的某物，这正是消极本体的含义。康德明确指出，"现象这个词已经指明了与某种东西的关系，这个东西的直接表象虽然是感性的，但它哪怕没有我们感性的这种性状（我们的直观形式就建立在这种性状

---

① ［德］康德：《纯粹理性批判》，邓晓芒译，杨祖陶校，第226页。

上），却自在地本身必须是某物，即某种独立于感性的对象。于是从这里就产生出关于一个本体的概念，但这概念根本不是积极的"①，在他看来，感性物自身和消极本体的所指是同一物。

然而，感性物自身与消极本体的侧重点不同。感性物自身着眼于认识机制，强调的是认识来源，它的实在性以及同现象的异质性都是建立在刺激来源的基础上的；而消极本体强调的是界限。康德一直强调知性概念和原理只有经验性的运用，没有先验的运用，也就是只能运用到现象中，不能运用到物自身上。这是因为知性必须依赖于感性，它本身只是思维的形式，没有感性所给予的杂多东西，它是毫无意义的。在这个意义上，感性限制了知性的实在性范围。感性之所以能够如此，是因为感性物自身的实存。由于感性物自身的自在性质，因而感性不能直观到它，二者截然两分。于是，本体的消极意义在于，它为感性划出一条界限，把认识对象限制在经验的范围内。这样一来，知性概念和原理就只具有经验的实在性，而非先验的实在性，换言之，认识对象的实在性要以经验为试金石，被经验证实的对象具有实在性，被经验证伪的对象不具有。空气中的筷子是直的，这是实在的，但插入水中的筷子变弯了，这却是虚幻的。② 因此，尽管感性物自身与消极本体是同一所指，但二者侧重点不同，一方不能取代另一方。

同一个本体有消极的一面，也有积极的一面，亦即除了消极本体，还有积极本体。不过，我们不禁要问：既然积极本体是智性直观的客体，而我们又不具有智性直观，那么康德为什么要提出这样一个貌似多余的概念呢？对此，康德说，"为了使一个本体具有一个真实的、与一切现相（Phänomenen）相区分的对象的含义，单凭我使我的思想从感性直观的一切条件中摆脱出来是不够的，我此外还必须有理由来假定一种不同于感性直观的另外的直观方式，在这种方式下一个这样的对象方能被给予出

---

① ［德］康德：《纯粹理性批判》，邓晓芒译，杨祖陶校，第229页。

② 筷子实在和虚幻的区分是经验性的，在经验性区分中，直的筷子可被看作物自身，弯的筷子可看作现象。之所以能如此区分，是因为前者本质上依赖于现象的直观，并对任何一般人类感官都有效，后者则是偶然归于这些现象的东西，只对那个感官的特殊机能有效。参见［德］康德《纯粹理性批判》，邓晓芒译，杨祖陶校，第44页。

来；因为否则我的思想毕竟是空的，虽然并没有矛盾"①，意即，消极本体不足以使得本体与现相彻底区分开，还必须提出积极本体，原因在于，如果不提出积极本体，那么"我"的思想就是空的。由于消极本体限制了感性，使其不能超越到本体界，因而我们的认识只限制在现象的界限之内，对界限之外的领域一无所知。这就好比一堵墙，它将我们的视野限制在墙的这一侧，却阻止我们洞察另一侧的事物。于是，"我"的思想对墙外（主体之外）的领域是空的。但是，如果我们提出积极本体，情况就不同了。

积极本体的提出，是要在"感性的范围之外建立某种积极的东西"②，它"在我们面前敞开一个完全不同的领域，仿佛是一个在精神中被思维的（也许还是被直观到的）世界，这个世界也许能让我们的纯粹知性不是去做更差的事，而是有远为高尚的任务"③，也就是说，积极本体敞开了一个完全不同的领域，在感性范围之外建立了某种积极的东西，这个领域就是实践领域，所建立的积极的东西就是道德与宗教。与消极本体相比，它提供了一个不同的视角。如果说消极本体是从里向外看的视角，那么积极本体就是从外向里看的视角。从里向外看，会遇到一堵不透光的墙，墙之外一片漆黑；但从外向里看，则晶莹透亮，因为在这个视角下，不存在那样的墙，里边本来就是灯火通明。前一种视角是认识的视角，后一种则是实践的视角。从实践视角来看，那些原本无法认识的超验之物可以得到规定。这样一来，"我"的思想就不是空的，而是具有实实在在的内容，只是它们不是认识论意义上的。因此，尽管我们不具有智性直观，但提出积极本体仍然是有意义的，它为我们提供了一种不同于消极本体的视角，敞开了全新的实践领域。这种积极本体将我们引向先验理念。

三　先验理念与现象的区分

感性物自身是单纯的消极本体，但本体除了它之外，还有先验理念。

---

① ［德］康德：《纯粹理性批判》，邓晓芒译，杨祖陶校，第229—230页。
② ［德］康德：《纯粹理性批判》，邓晓芒译，杨祖陶校，第232页。
③ ［德］康德：《纯粹理性批判》，邓晓芒译，杨祖陶校，第228页。

先验理念兼具消极和积极的面向，康德将其界定如下：

> 我们现在所考虑的纯粹理性概念就是先验的理念。它们都是纯
> 粹理性的概念，因为它们把一切经验知识都看作是由诸条件的绝对
> 总体性所规定的。它们不是任意虚构出来的，而是由理性的本性自
> 身发出的，因而是与全部知性运用必然相关的。最后，它们是超验
> 的，是超出一切经验的界限，所以在经验中永远不会有一个和先验
> 理念相符合的对象出现。①

首先，先验理念是纯粹理性概念，对应于形式逻辑中的推理形式，
不同于纯粹知性范畴对应的判断形式；其次，先验理念是由理性的本性
发出的，具有必然性；最后，先验理念是超验的，在感官经验中没有与
之重合的对象。

先验理念不同于感性物自身，后者作为认识主体的刺激来源，在某
种程度上成为对象的构成要素（纯质料），因而它是经验的可能性的必要
条件，在推论的意义上具有实在性，但前者作为一种超验的对象，在现
象中没有与之重合的对象，离了它，经验对象照样具有实在性，因而即
便在推论的意义上，先验理念也不具有实在性。

既然先验理念连推论的实在性都不具有，我们又有什么理由来预设
它？先验理念虽然不具有实在性，但却不可避免地具有可能性。第一，
通过消极本体，我们知道对象的存在与否以经验为标准，某物若被经验
证实，那它是真实的，若被经验证伪，则是虚幻的。先验理念处于经验
范围之外，经验对其既不能证实，也不能证伪，因而我们无法断定先验
理念是否存在。这样一来，先验理念至少作为一个不自相矛盾的概念，
是可能的。第二，积极本体通过一种我们不具有的直观方式敞开了另一
个领域，先验理念虽然在认识领域只具有调节作用，但或许在另一个领
域会有更为重要的任务。由于先验理念的预设不会妨碍自然科学的解释，
并且能够促进理论领域的系统统一性，还能在实践领域起作用，因此我
们有必要预设它，但它只是可能的，不具有实在性。

---

① ［德］康德：《纯粹理性批判》，邓晓芒译，杨祖陶校，第279页。

这个结论离不开感性物自身和本体所作的铺垫。首先，通过对现象的推论，我们知道主体之外必然有感性物自身，没有它提供的质料，对象无法建构起来。这就产生了现象与物自身的二元区分。其次，我们将感性物自身看作消极本体，这就确立了经验的标准，为现象领域与物自身领域划出了明确的界限。于是，对于超验的对象，认识能力的判别是无能为力的。最后，由于感性直观不是唯一的直观方式，我们提出了积极本体。积极本体开辟了不同于认识的另一个领域，使得先验理念在这个领域大有可为。

因此，感性物自身基于两条原则（显现总有显现者、刺激总有刺激来源）获得了推论的实在性。它作为一种消极本体，能够为现象划界，由此在现象中开出一片领地。如果说现象中的事物都处于科学普照的光明之下，那么消极本体意味着阳光底下有间黑屋，里边的事物是看不见的。在这间黑屋中，除了感性物自身，还可能有先验理念。先验理念也有消极的一面，它拒绝被科学之光照亮，仍然处于黑暗之中。正因为在黑暗中，所以科学既不能说它有，也不能说它无，而只能说不可知，于是它有了一种可能性。可是，这仅仅是否定性的作用。它还有积极的一面。固然对于思辨理性来说，它是不可知的，但它可以通过实践理性重建出现实性。就像海底世界的生物，光虽然透不进去，无法确定它们的存在，但超声波可以确定。对于先验理念，思辨理性虽然不可正面确定，但我们可以换种方式，通过实践理性来确定。因此，先验理念不仅能够与现象区分开，还能起到更大的肯定性的作用，也就是在实践中建立现实性。这就是物自身与现象何以能够区分，尤其是先验理念与现象何以能够区分的回答。

先验理念与现象区分的意义在于，先验理念没有被自然因果律吞噬，仍有可能存在。这样一来，作为先验理念的自由便在自然因果律的控制下，保留了存在的可能性。康德说，"如果自然必然性仅仅与现象相关，而自由仅仅与物自身相关，那么，当人们同时假定或者承认两种因果性时，就不产生任何矛盾"[1]，由此可知，先验理念与现象的区分为相容论提供了基础。下一章会说明，这一区分通过第三个二律背反，被用于自

———————————

① ［德］康德：《未来形而上学导论》，载《康德著作全集》第 4 卷，李秋零译，第 348 页。

由的可能性论证。

第二节 物自身与现象的视角之分

上一部分论述了物自身与现象的区分理由，本部分进一步追问：物自身与现象究竟是何种区分。由于这个问题在学界存在较大争议，因而它构成了这里的重点，在此基础上，本部分最后会阐明这一区分对相容论的奠基作用。

一 问题引入

对于物自身与现象的区分，学界大致有三种观点，一是实体说，二是视角说（两个方面或两种立场），三是戴维森的异常一元论（Anomalous Monism）。实体说的代表有伍德、谢胜建、威豪尔（Vilhauer）等人，视角说的代表有贝克、阿利森、桑德伯格（Sandberg）等人，戴维森的异常一元论的代表有拉夫·米尔勃特（Ralf Meerbote）、哈德森等人。其中，讨论较多的是前两种观点，第三种观点是从戴维森的理论中衍生出来的。米尔勃特和哈德森认为异常一元论可以很好地诠释先验观念论，他们将戴维森关于物理和心理事件的区分看成现象与物自身的区分。可是，在康德看来，心理事件作为内感官的对象，同样是现象世界的一部分。戴维森的物理—心理区分在康德的哲学中，只是现象的内部区分，而非现象与物自身之间的区分。① 这样说来，它并不是在康德的意义上解读先验观念论。其实，米尔勃特和哈德森两人都自觉到这一点，前者承认"文本依据不完全支持这样一种解读"②，后者明确说"我不打算主张后面的观点是康德的观点，……。然而，我主张他们的立场是符合康德的"③，

---

① 对米尔勃特的批评参见阿利森《康德的自由理论》的第四章，对哈德森的批评参见阿利森对哈德森《康德的相容论》的评论。[*The philosophical Review*，Vol. 105，No. 1（Jan，1996），pp. 125 – 127，Duke University Press]

② Ralf Meerbote，"Kant on the Nondeterminate Character of Human Actions"，*Kant on Causality，Freedom，and Objectivity*，edited by William L. Harper and Ralf Meerbote，the University of Minnesota Press，1984，p. 139.

③ Hud Hudson，*Kant's Compatibilism*，Cornell University Press，1994，p. 59.

与其说他们在诠释康德，不如说在改造康德。但本部分的重点还在于文本研究。因此，我们主要考察实体说和视角说。

实体说主张物自身与现象是两种实体，或者至少物自身是种实体，视角说则主张物自身与现象指的是同一个对象，区别只是视角不同造成的。这两种观点各有其文本依据。实体说的重要依据有：（1）"有事物作为存在于我们之外的我们感官的对象被给予我们，但关于它们自身而言可能是什么，我们却一无所知，我们只认识它们的现象，也就是它们在**刺激**我们的感官时在我们里面所造成的表象"①；（2）"这些现象是以一个物自身为**基础**的，尽管我们不知道该事物就自身而言是什么性状，而是只知道它的现象，也就是说，只知道我们的感官被这个未知的某物所刺激的方式"②；（3）"虽然在感官世界中原因与结果的一切联结都带有自然必然性，相反，自身不是现象（虽然是**现象的基础**）的原因被承认有自由"③；（4）"这个**理知的原因**连同其原因性存在于序列之外；……。所以这个结果就其理知的原因言可以被看作自由的"④，（5）还有许多关于两个世界的说法，比如知性世界或理知世界⑤、超感性自然等等。

其中的关键词是刺激来源、现象的基础、理知原因、理知世界和超感性自然。每个词都意味着这样的物自身是个实体。刺激来源和现象的基础显然是个实实在在的东西，而不是一种视角，否则的话，它们无法刺激感官，也无法成为现象的基础。理知原因，在康德看来是与理知的因果性区分开的，如果说理知原因通过理知因果性在现象中产生结果，那么这个理知原因可以被看作一个实体。《奠基》指出，知性世界是感官世界的根据，⑥ 这暗示了知性世界是个实体。

视角说的重要依据有：（1）"由于我们的批判而成为必要的这一区别，即作为经验对象的物与作为自在之物本身的**同一些物**的区别"⑦；

---

① ［德］康德：《未来形而上学导论》，载《康德著作全集》第 4 卷，李秋零译，第 291 页。
② ［德］康德：《未来形而上学导论》，载《康德著作全集》第 4 卷，李秋零译，第 318 页。
③ ［德］康德：《未来形而上学导论》，载《康德著作全集》第 4 卷，李秋零译，第 349 页。
④ ［德］康德：《纯粹理性批判》，邓晓芒译，杨祖陶校，第 436 页。
⑤ 知性世界（Verstandeswelt）和理知世界（intelligiblen Welt）的侧重点有所分别，但本部分将其等同使用。
⑥ ［德］康德：《道德形而上学的奠基》（注释本），李秋零译，第 78 页。
⑦ ［德］康德：《纯粹理性批判》，邓晓芒译，杨祖陶校，第 20 页。

(2)"这个结果就其理知的原因言可以被看作自由的,但同时就诸现象而言可以被看作按照自然必然性而来自现象的后果"①;(3)"自然和自由就可以被赋予**同一个事物**而不致有矛盾,但是要在不同的关系中,一面是作为现象,另一面是作为物自身"②;(4)"现在我可以毫无矛盾地说:理性存在者的所有行动,就其是现象(在某个经验中被发现)而言,遵从自然的必然性。但**同样是这些行动**,仅仅与理性主体相关并且就这个主体仅仅按照理性来行动的能力而言,则是自由的"③。

物自身与现象是"同一些物""同一个事物""同一些行动"的两个方面,人的行动就物自身而言是自由的,就现象而言则是服从自然因果性的,二者之所以不相矛盾,是在不同的视角中看待的结果。

这样一来,实体说和视角说就产生了冲突。前者承认有实体存在,因而物自身与现象是两个不同的对象,后者否认实体存在,而且态度很明确,物自身与现象只是同一个对象的不同方面。那么,这两种观点究竟孰是孰非呢?我们先来考察实体说。

二 反驳本体优先性理论

实体说可分为两个世界理论和本体优先性理论,前者认为物自身和现象是两类独立的实体,后者则认为只有本体是实体,现象可被理解为本体的关联属性,但不管是何种观点,它们都认为物自身与现象是两种不同的东西。由于威豪尔在三个关键问题上与现在探讨的问题相关,因此下文重点考察他的本体优先性理论。

其一,在本体与现象的关系问题上,威豪尔认为现象是本体和人的直观之间的二阶关系。他是通过描述认识机制来说明二阶关系的。本体刺激感性直观,初步形成纯质料,这便体现了本体与直观的一阶关系。纯质料经过直观形式和知性范畴的综合统一,形成认识对象。这个完成了的认识对象体现了本体和直观的二阶关系。该对象既具有特殊性,又

---

① [德]康德:《纯粹理性批判》,邓晓芒译,杨祖陶校,第436页。
② [德]康德:《未来形而上学导论》,载《康德著作全集》第4卷,李秋零译,第349页。
③ [德]康德:《未来形而上学导论》,载《康德著作全集》第4卷,李秋零译,第350页。上述引文中的黑体字是笔者添加。

具有普遍性。特殊性在于"这一个",区别于其他对象,这种性质来源于本体给予的经验内容,普遍性则来源于认识形式。威豪尔强调,现象并非一种实体,而是本体的关联属性,他以此区别于两个世界理论。①

其二,通过展示本体与现象的关系,威豪尔论证出相容论:(1)本体为对象提供经验内容,保持了对象的特殊性;(2)本体为对象之间的关系同样提供了经验内容,因而形成了特殊的因果法则;(3)作为本体的人能够控制特殊的因果法则,亦即该本体能够由自身开启一个因果法则;(4)因此,作为本体的人即便在决定论的情况下,也给自由留下了空间。②

其三,威豪尔抓住物自身是现象的基础这一点大做文章。首先,他提出了本体优先性理论。这个理论可以很好地解释"基础"关系,由于本体较之现象是优先考虑的,因而作为本体的行动者不被决定的事实要比作为现象的行动者被决定的事实更为基础。③ 然后,他以此反驳两个方面理论,重点反驳了阿利森的两个方面理论。他认为,两个方面理论的缺点在于它拒绝了本体的优先性,致使决定论的真理和自由的真理是并列的,无法体现出本体与现象的基础关系。④ 他对阿利森的反驳如下:本体优先性很好地解释了作为本体的行动者是作为现象的行动者的基础,于是,作为本体的行动者能够自由地形成现象的因果序列,本体优先性是自由的必要条件;而两个方面理论否认本体的优先性,结果只有决定论,没有自由。但阿利森却主张即便在决定论的情况下,仍然有自由,

---

① Cf. Ben Vilhauer, "Incompatibilism and Ontological Priority in Kant's Theory of Free Will", *Rethinking Kant*: *Volume I*, ed., Pablo Muchnik, Cambridge: Cambridge Scholars Publishing, 2008, 1.4.

② Cf. Ben Vilhauer, "Incompatibilism and Ontological Priority in Kant's Theory of Free Will", *Rethinking Kant*: *Volume I*, ed., Pablo Muchnik, Cambridge: Cambridge Scholars Publishing, 2008, 1.3.

③ Ben Vilhauer, "Incompatibilism and Ontological Priority in Kant's Theory of Free Will", *Rethinking Kant*: *Volume I*, ed., Pablo Muchnik, Cambridge: Cambridge Scholars Publishing, 2008, pp. 32 – 33.

④ Ben Vilhauer, "Incompatibilism and Ontological Priority in Kant's Theory of Free Will", *Rethinking Kant*: *Volume I*, ed., Pablo Muchnik, Cambridge: Cambridge Scholars Publishing, 2008, p. 34.

所以，他的理论自相矛盾。①

威豪尔的本体优先性理论很有见地，不过他忽略了两对区分，一是感性物自身与先验理念的区分，二是认识与实践的区分。当他说现象是本体与人的直观的二阶关系时，他所说的本体只是感性物自身，不是先验理念。尽管感性物自身与现象是本体论的区分，但先验理念与现象未必是，因为二者毕竟有差别。感性物自身作为主体之外的某物，通过刺激感官而产生表象，在推论的意义上，说它是种实体还情有可原，但先验理念与现象对象根本就没有直接关系，即便是推论，也丝毫看不出它的实在性。先验理念的实在性得换一个视角，从实践领域来看，而感性物自身始终是认识的视角。因此，两者与现象的关系是不一样的。

后面威豪尔论证相容论，以及反驳两个方面理论，都混淆了这两对区分。具体而言，在相容论论证方面，它的第二个前提（本体为对象之间的关系同样提供了经验内容，因而形成了特殊的因果法则）同第三个前提（作为本体的人能够控制特殊的因果法则）之间存在跳跃。首先，第二个前提中的本体实指感性物自身，只有它才能提供经验内容。但感性物自身作为消极本体只具有否定性的意义，也就是限制感性与知性，不让其越界。它不能产生出积极的含义，亦即推不出第三个前提。这是从消极本体到积极本体的跳跃。其次，第二个前提是认识的视角，而第三个前提，如果作为本体的人控制因果法则，那么它是实践视角。康德说，理念的客观根据与感官世界中的结果之间的联结是用应当来表达的，② 也就是说，作为本体的人只有通过命令式才能产生现象界的后果，这是实践领域探讨的问题。因此，它从认识的视角跳跃到实践视角。

由于威豪尔混淆了感性物自身与先验理念的区分，因而他的本体优先性理论丝毫不比两个方面理论更强，因为他所解释的，只是作为现象基础的感性物自身，并没有解释作为现象基础的理知原因，后者根本无法从认识来源进行解释。如果说没有解释理知原因的基础地位，那么他

---

① Ben Vilhauer, "Incompatibilism and Ontological Priority in Kant's Theory of Free Will", *Rethinking Kant*: *Volume I*, ed., Pablo Muchnik, Cambridge: Cambridge Scholars Publishing, 2008, pp. 35 – 36.

② 参见［德］康德《未来形而上学导论》，载《康德著作全集》第 4 卷，李秋零译，第 349—350 页。

的本体优先性理论压根儿就没有解决问题。其实，如果抛去这个理论，我们从两个方面理论同样可以推出自由的可能性。因此他对两个方面理论的反驳只是观点之争，并无实质意义。威豪尔的失误在于，他用"本体"一词既指感性物自身，又指先验理念，既从认识视角看，又从实践视角看，因而得出似是而非的结论。

三　视角说及其奠基作用

不过，威豪尔提出的问题有其价值，既然物自身与现象只是两种视角，那么判定某物是物自身还是现象就只是视角的切换，就像一面墙，从左边看它是灰的，从右边看它是红的，这样的话，我们怎么能说红墙是灰墙的基础，或者灰墙是红墙的基础呢？也就是说，既然物自身与现象的区分不过是视角的切换，我们凭什么说一种视角下的某物是另一种视角的同一些物的基础呢？且让我们坚持感性物自身与先验理念的区分，把前者与现象的关系搁置一旁，因为不管这种关系如何，都不会影响到后者与现象的关系。现在我们只考察先验理念与现象的关系。如上所述，这显然不能只从认识来源方面，而必须从其他方面着手。这可以看作对视角说的第一个挑战：如何解释理知原因对现象的基础关系？除此之外，视角说还面临第二个挑战：如何回应支持实体说的其他文本依据？刺激来源、理知原因、理知世界和超感性自然，甚至行动主体都暗示了某种实体的存在，视角说如何面对？

首先回应第一个挑战。物自身是现象的基础，这有两重含义：其一，物自身是现象的刺激来源，它对应着感性物自身；其二，物自身是现象的原因，它对应着先验理念，这是一种理知的因果性。康德在讨论相容论问题时所说的现象的基础指的是理知原因，也就是先验理念。问题在于，在视角说中，理知原因如何能够是现象的基础。如果简单地认为物自身视角单纯关涉物自身，现象视角单纯关涉现象，那么物自身与现象的区分就成了视角的转换，这样一来，二者就真的成了并列关系，无法推出奠基关系来。但是，事情并非如此。实际上，物自身视角关涉的是物自身与现象两者，并非与现象无关，只有现象视角才单纯关涉现象。这样一来，物自身与现象的奠基关系，就是同一个视角下的关系，即物自身视角。这样的奠基关系并非视角的切换，因而是完全可能的。

那么，在物自身的视角下，作为物自身的某物如何能够是现象的原因呢？我们知道，在第二类比中，每个事件都有其原因，而原因本身也是一个发生的事件，因而同样有其原因，依此类推，原因序列延续无穷，并且原因始终是现象，而不是物自身。其中，时间是贯穿始终的线。这是认识的视角，产生的都是同类性的因果关系。但物自身的视角却是实践的。作为物自身的某物是行动主体，现象对象是现象中产生的行动，二者都不是认识对象。理知的因果性是行动主体与感官世界的行动的联结，这种联结是理性的应当。理性给作为行动主体的人发布命令，形成准则，行动者便按照准则行事。但这种应当或命令式并不发生在时间之中，于是，作为物自身的行动者处于时间之外，现象界的行动处于时间之中，通过应当联结起来，这就构成了异类性的因果关系，也就是说，作为物自身的某物成了现象的原因。不过，"关于这种属性的可能性，亦即毕竟还从未发生的应当究竟如何规定它的行动，并且能够是其结果为感官世界中的现象的那些行动的原因，我们一点也不能理解"①。

第二个挑战中的刺激来源是感性物自身，可以直接排除。剩下的有理知原因、理知世界和超感性自然、行动主体，它们为什么不是实体？要回答这个问题，必须坚持实践的视角，在这个视角下，不存在任何实体。其一，康德确实说过，"这个理知的原因连同其原因性存在于序列之外，反之它的结果却是在经验性诸条件的序列之中被发现的"②，貌似理知原因与理知因果性不同，是个实体。但他紧接着说，"这个结果就其理知的原因言可以被看作是自由的，但同时就诸现象而言可以被看作按照自然必然性而来自现象的后果"③，这说明理知原因只是一种视角而已，若从另一种视角来看，同一个结果服从自然必然性。在实践的视角下，理知原因不可能是实体，它若是实体的话，就表明它已经被知性范畴规定，因而是可以被认识的，而这一观点是康德明确反对的。实际上，理知原因指的是行动的发动者，即行动主体，它只是功能性的，而非实体性的。

---

① ［德］康德：《未来形而上学导论》，载《康德著作全集》第 4 卷，李秋零译，第 350 页。

② ［德］康德：《纯粹理性批判》，邓晓芒译，杨祖陶校，第 436 页。

③ ［德］康德：《纯粹理性批判》，邓晓芒译，杨祖陶校，第 436 页。

其二，桑德伯格很好地回答了理知世界和超感性自然为什么不是实体的问题。一方面，他说，理知世界只在实践的意义上具有实在性，但说这个世界具有实践的实在性并不是说它独立于经验世界而存在，而是说这个概念影响到经验世界中的行动。在康德看来，理知世界"只是一个理念，但却是一个实践的理念，它能够、也应当对感官世界现实地有其影响，以便使感官世界尽可能地符合这个理念。因此一个道德世界的理念具有客观的实在性，它并不是好像在指向一个理知的直观对象（这样一类对象我们完全不能思维），而是指向感官世界的"①，尽管理知世界能够、也应当对感官世界现实地有其影响，但由于它只是一个实践的理念，因此并非一个实体。另一方面，他认为，超感性自然不是某个独立的世界，而恰恰是服从另一条法则的感性世界，有康德的话做证，"一般有理性存在者的感性自然就是他们在以经验性条件的那些规律之下的实存，因而对于理性来说就是他律。反之，正是这同样一些存在者，他们的超感性的自然就是他们按照独立于一切经验性条件、因而属于纯粹理性的自律的那些法则而实存"②，感性自然同超感性自然是"同样一些存在者"。③

其三，行动主体作为行动的发动者，为什么不是实体呢？我们从概念的界定即可得知。行动的发动者不外乎是意志、理性或者自我。它们虽然都是名词，但究其实质都是某种能力。意志是欲求能力，而欲求能力是种设定目的而通过行动来实现该目的的能力，因而意志是种通过规则的表象来规定自己的因果性能力。理性是种"原则的能力"，在实践领域，理性通过命令式影响经验中的行动。自我，在桑德伯格看来，是种能够同时被两种不同法则规定的能力。④ 既然是能力，它就不是独立于另一种视角下的同一物的某物。因此，行动主体在康德看来，都是功能性主体，而非实体性主体。

---

① ［德］康德：《纯粹理性批判》，邓晓芒译，杨祖陶校，第614页。
② ［德］康德：《实践理性批判》，邓晓芒译，杨祖陶校，第53页。
③ Cf. Eric C. Sandberg, "Causa Noumenon and Homo Phaenomenon", *Kant-Studien*, 75（1984）: 277–278.
④ Eric C. Sandberg, "Causa Noumenon and Homo Phaenomenon", *Kant-Studien*, 75（1984）: 278.

　　由此看来，视角说能够回应支持实体说的文本依据，既能解释理知原因的基础地位，又回避了刺激来源、理知原因、理知世界、超感性自然和行动主体的本体论预设，但实体说却由于物自身与现象终成两个对象，而无法回应支持视角说的文本依据，诸如"同一些物""同一个对象""同一些行动"，都与实体说截然对立，因此，视角说是先验观念论的合理解读。

　　视角说意味着物自身与现象是同一个东西的两个方面，这样一来，自由作为先验理念，就成了物自身视角下的产物。通过物自身视角，自由在思辨领域争取到可能性，在实践领域获得了实在性。这是由于，物自身视角关涉的不单纯是物自身，而是物自身与现象两者的关系，在这种关系中，知性范畴的运用必须局限于经验的范围，因而先验的自由在自然因果律之外是可能的。更为重要的是，物自身视角还是种实践的视角，它让自由从思辨领域过渡到实践领域，从而为证明自由的现实性做好了准备。如果说上一部分先验理念与现象的区分为自由的可能性论证埋下了伏笔，那么本部分物自身与现象的视角之分则为自由的现实性论证做好了铺垫。

第三节　时间的先验观念性

　　上两部分从先验观念论自身的角度论述了它们对康德相容论的奠基作用，本部分着眼于先验观念论在时间上的运用，指出这种运用对于康德相容论来说同样具有奠基作用。在论证自由的可能性时，康德说时间的观念性预设是"最重要的预设"，没有它，自由会遭到"灭顶之灾的威胁"。[1] 他之所以如此看重时间，而没有提空间，是与他在先验感性论对时间的定位有关的。空间只是外感官的形式条件，时间却是所有一般现象的先天形式条件，既是内部现象的直接条件，也是外部现象的间接条件，时间的观念性更为根本。或许在这个意义上，他认为只要确保了时间的观念性预设，相容论的基础便可以得到巩固。下面根据康德的文本重构他对时间的先验的观念性的论证。

───────────

① ［德］康德：《实践理性批判》，邓晓芒译，杨祖陶校，第125页。

一　对时间的绝对实在性的反驳

康德对时间的先验的观念性采取了一正一反的论证策略，他先对时间的绝对实在性进行反驳，然后提出自己的正面主张。这个小部分考察他的反面论证。在康德看来，持时间绝对实在性立场的有两派观点，一派以牛顿为代表，另一派以莱布尼茨为代表。前一派人通常从数学研究自然，他们认为时空就像一个无限大的容器，独立于万物而自存，却将万物包含在自身之中。康德认为，这一派观点有以下两个缺陷。

其一，"他们必然要假定两种永恒而独立持存的杜撰之物，它们存在着（却又不是某种现实的东西），只是为了把一切现实的东西包含于自身之中"①，时间的存在，只是为了把现实的事物包含于自身之中而作出的假定，本身得不到任何证明，而且这种假定还自相矛盾，既存在着又不是现实的东西，因而它不过是种杜撰之物。

其二，"前一派人的长处是，他们为数学的观点打开了现象的领域。但当他们的知性想要超出这个领域时，他们就反而恰好被这些条件弄得混乱不堪了"②，这一派观点的长处在于，它能够通过数学的观点确保物理学原理对现实事物的有效性，但他们的认识想要达到事物自身时，他们会被自存性的时间弄得混乱不堪。也就是说，当追问认识到的事物是不是事物自身时，我们得不到明确的回答。由于主体在时空场中反映事物，又由于时间本身独立于事物而自存，因而主体所反映的事物不是事物本来的性质，因为物自身与时间本来是分离的，认识到的对象只是时间添加到事物之上的结果，它是个合体，不再是原本的事物了。然而，我们也可以说认识对象就是物自身，因为在时间没有添加到事物的状况下，那些事物不成其为事物，只有拥有了时空性质，才构成事物的内在结构，换言之，时间是物自身的构成要素，因此，主体所反映到的就是物自身，事物只是拥有时空性质的事物。这样一来，时间既在事物之外，又在事物之中，因而当追问这样的事物是不是物自身时，情况变得混乱不堪。

---

① ［德］康德：《纯粹理性批判》，邓晓芒译，杨祖陶校，第40页。
② ［德］康德：《纯粹理性批判》，邓晓芒译，杨祖陶校，第41页。

后一派人主要是形而上学的自然学家，他们认为时间是从经验中抽象出来的诸现象的关系，是附属于事物自身的一种规定。康德评论说，"后一派人虽然在后面这点上是有利的，即当他们想要把对象不是作为现象、而只是在与知性的关系中来判断时，空间和时间的表象并不会阻碍我们；但他们既不能指出数学的先天知识的可能性根据（因为他们缺乏某种真正的和客观有效的先天直观），又不能使经验命题与他们的观点达到必然的一致"①，他认为，这一派观点的长处在于，它弥补了前一派观点的不足，能够明确给出答案：认识对象就是物自身，因为时间处于事物之中，是物自身的构成要素。但正因为如此，它使得数学的先天定理丧失了有效性，还使得自然科学知识丧失了实在性。前一派观点不会有这个问题，因为主体在时空的大容器中反映事物，时空充当了沟通主客双方的第三者，因而确保了认识的真理性，但后一派观点认为时空是事物之中的属性，主体在虚无中反映事物，这样一来，"人们根本看不出，事物何以必然与我们从自身出发事先关于它们形成的影像一致"②，因此，数学的先天知识就不会有任何客观有效性，同理，自然科学知识也不会有客观有效性。

由于自存性的时间观不但让时间成了杜撰之物，还在回答认识对象是不是物自身时，把局面弄得混乱不堪；又由于依存性的时间观无法确保认识与事物之间必然的一致性，因而时间既不是自存性的，也不是依存性的。既然如此，那么时间究竟具有怎样的性状呢？

二 对时间的先验观念性的阐明

康德认为，时间是种先验的观念。这个小部分阐述他的正面论证，回答时间为什么具有先验的观念性。时间的先验的观念性的正面论述主要集中在《纯粹理性批判》先验感性论的时间部分，以及《未来形而上学导论》第一章"纯粹数学是如何可能的"。我们主要依据第一批判进行考察。

康德对时空都有形而上学的阐明和先验阐明。对于形而上学阐明，

---

① ［德］康德：《纯粹理性批判》，邓晓芒译，杨祖陶校，第41页。
② ［德］康德：《未来形而上学导论》，李秋零译，载《康德著作全集》第4卷，第289页。

"当这种阐明包含那把概念作为先天给予的来描述的东西时，它就是形而上学的"①，所谓先验阐明，"就是将一个概念解释为一条原则，从这条原则能够看出其他先天综合知识的可能性"②；也就是说，前者是从概念方面就时空本身来阐明它们的性质；后者则是通过另一个东西（比如几何学）阐明时空的性质，它是种从结论反推前提的先验论证方式。接下来我们只讨论时间的形而上学阐明，之所以如此，是因为时间的先验阐明讨论的是力学如何可能的问题，因而得出的是时间图型的性质，而非直观形式的性质。

第一批判中时间的形而上学阐明有五条，第三条被公认为先验阐明，因而事实上的阐明只有四条，与空间的形而上学阐明相对应。其中，前两条从来源的角度做正反两方面论证；结论是：时间不是经验性的，而是先天的。后两条从直观和概念的角度做正反两方面论证，结论是：时间不是普遍的概念，而是直观形式。康德的论证如下：

第一条，"时间不是什么从经验中抽引出来的经验性的概念。因为，如果不是有时间表象先天地作为基础，同时和相继甚至都不会进入到知觉中来"③。康德主张，我们确实可以知觉到同时发生或先后发生的某物，但这种同时性和相继性不来自某物，而是说某物之所以会同时或先后发生，是因为它们预先被时间规定了，也就是说，不是经验使得时间成为可能，而是时间使得经验成为可能。从经验而来的只是感性杂多，要使这些杂多成为有秩序的某物，必须受到时间的规定。因此，时间不是经验性的。

第二条，"我们不能在一般现象中取消时间本身，尽管我们完全可以从时间中去掉现象。所以时间是先天被给予的"④。由于时间不能在一般现象中被取消，因而它是先天被给予的，因为去掉现象的所有经验性的成分后，毕竟还剩下它。时间之所以不能被取消，是因为即便我们屏蔽自身的眼耳口鼻身，在头脑中冥想无时间的状态，但这个冥想活动本身

① ［德］康德：《纯粹理性批判》，邓晓芒译，杨祖陶校，第28页。
② ［德］康德：《纯粹理性批判》，邓晓芒译，杨祖陶校，第30页。
③ ［德］康德：《纯粹理性批判》，邓晓芒译，杨祖陶校，第34页。
④ ［德］康德：《纯粹理性批判》，邓晓芒译，杨祖陶校，第34页。

是以时间为基础的，"只有在时间中现象的一切现实性才是可能的"①。因此，时间是先天的。于是，康德从正反两方面论证了时间不是经验性的，而是先天的。

但先天的主观性状要么是概念，要么是直观，时间究竟是什么呢？第四条和第五条确定下来，时间不是推论性的或普遍性的概念，而是直观形式。这两条阐明很难，需要结合空间的形而上学阐明进行分析。它们的论证是从概念和直观的差异推出来的。在康德看来，概念和直观有两个差异，其一，作为无限给予的量，概念将无限表象包含于其下，直观却将它们包含于其中。"其下"和"其中"的表述出现在空间的第四条形而上学阐明中："虽然我们必须把每一个概念都设想为一个被包含在无限数量的各种可能表象中（作为其共同性标志）、因而将这些表象都包含于其下的表象；但没有任何概念本身能够被设想为仿佛把无限数量的表象都包含于其中的。然而，空间就是这样被设想的（因为空间的所有无限的部分都是同时存在的）。"② 所谓"其下"，是指整全将部分的共同性抽象出来，它作为更高级的东西凌驾于其他东西之上，因而它们之间有等级之分。而对于"其中"来说，整全和部分、部分与部分之间只有量的差异，没有质的差异，因而它们之间不存在等级之分。为了理解"其中"，我们假设时间本身就是一条无限长的直线，现实中的时间都是该直线上的线段，这样一来，各个部分之间只有数量的差异，部分与整全之间也只是有限量与无限量的差异，由于整全并不是从部分中提取出来的，因而它不是将部分包含于其下，而是包含于其中。康德认为，推论性或普遍性的概念作为整全，是将无限表象包含于其下的，而直观能够将无限表象包含于其中。由于"不同的时间只是同一个时间的各部分"③，时间本身能够将无限表象包含于其中，因此时间是直观，不是概念。这是时间的第四条形而上学阐明。

时间的第五条形而上学阐明涉及概念和直观的第二个差异：前者是部分先于整全，后者则是整全先于部分。由于普遍性的概念是从个别事

---

① ［德］康德：《纯粹理性批判》，邓晓芒译，杨祖陶校，第34页。

② ［德］康德：《纯粹理性批判》，邓晓芒译，杨祖陶校，第29—30页。

③ ［德］康德：《纯粹理性批判》，邓晓芒译，杨祖陶校，第35页。

物抽象而来，因而"部分表象是先行的"①，但直观不一样，各个具体直观表象必须以作为整全的直观形式为前提才能产生。由于"时间的一切确定的大小只有通过对一个惟一的、作为基础的时间进行限制才有可能"②，整全先于部分，因此，时间是直观，不是概念。有趣的是，时间的形而上学阐明同空间的次序上是颠倒的，空间的第三条阐明依据的是概念与直观的第二个差异，第四条则依据概念与直观的第一个差异。

通过对时间的绝对的实在性的反驳和时间的先验的观念性阐明，康德得出结论：时间不是独立自存的，也不是物自身的属性，而是具有先验的观念性的。为了论证相容论，康德据此对自然神学进行了反驳。

三　对自然神学的反驳

自然神学认为上帝是人的行动的原因，而在康德看来，这一观点是种"灭顶之灾的威胁"，它消除了自由的可能性，"只要我们认为上帝作为普遍的原始存在者也是实体之实存的原因……，我们似乎也就不得不承认：人的种种行动在那个完全在他控制之外的东西中……有它们进行规定的根据"，这样一来，"自由就会无法拯救了。人就会是由一切工艺制品的那个至高无上的巨匠所制作和上好发条的傀儡或沃康松式的自动机了"③，"因为，既然规定他的运动的那些最近的原因以及这个运动上溯到它的那些规定原因的一个长长的序列虽然都存在于内部，但最后和最高的那个规定原因却毕竟完全是在一只外来的手那里找到的，那么这种自发性就只配称之为比较性的"④。如果上帝是人的行动的原因，那么人就会像上好发条的傀儡一样，尽管他的运动的最近的原因处于内部，但其最终原因却来自外部，这样一来，人的行动的规定根据完全处于他的控制之外，因而他是不自由的。

康德认为，既然上帝是行动的原因，而"原因"概念有其特殊的含义，根据第二类比，现象中的原因以时间秩序为必要条件，因而上帝的

---

① ［德］康德：《纯粹理性批判》，邓晓芒译，杨祖陶校，第 35 页。
② ［德］康德：《纯粹理性批判》，邓晓芒译，杨祖陶校，第 35 页。
③ ［德］康德：《实践理性批判》，邓晓芒译，杨祖陶校，第 125—126 页。
④ ［德］康德：《实践理性批判》，邓晓芒译，杨祖陶校，第 126 页。

因果性同样以时间为条件。由于上帝被看作自在之物，因而自然神学预设了时间是物自身的存有的规定，这样一来，自然神学对自由的挑战就在于：时间是物自身的存有的规定→上帝是人的行动的原因→人不具有任何自由。

对此，康德来了个釜底抽薪——反驳自然神学的前提。他反驳道，如果时间是物自身的存有的规定，那么上帝的无限性和独立性将被取消，因为既然上帝的因果性受到时间的规定，他就被拉到了现象的因果序列之中，而这一序列中的原因都是有条件的，因而上帝必定还有先行原因。这样一来，上帝的无限性和独立性就都被取消了。因此，如果要坚持上帝的无限性和独立性，就必须坚持时间的先验的观念性，而不能将其看作物自身的存有的规定。既然如此，上帝就不能成为人的行动的原因，人就获得了自由的可能性。通过反驳自然神学，康德为自由争取到一线希望，因而在相容论的道路上，他扫除了障碍，为接下来的正面论证做好了准备。

物自身并不是铁板一块的，它至少可以分为感性物自身和先验理念，前者是现象中经验对象的刺激来源，后者没有相应的经验对象，纯粹处于物自身领域。通过感性物自身和消极本体的铺垫，康德引出了先验理念。先验理念除了像感性物自身那样可以充当消极本体，还可以充当开辟全新领域的积极本体。由于自由作为先验理念与现象之间有着不可逾越的鸿沟，现象中的自然因果性无法穿过来规定它，因而自由能够保留一种可能性。这是本章第一部分的内容。第二部分论述物自身和现象是视角之分。现象视角涉及单一的现象，但物自身视角不涉及单一的物自身，而是涉及现象和物自身的区分。在物自身视角下，它切入认识和实践的区分，因而可以为自由的现实性奠定基础。如果前两部分是为康德的相容论进行正面的奠基，那么第三部分则是进行反面的奠基，即为这种相容论扫除障碍。自然神学主张上帝是人的行动的原因，这样一来，人的自由被取消，但基于时间的先验观念性，自然神学被驳倒，因而康德通过先验观念论在时间上的应用避免了自由的取消。

第 五 章

康德相容论的论证重构*

　　本章正式讨论康德对相容论的论证，这是本书的一个重点。它分为三部分。第一部分考察相容论究竟要解决什么样的问题，并揭示出康德的解决思路。大体来说，他分两个步骤解决，第一步是自由的可能性论证，第二步是自由的现实性论证。这两步正好构成了本章的第二部分和第三部分。通过论证自由的可能性和自由的现实性，康德完成了整个相容论论证。

第一节　相容论问题的提出与解决思路

　　直接来看，相容论讨论的是自由和自然因果性如何相容的问题，这固然没错，但由于第三个二律背反的契机，以及康德在第二类比中对自然因果性的确认，问题转变成自由的拯救问题。这两个问题的聚焦点略微有些偏移，从原来的自由和自然因果性的关系转移到自由这里。为了从自然因果性的统治下拯救自由，康德制定了两步走的解决思路，先在理论领域中争取到自由的可能性，然后在实践领域中落实自由的现实性。因此，本节分为三个小部分，首先考察第三个二律背反，然后论述相容论问题的转变，最后介绍康德的解决思路。

一　第三个二律背反

　　先验辩证论主要有三个部分，关于"灵魂"理念的谬误推理、关于

　　* 本章写作参考笔者发表的论文《论康德对自由的捍卫》，《山东科技大学学报》（社会科学版）2012 年第 5 期。

"世界"理念的先验幻相（二律背反）和关于"上帝"的先验理想，第二种先验幻相按照范畴表中的四种范畴类型（量、质、关系和模态），又分为四个二律背反，其中关系范畴中的因果性范畴引出了第三个二律背反。

正题：按照自然律的因果性并不是世界的全部现象都可以由之导出的唯一因果性。为了解释这些现象，还有必要假定一种由自由而来的因果性。

反题：没有什么自由，相反，世界上一切东西都只是按照自然律而发生的。①

正题的论证思路如下：

1. 假定：除了按照自然律的因果性之外，没有任何其他因果性；

2. 一切发生的事件都以某个时间上在先的状态为前提，它按照一条规则不可避免地跟随着这个状态；

3. 这个时间上在先的状态必定也是发生起来的；

4. 先行状态所蕴含的因果性也是发生起来的；

5. 因果序列是不完备的；

6. 自然律在于：没有先天地得到充分规定的原因就不会有任何东西发生；

7. 自然律自相矛盾；

8. 因此，除了自然因果性，还有自由因果性。

其中，1→2→3→4→5＋6→1＋7→8。前五步依据第二类比可以直接推出来，结论是因果序列是不完备的，不完备性体现在一切事物在任何时候都只有一种特定的开始，而永远没有一个最初的开始。关键在于第六步，它在整个论证中起着决定性作用。这一步是基于充足理由律，即如果有事件发生，那么它必定有先天地得到充分规定的原因。由于事实上有事件发生，因此确实有先天地得到充分规定的原因。这个原因就是第一因，最初的开始。依据只有自然律的假定，一切事物都没有一个最初的开始，这是前五步的结论；第六步依据同样的自然律，却得出有第一因的结论，这便自相矛盾了，因此，假定错误。于是第一步和第七步

---

① ［德］康德：《纯粹理性批判》，邓晓芒译，杨祖陶校，第 374 页。

的合取得出结论。① 既然在假定除了自然因果性，没有其他因果性的前提下会导致矛盾，那么假定错误，即除了自然因果性，还有其他因果性。这种因果性是自由因果性。

反题的论证思路如下：

1. 假定：存在先验自由；

2. 因果性及其后果序列绝对地开始；

3. 行动的动力学上的第一开端与时间中的先行原因没有任何因果性的关联；

4. 按照自然因果律，行动的每一个开端都是以尚未行动的原因的某种状态为前提，因而具有经验的统一性；

5. 先验自由与自然因果律相冲突；

6. 自然因果律是无可置疑的；

7. 假定错误，不存在先验自由。

其中，1→2→3 + 4→5 + 6→7。前三步可以依次推出来，如果存在先验自由，那么自由的主体就具有绝对的自发性，这样一来，后果序列就通过这种自发性而绝对地开始，并且，产生这个序列的因果性本身也将绝对地开始，以至于没有任何先行原因产生出这一行动，也就是说，行动在动力学上的第一开端与先行原因之间没有任何因果性的关联。第四步，按照自然因果律，行动的一切原因都是有条件的，原因之前还有原因，行动的每一个开端总是与先行原因处于关联之中，环环相扣，形成一个连续的统一的因果链条。这就得出了第五步，先验自由与自然因果律相冲突，冲突表现在两个方面，一是前者承认行动有第一开端，它与先行原因没有任何因果性的关联，后者却主张行动的每一个开端都与先行原因处于关联之中；二是前者破坏了后者建立起来的经验的统一性，它在连续的因果序列中破开了一个缺口，使得序列在自由主体这里出现了断裂。第六步是第二类比确立起来的。第七步，假定错误，错误不在于先验自由自相矛盾，而在于根据自由的假定，它与一个无可置疑的东

---

① 不难看出，康德在正题的论证中运用了充足理由律，这样一来，自由尽管不像从矛盾律推出来那样，具有必然性，却仍然具有确定性，它并非是个悬设，因而正题代表了独断论的立场。

西相冲突。

由上可知，不管是正题还是反题，都采用了反证法，它们通过指出了反面观点的不足来证明自身，却没有给出正面的论证。第三个二律背反的可贵之处在于，它揭示出纯粹理性在超出知性范围寻求无条件者时不可避免地陷入了自相矛盾，即正题和反题中的每一个都不能压倒对方，它们"在理性的本性中找得到它的必然性的各种条件"①。与本章相关的是，它很好地提供了一个契机，让我们意识到自由和自然因果性的关系不简单。在承认自然因果性的前提下有没有自由，这个问题似乎是不确定的。正题说有，反题说没有，它们各有其道理。

二 相容性问题向拯救自由问题转变

如同第四章所论述的，自由和自然因果性的定义将问题引向不可调和的方向。先验自由和自然因果性至少在三个方面是冲突的：（1）先验自由意味着现象中的原因是无条件的，可以充当绝对的第一开端，但自然因果性意味着现象中的一切原因都是有条件的，它总是其他原因的结果；（2）先验自由意味着事物之间的关系可以不在时间之中，而在时间之外，但自然因果性意味着事物之间的关系必须在时间中展开；（3）先验自由意味着人的行动得不到精确的预测，但自然因果性却把人当作物体一样看待，都是可以精确预测的。如果说第三个二律背反正题和反题的论证使得自由和自然因果性的关系变得模糊，让人搞不清它们能不能得到调和，那么这些冲突就非常清晰地展现了它们的不可调和性。而自然因果性在第二类比中已经得到确认，因此现在的问题就变成了：这个世界还有没有自由？

相容性问题原本是自由和自然因果性能不能得到调和，现在由于对自然因果性的偏袒，问题转变为：它们仅仅是矛盾的，因而自由被自然因果性吞噬掉，还是可以在自然因果性的领地中开辟出自由的空间？这种问题的转变被康德反复提及。"问题只是在于：是否尽管如此，在按照自然而被规定的同一个结果方面也可以有自由发生，还是自由通过那条

---

① ［德］康德：《纯粹理性批判》，邓晓芒译，杨祖陶校，第358页。

不可损毁的规则而完全被排除了？"① "在这里问题只是：如果人们在一切
事件的整个序列中单纯承认自然必然性，那么是否还有可能把这同一个
在某方面只是自然结果的事件在另一方面仍然看作自由的结果，还是在
这两种不同的性质的原因性之间会碰到一个直接的矛盾。"② 康德在讨论
相容性问题时从来没有担心过自然因果性的正确性，他只是设问在承认
自然因果性的前提下，能否将自由拯救出来。这就是拯救自由问题。

　　康德对此的立场当然是肯定的，自由能够且必须得到拯救。"就意志
而言，被归于它的自由看起来与自然必然性相矛盾，而且在这个岔路口，
理性在思辨方面发现自然必然性的道路比自由的道路要更为平坦和适用
得多，……然而，即使人们绝不能理解自由如何可能，也必须至少以令
人信服的方式消除这种表面的矛盾。因为如果甚至自由的思想也与自己
或者与同样必然的自然相矛盾，那么，自由就必须相对于自然必然性而
完全被放弃。"③ 问题在于，自由究竟如何得到拯救？

三　相容论的解决思路

　　对此，康德在《实践理性批判》分析论的最后部分总结了解决思路。
这段原文非常重要，引用如下：

　　　　第二级范畴（一物之因果性和必然性的范畴）则完全不要求这
　　种同质性（即有条件者和条件在综合中的同质性），……；于是就允
　　许为感官世界中那些通通有条件的东西（不论是在因果性方面还是
　　在物本身的偶然存有方面）设立理知世界中的、虽然在其他方面并
　　不确定的无条件者，并使这种综合成为超验的；因此，在纯粹思辨
　　理性的辩证论中也就出现了这种情况，即两个表面上相互对立的、
　　为有条件者找到无条件者的方式，……，实际上并不是相互矛盾的，
　　而同一个行动，作为属于感官世界的行动，任何时候都是以感性为
　　条件的、也就是机械必然的，但同时也作为属于行动着的存在者之

---

① ［德］康德：《纯粹理性批判》，邓晓芒译，杨祖陶校，第435页。
② ［德］康德：《纯粹理性批判》，邓晓芒译，杨祖陶校，第439—440页。
③ ［德］康德：《道德形而上学的奠基》（注释本），李秋零译，第80页。

原因性的行动，就这存在者属于理知世界而言，有一个感性上无条件的原因性作根据，因而能够被思考为自由的。现在问题只在于要使这个能够（Können）变成是（Sein），即我们要能在一个现实的场合下仿佛通过一个事实来证明，某些行动不论它们现在是现实的还是仅仅被要求的、即客观实践上必要的，都是以这样一种原因性（智性的、在感性上无条件的原因性）为前提的。①

这段文字表达了两个重要观点。其一，因果性范畴的力学性特征（异质性）在论证自由的可能性中起到重要作用。因果性范畴不要求原因和结果是同类的，允许它们一个在现象界，一个在物自身领域，因而对于同一个行动来说，它一方面被自然因果性规定，成为机械必然的，但另一方面却可以视作无条件的理知原因的结果，因而能够被思考为自由的。所以，因果性范畴的力学性特征在最笼统、最宽泛的意义上让我们从两个不同方面来看待自由和自然因果性，从而为争取自由的可能性奠定基础。

其二，"现在问题只在于要使这个**能够**变成是"，这里的"能够"和"是"有讲究，前者是指自由的可能性，后者指自由的现实性。上述因果性的力学性特征使得行动能够被思考为自由的，换言之，它关涉的是自由的可能性。康德说，接下来的问题是，将自由思考为现实的。在著名的存在论题"存在（Sein）不是实在谓词"中，康德把存在和存有（Dasein）等同看待，而存有是模态范畴中的现实性范畴。因此，这里的"Sein"实际上说的是自由的现实性。整句话的意思是：先验哲学论证自由的可能性，现在到了实践哲学领域，问题是使自由的可能性进一步变成现实性。这就表明了拯救自由的两个步骤：先论证自由的可能性，后论证自由的现实性。第一步的核心文本是第一批判先验辩证论的"把世界事件从其原因加以推导的总体性这个宇宙论理念的解决"，第二步的核心文本在第二批判中有三处，分别是：分析论第一章的第五至第八节、"纯粹实践理性原理的演绎"和分析论第三章的"对纯粹实践理性的分析论的批判性说明"。

---

① ［德］康德：《实践理性批判》，邓晓芒译，杨祖陶校，第130页。

因此，上一段总结性文字解释了相容论论证的两个步骤。可是，为什么不直接论证自由的现实性，却要多此一举先论证自由的可能性？毕其功于一役不更好吗？可能性论证只论证了自由的可能性，它的效力这么低，可不可以把它取消？究竟为什么要做可能性论证？这些问题必须得到妥善的回答。

这个问题康德意识到了，他的基本立场是：不是不想，而是不能。能够一步到位，论证自由的现实性，这当然很好，但可惜我们的思辨理性没有能力这么做。"会使我们的思辨理性更为满意的是，直截了当地独立解决那些课题，并把它们作为洞见而为实践的运用保存下来；不过我们的思辨能力却从来不曾处于这么好的状况。"① 从思辨理性的角度证明自由的现实性，这恰恰是独断论的思路，如果是这样，则会陷入理性自相矛盾的境地。

但是，尽管思辨理性无法证明自由的现实性，只能证明自由的可能性，但这不意味着它没有意义，它至少表明自由跟自然因果性不相冲突，没有被后者吞噬掉，而且，由于我们可以设想自由的理念，因而可以对世界的秩序起到统一性的作用。康德是有自知之明的，他认为只要能够证明自由和自然因果性不冲突就够了。"我们本来并不想凭借这一点就把自由的现实性作为包含着我们感官世界诸现象的原因的那些能力之一的现实性来加以阐明。……此外，我们本来就连自由的可能性也根本不想证明；……现在，使这个二律背反基于一个单纯的幻相，而使自然与出自自由的原因性至少并不相冲突，这就是惟一我们曾经能够做到的，也是我们曾经唯一关心的事情。"② 自由不被自然因果性否定，这已经为现实性论证迈出了坚实的一步。

可能的自由的另一个作用是对可能的经验对象起到一种范导性的（regulativ）作用，从而能够促进系统的统一性。系统的统一性是理性的思辨利益。知性通过十二个范畴已经对经验对象实现了局部的、分殊的统一性，而理性通过先验理念作用于知性，进一步实现整全的、集合的统一性，不过"这种系统统一并没有在客观上充当理性的一个原理，以

---

① ［德］康德：《实践理性批判》，邓晓芒译，杨祖陶校，第 3 页。
② ［德］康德：《纯粹理性批判》，邓晓芒译，杨祖陶校，第 449 页。

使理性扩展到诸对象之上，而是主观上用作一个准则，以使理性扩展到诸对象的一切可能的经验性知识之上。……这样一种系统统一性的原则……不是构成性的（konstitutiv）原则，不是为了就它的直接对象而言来规定某物，而是为了作为单纯范导性的原理和作为准则，通过展示那些知性所不知道的新的方式而对理性的经验性运用加以无限的（不限定的）促进和巩固"①。简言之，理性的系统统一性不是构成性原则，不能将其当作确定的知识，而是范导性原则，但它毕竟局部的多统一到了整全的一。先验理念都能促进系统统一性，但不同的理念起的作用不同。具体到自由理念，它作为世界整体的诸多理念中的一个，其作用是范导性地设立条件序列的可能的总体性，在现象序列之外为其设立诸条件，将这个序列看作好像有一个绝对的开端。"这些条件序列在其各项的推导中的绝对总体性是一个理念，它……充当了我们应当如何处理这个条件序列的规则，也就是说在解释给予的诸现象时（在回溯或上升的过程中）应当这样来处理，就好像这个序列自在地是无限的、即不限定的似的，但凡是在理性本身被看做一种规定性的原因的地方（即在自由中），因而在实践的原则中，那就应当处理为好像我们……面对着纯粹知性的客体一样，在这里诸条件不再能够被设立在诸现象的序列中，而只能被设立在它之外，而这些状态的序列则可以被视做就好像它被绝对地（通过一个理知的原因而）开始那样；这一切都证明，宇宙论的理念无非是一些范导性的原则，而远不是像构成性原则那样去设立这样一些序列的现实的总体性。"②

　　因此，自由的可能性论证不是多余的，它只是思辨理性的无奈之举。但它不是没有作用，而是能够摆脱自然因果性的统治，并促进系统的统一性。接下来我们将根据两个步骤进行分析重构。

第二节　自由的可能性论证

　　关于自由的可能性，大家很自然会想到通过区分现象和物自身来确

---

① ［德］康德：《纯粹理性批判》，邓晓芒译，杨祖陶校，第 530—531 页。为了术语的统一，本书将"调节性的"改成"范导性的"。

② ［德］康德：《纯粹理性批判》，邓晓芒译，杨祖陶校，第 533—534 页。

保，这一点上一章有提到。但这个论证会面临一个麻烦，康德认为自由和自然因果性具有因果关系，二者不像现象和物自身那样仅仅是种并列关系。于是我们提出一个倒 T 模型加以调和。根据这个模型，自由和自然因果性一方面是并列关系，另一方面还具有因果关系。因此，本节分为三个小部分：（1）从两个方面论证自由的可能性；（2）论述两种品格；（3）通过倒 T 模型调和两个方面和两种品格之间的张力。

一　两个方面

康德认为，要调和自由和自然因果性，必须从两个方面来看待，否则二者矛盾，自由得不到拯救。"如果自认为自由的主体，在自称为自由的时候，与就同一个行为而言认为自己服从自然法则的时候相比，是在同样的意义上或者在同一种关系中来设想自己，那么，要避开这种矛盾就是不可能的。因此，思辨哲学的一项不容推卸的任务就是：……当我们说人有自由的时候，与我们认为人作为自然的部分而服从自然的这些法则的时候相比，我们是在另一种意义上和另一种关系中设想人的。"①

具体而言，这两个方面可以是现象和物自身，也可以是感官世界和知性世界。前者是我们非常熟悉的。这一区分的理由我们在上一章有过讨论。感性物自身打开了物自身领域，经过消极本体和积极本体的过渡，自由作为先验理念能够与现象区分开，它处于现象之外，却可以被设想为现象的根据，二者可以在同一个对象上共存。"如果现象就是自在之物本身，那么自由就不可能得到拯救。……相反，如果诸现象只被看作它们实际上所是的东西，即不是被看作自在之物，而是只看作依据经验性法则而关联着的诸表象，那么这些现象本身就必须还拥有本身并非现象的根据。"②"如果我们还要拯救自由，那么就只剩下一种方法，即把一物的就其在时间中能被规定的存有，因而也把按照自然必然性的法则的因果性知识赋予现象，而把自由赋予作为自在之物本身的同一个存在者。"③简言之，从现象和物自身的区分看，自由和自然因果性的相容体现在，

---

① ［德］康德：《道德形而上学的奠基》（注释本），李秋零译，第 81 页。

② ［德］康德：《纯粹理性批判》，邓晓芒译，杨祖陶校，第 436 页。

③ ［德］康德：《实践理性批判》，邓晓芒译，杨祖陶校，第 119 页。

前者在物自身领域起作用，后者在现象领域起作用，二者并行不悖，井水不犯河水。

基于先验观念论，克勒梅（Klemme）通过对康德与伽尔韦进行比较，还提出一种反证法的论证方式。"他的论证策略在于将这一证明的负担转嫁给他的对手，命定论者必须从理论的视角证明自由是不可能的。……先验观念论在方法论上就已经排除了我们能够在形式上证明理性理念的客观实在性，但是同时被排除出去的还有一切证明自由理念的不可能性的尝试。"① 也就是说，克勒梅认为康德的论证策略是，由于对手无法论证自由是不可能的，因而自由是可能的；对手之所以无法论证自由的不可能性，是因为先验观念论排除了这种尝试。克勒梅的看法是有文本依据的。康德在《奠基》第三章明确说过，"最精妙的哲学与最普通的人类理性一样，要以玄想来排除自由是不可能的"②，"剩下的就只有辩护，即消除那些伪称更深入地看到事物本质、因而狂妄宣称自由是不可能的人们的异议"③。而要消除自由是不可能的异议，先验观念论起到了关键性作用。根据先验观念论，自由的理念作为物自身是不可知的，不可知的东西虽然不可被证实，但同样不可被证伪，因为证伪所需要的论据跟证实需要的同样少。既然自由不可被证伪，那它就是可能的。一句话，先验观念论将自由推向不可知的彼岸，使它不被自然因果性吞噬，从而让它保留可能性。因此，克勒梅的主张是成立的，康德的确通过先验观念论间接地论证了自由的可能性。

不过，除了先验观念论的直接论证以及通过它进行的间接论证之外，康德还提出基于感官世界和知性世界区分的论证，它被称为"基于纯粹实践理性的自由的演绎"。④ 自由的演绎不再是通过展现自由并非不可能来论证，而是直截了当地从纯粹实践理性出发进行论证。这一演绎主要

① 克勒梅：《自由与自然必然性的对立——克里斯蒂安·伽尔韦的问题与康德的解决》，钱康译，《复旦学报》（社会科学版）2018 年第 4 期，第 81 页。

② Kant, *Groundwork of the Metaphysics of Morals*（A German-English Edition）, ed. and trans. by M. Gregor and J. Timmermann, Cambridge：Cambridge University Press, 2011, p. 140.

③ Kant, *Groundwork of the Metaphysics of Morals*（A German-English Edition）, ed. and trans. by M. Gregor and J. Timmermann, Cambridge：Cambridge University Press, 2011, p. 146.

④ Kant, *Groundwork of the Metaphysics of Morals*（A German-English Edition）, ed. and trans. by M. Gregor and J. Timmermann, Cambridge：Cambridge University Press, 2011, p. 122.

出现在《奠基》第三章的第三节中。康德认为我们可以设想一种纯粹理性的能力，它凭借纯粹的自发性完全超越于感性之上，彻底区分感官世界和知性世界，"理性在理念的名义下表现出一种如此纯粹的自发性，……把感官世界和知性世界彼此区分开来"①。由此有限的理性存在者具有两种立场，一方面就它属于感官世界而言服从自然因果性，另一方面，就它属于知性世界而言，独立于自然因果性而服从理性的法则。"它具有两个立场，它可以从这两个立场出发来观察自己，……首先，就它属于感官世界而言，它服从自然法则（他律）；其次，就它属于理知世界而言，它服从不依赖于自然的、并非经验性的，而是仅仅基于理性的法则。"② 而第二个立场，"对感官世界的规定原因的独立性就是自由"③。这里的逻辑链是：纯粹理性的假设—两个世界—两种立场—自由。由于最初的纯粹理性是个假设，因而最后推出的自由仅仅是可能的，不具有客观实在性。

因此，通过现象和物自身的区分、感官世界和知性世界的区分，康德给出了三个论证。第一个论证从自由和自然因果性运用到不同领域谈二者的相容，第二个论证利用物自身的不可知来反证自由的可能性，第三个论证从纯粹理性的假定一步步演绎出自由的可能性。这些论证全都是从两个方面看待的，大体思路是从不同于现象的另一种眼光看，自由是可能的。这样一来，自由和自然因果性呈现出一种平行或并列的关系。可是，康德却认为二者还表现为一种因果关系，自由因果性是原因，自然因果性是结果。"虽然每个在现象中的结果固然需要按照经验性的原因性规律与其原因相连结，然而这个经验性的原因性本身却有可能丝毫也不中断它与自然原因的关联，却仍然并非经验性原因性的结果，而是理知的原因性的结果。"④ 这里的"经验性的原因性"即自然因果性，"理知的原因性"即自由因果性。这句话表明，自然因果性是自由因果性的结果。这种关系再不能用两个方面，而必须借助于两种品格来解释。

---

① ［德］康德：《道德形而上学的奠基》（注释本），李秋零译，第76页。
② ［德］康德：《道德形而上学的奠基》（注释本），李秋零译，第76页。
③ ［德］康德：《道德形而上学的奠基》（注释本），李秋零译，第76页。
④ ［德］康德：《纯粹理性批判》，邓晓芒译，杨祖陶校，第440页。

二 两种品格

所谓品格，德文为 Charakter，也可译为性格或特征，[①] "每一个起作用的原因都必然有一种品格，即它的原因性的一条法则"[②]，也就是说，品格是作用因的因果性的一条法则。在原因—因果连结—结果的结构中，品格既不是原因本身，也不是结果，而是原因和结果之间的联结，这种联结是具有必然性的因果性。品格分为经验性品格和理知品格，前者是自然因果性或经验性的因果性，后者是自由因果性或理知因果性。

（一）经验性品格

经验性品格"借此它的行动作为现象就会与其他现象按照固定的自然规律而彻头彻尾地处于关联之中，并有可能从作为其条件的其他现象中推导出来，从而与这些现象结合着而构成自然秩序的一个惟一序列的各项"[③]，它强调的是经验性序列的无穷性，主体的行动作为现象与其他现象构成一个相互关联的现象序列，在这个序列中，每个现象都有其原因，不可能有任何能够绝对自行开始一个序列的东西，整个序列就像一条因果链，一环扣一环，无始无终。

由于经验性品格是自然原因的因果性的一条法则，亦即自然原因的具有必然性的因果性，因而从概念上看，它等同于自然因果性；又由于自然因果性强调的也是无穷性，"既然诸现象的原因性基于时间条件，而前面的状态假如任何时候都是存在着的也就不会带来任何在时间中才初次产生的结果：那么发生或产生出来的事情的原因性也是被产生的，并且按照知性的原理本身又需要一个原因"[④]，因而经验性品格和自然因果性二者可以视为等同。在某些文本中，康德使用了"经验性的因果性"的表述，由于品格指的是作用因的因果性，因而经验性品格也可被视为与经验性的因果性相等同。因此，经验性品格等同于自然因果性或经验性的因果性。经验性品格有如下几个特点：

---

① 李秋零将 Charakter 译为"性质"，见［德］康德《纯粹理性批判》，《康德著作全集》第 3 卷，李秋零译，中国人民大学出版社 2004 年版，第 357 页。

② ［德］康德：《纯粹理性批判》，邓晓芒译，杨祖陶校，第 437 页。

③ ［德］康德：《纯粹理性批判》，邓晓芒译，杨祖陶校，第 437 页。

④ ［德］康德：《纯粹理性批判》，邓晓芒译，杨祖陶校，第 433 页。

第一，按照经验性品格，主体的行动可以得到解释，但得不到充分刻画。"按照其经验性品格，这个主体作为现象将是服从依据因果联结的规定的一切法则的，……，它的一切行动就会都必须能够按照自然规律来解释，而对这些行动进行完全的和必然的规定所必需的一切就必然会在一个可能经验中找到了。"① 如果要对主体的行动加以解释，那么按照经验性品格可以做到，因为行动的解释需要的是按照自然因果性进行规定的自然原因，而自然因果性作为经验性品格是可知的，它可从主体在结果中表现出来的力量和能力体现出来，自然原因也必然能够在一个可能经验中被找到，所以通过经验性品格，一个行动总是可以得到解释。

实际上，这是由经验性品格的定义决定的，行动若按照经验性品格来看，是从纯粹理性的诸条件先行的方式中得出来的，② 诸条件先行的方式就是自然科学研究的方式，它总是从先行的时间中寻找原因，从而构成对结果的解释。如果按照这种方式来考察人，那么人就如同人类学中所说的那样，和其他自然物没有任何分别。因此，经验性品格是种机械论的眼光，它针对的是实际发生的世界。

但是，按照经验性品格的自然性解释不可能做到充分，因为在现象序列中一切事件只是一个序列的继续，原因前面还有原因，任何自行发生的开端在这序列中都是不可能的。更为重要的是，自然性解释无法进行道德归责和道德评价。拿"恶意的撒谎"为例，依据内心的良知，我们可以断定这个行动是不道德的，并且做出该行为的行动者需要负道德责任。但如果我们诉诸行动者的经验性品格，则不会得出这样的结论。按照自然性解释，撒谎这个行动并不是真正由自我引发的，自我只是引发行动的一个中间环节，在此之前，还有诸如糟糕的教育、不良的交往、自然天性的恶劣等先行原因规定了自我必然在那一个时刻撒谎，这样一来，这个行动便无法进行道德归责。不仅如此，自然性解释甚至无法进行道德评价，恶意撒谎和诚实守信在道德评价上是不一样的，但在神经生理学和心理学上的解释却可以是一样的，也就是说，对于道德和不道德的行动，自然性解释无法做出区分，它不过是种科学术语，描述不出

---

① ［德］康德:《纯粹理性批判》，邓晓芒译，杨祖陶校，第438页。
② 参见［德］康德《纯粹理性批判》，邓晓芒译，杨祖陶校，第445页。

行动的道德属性。因此，按照经验性品格，具有道德属性的那部分行动难以得到刻画，除此之外，它还受另一套标准规定。

第二，经验性品格是种理性因果性，与任意的行动准则相关。"每个人都有他的任意的一种经验性品格，这种品格无非他的理性的某种原因性，只要这种原因性在其现象中的结果上显示出一条规则，根据这条规则我们可以将理性的动机及其行动按照其种类和程度来接受，并能对他的任意的那些主观原则进行评判。"① 在此，康德明确说出经验性品格是种理性因果性，条件是理性因果性在现象中的结果上显示出一条规则，这条规则与理性的动机、任意的主观原则相关，其中的规则就是经验性品格，而任意的主观原则是指它选择的行动准则。也就是说，如果理性能够通过任意的行动准则作用于现象中的结果，那么它就显示出了一种经验性品格，而这种经验性品格就是理性的某种因果性。

但是，阿利森质疑道，"鉴于康德毫不动摇地坚持理性及其活动具有自发的、非感性的本性，他究竟**如何能够**赋予它们以经验性品格，这一点并非直接明了的。理性难道不是作为范型的本体能力吗？任一本体之物又**如何能够**具有经验性的（即现象的）品格呢？"② 回答这个问题并不难，理性因果性是种本体的能力，经验性品格则是现象中的结果体现出来的，前者是无条件者，后者是有条件者，两者如何能够贯通起来呢？很简单，因为因果性范畴的力学性质，它不要求原因和结果的同质性，因而完全有可能在有条件者之上设定无条件者。但需要注意，这只是回答了"如何能够"的问题，如果要问"如何"，亦即无条件者作用于有条件者的方式，那么康德会说这个问题不能回答，"为什么理知的品格恰好在现有的情况中给出了这些现象和这种经验性品格，这远远超出了我们理性的一切能力所能够回答的范围，甚至远远超出了理性哪怕只是提出问题的一切权限"③。

（二）理知品格

理知品格是这样的："借此这个主体虽然是那些作为现象的行动的原

---

① ［德］康德：《纯粹理性批判》，邓晓芒译，杨祖陶校，第443—444页。

② ［美］阿利森：《康德的自由理论》，陈虎平译，第34页。着重部分是笔者添加。

③ ［德］康德：《纯粹理性批判》，邓晓芒译，杨祖陶校，第448页。

因，但这种品格本身并不从属于任何感性的条件，并且本身不是现象"，尽管理知品格的主体处于现象序列中，但理知品格本身却不是现象。所谓理知的，是指"那种在一个感官对象上本身不是现象的东西"，它从来不是针对单纯的本体世界的，而是相对于感官对象而言的，是同一个感官世界的不同视角。理知品格和经验性品格相对，自由的因果性和自然因果性相对，理知因果性和经验性的因果性相对，由于经验性品格是自然因果性或经验性的因果性，因此，理知品格是自由的因果性或理知因果性。

既然理知品格不是现象，不在时间之中，我们有什么理由设想这种反直觉的东西呢？阿利森煞费苦心地从理性自发性的角度来说明。他认为，自发性是一种视取（a taking as）活动，它是理性行为能力的重要成分，由于它是某种纯粹理知的东西，因此"只要我们认为我们自身是理性的行为者，我们就被迫在理性上就此一品格归之于我们自身"①。其实，这个问题远没有这么复杂，它的答案就在康德引出两种品格的上一句话，"既然这些现象不是自在之物，它们必须以某种先验对象为基础，这种先验对象把它们规定为单纯的表象，那么就没有什么阻止我们在这个先验对象由以显现的属性之外也赋予它某种原因性，这种原因性不是现象，虽然它的结果仍然还是在现象中被碰到的"②，由于现象不同于物自身，而且以先验对象为基础，因而我们有理由在现象之外赋予这个先验对象以理知的因果性，即理知品格。所以，先验观念论确保了设定理知品格的可能性。理知品格具有如下几个特征。

第一，按照理知品格，主体具有永恒行为能力。康德认为，理知品格作为时间之外的一种理性因果性，本身不是无时间的，而是永恒的，换言之，它能够**时时刻刻**作用于时间中的任意，使其订立准则并引发行动。这种时时刻刻的作用表现在两个方面，一是理性在一切时刻都对任意起到归零的作用。眼前的一切对于行动者来说，都可被认为是未发生的，他似乎完全自行引发了一个行动，并借此开始了一个后果序列，③ 而

---

① 参见 ［美］阿利森《康德的自由理论》，陈虎平译，第42—50页。

② ［德］康德：《纯粹理性批判》，邓晓芒译，杨祖陶校，第437页。

③ 参见 ［德］康德《纯粹理性批判》，邓晓芒译，杨祖陶校，第447页。

且，基于理知品格而来的道德情感，比如悔恨、痛苦，也不承认任何的时间差异，只问一个行动是否可以归于行动者，不管它是现在发生的还是早先发生的，① 因此，"理性是人在其中得以显现出来的一切任意行动的持存性条件"②，也就是说，无论行动者处于何种境遇，他都能从中抽离出来，仿佛云游彼岸世界，独自聆听理性的教导。二是理性对任意的约束总是同样的，并不因时因地因事而改变。当行动者仿佛来到彼岸世界，他所听到的永远是同一个理性的呼声，即要使你行动的准则能够成为一条普遍的法则。所以，"它，这个理性，对于人的一切行动来说在所有的时间关系中都是当下的和同样的，但它甚至不在时间之中"③，由于理知品格是理性作用于行动的方式，因而它是主体拥有的永恒属性。

第二，行动的道德属性需要归于理知品格。上文已述，单凭经验性品格，我们无法充分解释一个行动，而且行动的道德属性无法通过自然性解释来描述。道德属性需要归于另一套标准，即理知品格。以"恶意的撒谎"为例，即便我们承认这个行动受到经验性品格的规定，却仍然会认为这是不道德的，并追究行动者的道德责任，这是因为依据理知品格，该行动的先行条件始终处于归零状态，就好像这个行动者借此完全自行开始了一个后果序列似的。所以，"这个现相就其只包含着有关涉及道德律的意向（有关品格）的那些现象而言必须不是按照那应归之于作为现象的品格的自然必然性来评判，而是按照自由的绝对自发性来评判"④，亦即行动的道德属性不能归于经验性品格，而要归于理知品格。

（三）两种品格的关系

表面上看，经验性品格和理知品格之间存在着冲突：前者处于时间之中，后者处于时间之外；前者是机械论的框架，行动以诸条件先行的方式发生，它针对的是实际发生的世界，后者则是目的论的框架，行动

---

① 参见［德］康德《实践理性批判》，邓晓芒译，杨祖陶校，第 123 页。
② ［德］康德：《纯粹理性批判》，邓晓芒译，杨祖陶校，第 446 页。
③ ［德］康德：《纯粹理性批判》，邓晓芒译，杨祖陶校，第 448 页。
④ ［德］康德：《实践理性批判》，邓晓芒译，杨祖陶校，第 123 页。译文稍有改动。

在这种品格下以结果先行的方式运行，它针对的是应当发生的世界；前者无法描述出行动的道德属性，它必须归之于后者。但实际上两种品格不但不冲突，而且呈现出因果关系。理知品格是原因，经验性品格是它的结果。"这种经验性的品格又是在理知的品格中（以思维的方式）被规定的。"①

理知原因有种理知的品格，它通过这种品格能够在现象中产生结果，但它无法直接做到这一点，而需借助于一个中介，这个中介就是经验性品格。因此，理知原因的理知品格规定经验性品格，经由它产生自然结果。作为规定者的理知品格不再受其他理知品格和经验性品格的规定，它独自产生后续结果。

> 在理知的品格方面，那个经验性品格只是它的感性图型，……每个尽管与其他现象共处于时间关系中的行动都是纯粹理性的理知品格的直接结果，因而纯粹理性是自由行动的，并没有在自然原因的链条中从力学性上受到外部的或内部的、但按照时间是先行的那些根据的规定，而它的这种自由我们不能够仅仅消极地只看作是对经验性条件的独立性，……，而是也可以通过一种自行开始诸事件的一个序列的能力而积极地表明出来。②

这段话表明如下几点：第一，这里的"感性图型"是中介的意思，经验性品格是理知品格作用于自然结果的中介，因而充当了理知品格的感性图型。虽然如此，但二者之间不存在任何推理路线，因为它们的关联是不可知的。之所以不可知，是因为理知品格是通过应当的方式作用于经验性品格的，这种方式不同于实际发生的作用方式，只有后者才是可知的。可是，既然两种品格之间的关联不可知，那为什么用感性图型，这个概念不是暗示了某种可知性吗？康德用这个概念或许只是出于类比的考虑，就像知性范畴以感性图型为中介来规定感性直观材料一样，理知品格也以经验性品格为中介来规定现象中的

---

① ［德］康德：《纯粹理性批判》，邓晓芒译，杨祖陶校，第 444 页。
② ［德］康德：《纯粹理性批判》，邓晓芒译，杨祖陶校，第 446 页。

行动，康德把作为中介的经验性品格也称为感性图型。但此处的感性图型不同于彼处的感性图型，不同之处在于那里讨论的是科学知识问题，这里讨论的却是行动的解释和归责问题。所以，这里的感性图型只是出于类比的考虑。

第二，段中的"直接结果"不是说理知品格可以直接产生自然结果，如果是这样，就根本不需要感性图型了。这里的"直接"是指独立的意思，也就是说，每个现象中的行动都是纯粹理性的理知品格独自产生的，这个理知品格的前面再没有其他经验性品格了。

第三，正因为如此，理知原因（纯粹理性）产生的行动就既具有消极自由，又具有积极自由，消极自由体现在理知品格没有受到外部的或内部的、时间上在先的原因的规定，它完全独立于一切经验性条件，积极自由体现在理知品格毕竟自行开启了诸事件的自然因果序列。

三 倒 T 模型

两个方面表明自由和自然因果性是种并列关系，而两种品格表明二者是因果关系，这两种关系不一样。并列的两个东西之间是没有秩序的，但原因和结果之间有因果秩序。虽然因果秩序不同于时间秩序，但它里边是有先后次序的。因此，自由和自然因果性一方面呈现没有秩序的并列关系，另一方面又呈现出有秩序的因果关系，这两种关系如何调和？要回答这个问题，我们借助于倒 T 模型便可迎刃而解。

在先验辩证论"对与普遍的自然必然性相联结的自由这个宇宙论理念的阐明"中，康德集中论述了自由和自然因果性如何相容的问题。在一个重要段落，他点出了解决这一问题的视角。"如果我们在与理性的关系中对这同样一些行动加以考察，确切地说，不是联系到思辨理性，以便按照这些行动的起源来**解释**它们，而是完全单独地就理性是**产生**这些行动本身的原因而言；总之，如果我们把它们与理性在**实践**的方面进行比较，那么我们就会发现一种完全不同于自然秩序的规则和秩序。"[①] 这是著名的"解释"和"产生"的区别。里边有两个小细节，一是针对同

---

① ［德］康德：《纯粹理性批判》，邓晓芒译，杨祖陶校，第 444 页。黑体部分系原文所有。

一些行动，二是"不同于自然秩序的规则和秩序"是自由的秩序。整句话意思是：如果单纯从认识的视角看，只是联系到思辨理性，以期从起源上解释行动，那么我们只会发现自然秩序的规则，没有任何自由；但如果从实践的视角看，哪怕是同一些行动，就理性是产生这些行动的原因而言，我们会发现一种自由的秩序。由此康德定了一个基调，要谈自由和自然因果性的相容，必须从实践视角看，而不是单纯从认识视角看。这里的实践视角同物自身视角有某种对应关系，但它包括了物自身与现象两个方面，不仅仅是单纯的物自身。

在实践或物自身的视角下，自由和自然因果性的关系是这样的，"一个这样的理知原因就其原因性来说是不被现象所规定的，虽然它的结果能显现出来并因而能被别的现象所规定"①。理知因果性本身不被现象中的自然原因规定，但在现象中有结果，该结果被另一些自然原因规定。"虽然每个在现象中的结果固然需要按照经验性的原因性规律与其原因连结，然而这个经验性的原因性本身却有可能丝毫也不中断它与自然原因的关联，却仍然并非经验性的原因性的结果，而是理知的原因性的结果。"② 这透露出理知因果性和经验性因果性的关系：现象中的结果源于经验性的因果性，而这个经验性的因果性的来源可以有两个，一个是自然原因，另一个是理知因果性，它可以在被自然原因规定的同时，又成为理知因果性的结果。由于在经验性的因果性这里出现分岔，因而对于同一个现象中的结果，有两条路线，一条是自然原因→经验性的因果性→结果；另一条是理知原因→理知因果性→经验性的因果性→结果。前一条是解释的路线，通过回溯的方式对结果给予恰当的科学解释。由于它严格依循自然因果性，因而那个自然原因之前还有经验性的因果性，以及其他的自然原因，这个因果链条可以无穷地往前追溯，至少可以追溯到引起这一结果的行动者的出生前。后一条是产生的路线，通过它可以为行动者的行动进行道德归责。只有理知原因才能对行动做出充分的解释。由此我们可以画出如下倒 T 模型：

---

① ［德］康德：《纯粹理性批判》，邓晓芒译，杨祖陶校，第 436 页。
② ［德］康德：《纯粹理性批判》，邓晓芒译，杨祖陶校，第 440 页。

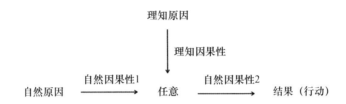

　　之所以将其称为倒 T 模型，是因为这个模型像倒立的 T 字。任意是跨两界的，既处于本体界，又处于现象界，因而可以本体界的理知原因和现象界的自然原因同时规定，并在现象中产生自然结果，即做出一个行动。具体而言，时间之外的理知原因通过理知因果性作用于任意，另一方面，时间之中的自然原因通过自然因果性 1 作用于任意，在二者的共同作用下，任意通过自然因果性 2 产生自然结果。值得注意的是，图中的理知原因再无其他原因，它是自然结果的第一因，但自然原因还可向图外延伸，由于它本身是时间中的事件，因而在时间上会有其他先行原因再规定它，原因序列一直可以往前回溯。

　　由此可知，理知因果性和自然因果性是不冲突的。首先，理知因果性和自然因果性 1 不冲突，因为它们是同一个结果的共同原因，就像一个事件有多方面原因一样，这些原因之间是不冲突的。例如，我现在突然从椅子上站起来，如果从自然原因方面看，我做出这个行动，是因为我前一刻产生了一个站起来的意愿，这种心理状态引发了神经元的活动，这些信息传导到我的身体，通过肌肉和骨骼的协同运动，我从椅子上站了起来，而如果从理知原因方面看，这是因为为了展现自由因果性，我应当举一个随手可得的例子，为了举一个随手可得的例子，我应当站起来，于是我站了起来。我站起来是通过命令的方式来实现的。很显然，对于我从椅子上站起来这个结果来说，意愿—神经元活动—肌肉和骨骼的协同运动的脉络和命令是并行不悖的。当然，理知因果性和自然因果性 1 虽然不冲突，但会陷入另一个困境，即过度决定困境。这一点暂时搁置，后文详述。

　　其次，理知因果性和自然因果性 2 也不冲突。这一来是因为理知因果性的假定完全不妨碍自然因果性 2。"假定甚至此外的事想必都只是虚构出来的，这丝毫也不会破坏这个进程，如果我们假定，在那些自然原因中也会有一些这样的原因，它们具有一种本身只是理知的能力，……但毕竟，这个原因的在现象中的行动是符合经验性的原因性的所有规律的。"① 因为只要任意通过自然因果性 2 产生出行动，它就会遵守自然规则，无论这个任意被自然原因规定，还是被理知原因规定，因为不管它被谁规定，共同部分都是：自然因果性 2→结果。"只要我们在有可能是诸现象底下的原因的东西中遵守自然规则，那么我们就可以不去操心在我们通过经验性的方式所不知道的先验主体中会对这些现象及其关联设想出怎样一种根据来。"②

理知因果性和自然因果性 2 不但不冲突，而且把后者当作自身作用于自然结果的感性符号。上文已述，理性因果性也被称为理知品格，自然因果性被称为经验性品格，"理知的品格只借助于经验性的品格来充当自己的感性符号"③。理知品格处于知性世界，要作用于感官世界之中的事物，需要同在感官世界之中的一个抓手，通过它来施加作用。这个抓手是经验性品格。在这个意义上，经验性品格充当了理知品格的"感性符号"。既然自然因果性 2 协助理知因果性来产生结果，那它们自然不会冲突。

因此，按照倒 T 模型，理知因果性（自由）和自然因果性是不冲突的。这种不冲突既包含了两个方面的相容，又包含了两种品格的相容。这就回到本部分开头的问题，如何利用倒 T 模型来调和自由和自然因果性的并列关系和因果关系？其实很简单。以倒 T 模型中的任意为界，左边是为任意立法的环节，可能是自然原因（感性偏好）为它立法，也可能是理知原因（理性法则）为它立法，右边是任意实施行动的环节，任意根据理性法则或感性偏好为其立的法，在现象中做出相应的行动。在立法环节，自然原因和理知原因是并列的，二者不冲突，而在实施环节，理知原因构成自然因果性的原因，它通过规定自然因果性来产生结果。因此，自由和自然因果性的并列关系和因果关系之间并不冲突，因为它们是针对不同环节来说的，并列关系体现在立法环节，因果关系体现在

---

① ［德］康德：《纯粹理性批判》，邓晓芒译，杨祖陶校，第 441 页。
② ［德］康德：《纯粹理性批判》，邓晓芒译，杨祖陶校，第 441 页。
③ ［德］康德：《纯粹理性批判》，邓晓芒译，杨祖陶校，第 441 页。

实施环节，环节不同，自然不冲突。

由于自由因果性本身只是一种假定，因而上述论证只得到自由的可能性，并没有将其确定下来。于是，相容论得到下述表达式：如果有自由的因果性，它与自然因果性不相冲突，或者行动虽然是被决定的，但它可能是自由的。① 其中，自由是否真的存在，是待定的。

第三节 自由的现实性论证

正是由于自由是可能的，处于待定之中，因而上述相容论不够稳固，因为自由还有不存在的可能，如果它真的不存在，那么拯救自由的任务就失败了。因此，要落实相容论，必须确立自由的实在性。顺着康德的思路，本节的第一部分论述自由现实性论证的前提——理性的事实，第二部分以理性的事实为起点，证明自由的现实性。

一 理性的事实

理性的事实是自由实在性的论证的前提，确切地说，它是这个论证的起点。对于理性事实所指何物，学界意见纷纭。阿利森和罗尔斯认为理性的事实是道德律的意识；② 杨云飞认为它是道德律；③ 易晓波则认为理性事实既是道德律，也是道德律的意识，因为道德律就是道德律的意识。④ 弄清楚这个问题，对于自由的实在性论证来说是相当重要的，因为不同的起点决定了不同的论证方向。在正式讨论理性事实所指何物之前，

---

① 上述两个表达式是等同的。（1）一个行动既是被决定的，又可能是自由的，等同于（2）一个行动既被自然因果性规定，又可能受到自由因果性规定，换言之，（3）在自然因果性之外，还可能有自由的因果性。（1）＝（2）＝（3）。自由的因果性的可能性可以做如下证明：假定有自由的因果性，如果结论是它不与自然因果性相冲突，那就表明自由因果性是可能的；如果它是不可能的，假定它存在，必定会与自然因果性相冲突。第一个表达式正好做到这一点，因此在自然因果性之外，还可能有自由的因果性。

② ［美］阿利森：《康德的自由理论》，陈虎平译，第351—354页；［美］约翰·罗尔斯：《道德哲学史讲义》，张国清译，上海三联书店2003年版，第349—353页。

③ 杨云飞：《定言命令研究》，博士学位论文，武汉大学，2006年，第84—86页。

④ 易晓波：《康德实践理性的事实概念及其对自由的证明》，《现代哲学》2008年第6期，第74—77页。

我们需要考察一个基本问题，即理性的事实究竟是什么意思。

（一）理性的事实的含义

理性事实的含义体现在下述两个段落中：（1）"我们可以把这个基本法则的意识称之为**理性的一个事实**，这并不是由于我们能从先行的理性资料中，例如从自由意识中（因为这个意识不是预先给予我们的）推想出这一法则来，而是由于它本身独立地作为先天综合命题而强加于我们，这个命题不是建立在任何直观、不论是纯粹直观还是经验性直观之上……。然而我们为了把这一法则准确无误地看作被给予的，就必须十分注意一点：它不是任何**经验性的事实**，而是**纯粹理性的惟一事实**，纯粹理性借此而宣布自己是原始地立法的（我行我素）"①；（2）"我们首先必须把这条原理按照其起源的纯粹性甚至在这个日常理性的判断中加以验证和辩护，然后科学才能够把这条原理把握在手，以便对它加以运用，仿佛它是一个先行于一切关于其可能性的推想和一切有可能从中引出的结论的**事实**似的"②，在前一个段落中，还出现了理性的事实和经验性的事实的对比。

事实有一种不可追问的含义。对于事实来说，我们不可以再追问为什么这样，它就是这样，没有为什么。只要我们承认存在事实，某些问题就被粗鲁地打住，无法进行下去了。因此，事实通常指那些自明性的，无须推论即可得知的东西。康德所说的事实就是这个含义，他说，"这并不是由于我们能从先行的理性资料中……推想出这一法则来"，也就是说，作为事实的某物不能通过理性的推论得出来，它本身就是自明的，因而事实"先行于一切关于其可能性的推想和一切有可能从中引出的结论"。

理性的事实强调的是，这个自明的东西不是来自后天的经验，而是来自理性本身。它"不是建立在任何直观、不论是纯粹直观还是经验性直观之上"的，而是具有"起源的纯粹性"，这个起源排除了一切感性条

①　［德］康德：《实践理性批判》，邓晓芒译，杨祖陶校，第38—39页。黑体部分是笔者添加的。

②　［德］康德：《实践理性批判》，邓晓芒译，杨祖陶校，第114页。黑体部分是笔者添加的。

件的掺和，它就是纯粹理性。这一点不同于经验性的事实，后者也是自明的，但它来源于直观，因而关于某些数学的命题、自然科学的命题，还有许多生活事件，都是一些经验性的事实。

（二）理性的事实的所指

理性事实的论述见于康德《实践理性批判》的八个段落中。其中，第一个段落①和第四个段落②无法判别理性事实的具体所指，因为前者只是梗概性的提示，后者虽说道德律提供了一个事实，但这个事实既可以是道德律自身，也可以是道德律的意识或者对自由的意识。

第二个段落出现了理性事实的两个选项，一个是道德律的意识，一个是道德律，康德说，"我们可以把这个基本法则的意识称之为理性的一个事实"，又说，"我们为了把这一法则准确无误地看作被给予的，就必须十分注意一点：它不是任何经验性的事实，而是纯粹理性的惟一事实"。③ 奇怪的是，纯粹理性的事实是唯一的，这就暗示道德律和道德律的意识之间存在某种可以统一的关系。

第三个段落也提供了两个选项，一个是"德性原理中的自律"，另一个是"对意志自由的意识"，"这个分析论阐明，纯粹理性是实践的，亦即能够独立地、不依赖于一切经验性的东西而规定意志——虽然这个阐明是通过一个事实，在其中纯粹理性在我们身上证明它实际上是实践的，也就是通过理性借以规定着意志去行动的那个德性原理中的自律。——这个分析论同时指出，这一事实是和对意志自由的意识不可分割地联系着的，甚至与它是毫无二致的"④。

其他段落中的理性事实都是指道德律。第五个段落："甚至道德律也仿佛是作为我们先天意识到并且是必然确定的一个纯粹理性的事实而被给予的。"⑤ 第六个段落："一个纯粹实践理性的客观实在性，在先天的道德律中仿佛是通过一个事实而被给予的。"⑥ 第七个段落："我们首先必须

---

① 参见［德］康德《实践理性批判》，邓晓芒译，杨祖陶校，第5页。
② 参见［德］康德《实践理性批判》，邓晓芒译，杨祖陶校，第53页。
③ ［德］康德：《实践理性批判》，邓晓芒译，杨祖陶校，第38页。
④ ［德］康德：《实践理性批判》，邓晓芒译，杨祖陶校，第51—52页。
⑤ ［德］康德：《实践理性批判》，邓晓芒译，杨祖陶校，第58页。
⑥ ［德］康德：《实践理性批判》，邓晓芒译，杨祖陶校，第68页。

把这条原理按照其起源的纯粹性甚至在这个日常理性的判断中加以验证和辩护，然后科学才能够把这条原理把握在手，以便对它加以运用，仿佛它是一个先行于一切关于其可能性的推想和一切有可能从中引出的结论的事实似的"①，"这条原理"是指道德律。第八个段落："我们要能在一个现实的场合下仿佛通过一个事实来证明，某些行动不论它们现在是现实的还是仅仅被要求的、即客观实践上必要的，都是以这样一种原因性（智性的、在感性上无条件的原因性）为前提的。……但这条原理不需要做任何寻求和发明；它早就存在于一切人的理性中且被吸纳进他们的本质，它就是德性的原理。"② "德性的原理"也指道德律。值得注意的是，这四个段落都用了"仿佛"这种貌似不确定的语气。

由上述分析可知，理性事实的选项有四个，它们分别是道德律的意识、道德律、自律和对自由的意识。然而，对自由的意识不是理性的事实，因为这种意识并不具有自明性，根据先验观念论，我们不具有对自由进行智性直观的能力。并且，自律可以归并到道德律中，③ 因而它不是一个独立的选项。这样一来，理性的事实只能在道德律的意识和道德律之中。由于纯粹理性的事实是唯一的，因而道德律的意识和道德律都是理性的事实，两者在某种意义上可以统一起来。

不过，还有几个问题需要澄清：（1）道德律和道德律的意识究竟是什么关系？（2）既然对意志自由的意识不是理性的事实，康德为什么说它与事实毫无二致？（3）既然道德律作为理性的事实具有自明性，康德为什么要用"仿佛"这种不确定的语气？

首先，对于道德律和道德律的意识的关系，阿利森和杨云飞认为两者有差异，道德律的意识是身处道德律之下的意识，④ 或者道德律的意识是道德律的作用方式，道德律用它来约束行动者。⑤ 在他们看来，前者相

① ［德］康德：《实践理性批判》，邓晓芒译，杨祖陶校，第 114 页。
② ［德］康德：《实践理性批判》，邓晓芒译，杨祖陶校，第 130 页。
③ 杨云飞将康德哲学语境中的自律划分为三种含义：一是定言命令的自律公式，二是最高的道德律，三是积极的自由。根据他的分析，此处的"自律"不可能是自律公式，因为在《奠基》之后，这个用法就没再使用过了，它也不可能是积极的自由，因为自由不是事实，因此，这里的自律只能是道德律。——参见杨云飞《定言命令研究》，第 85 页。
④ ［美］阿利森：《康德的自由理论》，陈虎平译，第 353 页。
⑤ 参见杨云飞《定言命令研究》，第 90 页。

当于一条客观的规律,后者则是行动者对这条规律的主观意识。易晓波则主张二者就是一回事,因为道德律本身就是一种表象、意识,因而它就是道德律的意识,"'道德律'这一纯粹理性的表象具有自相关性,即实际上就是对道德律的意识;说道德律是纯粹理性的一种意识、表象,就相当于说,在纯粹理性中意识到了道德律"①,其实,他所说的道德律的意识是作为意识的道德律。在我看来,上述两种观点可以调和,道德律和道德律的意识有差异,但两者可以统一起来。

道德律作为内心的一条规律,被理性强加到行动者身上,使他意识到道德律的约束作用。这种强加具有客观实在性,不管行动者是否知道道德律的内容,也不管行动者是否接受道德律的约束,他总是意识到有这么一种约束作用。道德律的意识的作用就体现在这。即便是个恶棍,他违背道德律作恶,也会感到不安。诚如阿利森和杨云飞所言,道德律和道德律的意识确实存在主客观的差异。不过,它们之间还存在类似于我饿了和我有饥饿感的差异。我饿了,这个命题是自明的,它无须征求别人的意见,也无须借助于逻辑推论便可断定下来。但当别人追问为什么知道自己饿了时,我会提供一个辩护理由,因为我有了关于饥饿的切身感受。正是饥饿感使得"我饿了"这个命题成为自明的。同理,道德律作为理性的事实,也是自明的,但当我们问道德律为什么是自明的时候,道德律的意识提供了辩护,因为一切理性行动者不论是否接受道德律的约束,都会意识到这种约束。道德律的意识其实就是内心的良知,后者无须思辨理性的介入便能进行道德判断,②而良知作为一种先天的道德感官,与眼、耳、口、鼻、身等感官具有同等的辩护强度。但二者是统一的。对于行动者而言,道德律和道德律的意识总是联系在一起,只要行动者被道德律约束,他必然会意识到这一点,无论是否接受这种约束,反之,只要行动者意识到道德律的约束作用,他必定被道德律强加在自己身上。从这个意义上讲,道德律和道德律的意识可以被看成是一

---

① 易晓波:《康德实践理性的事实概念及其对自由的证明》,《现代哲学》2008 年第 6 期,第 75 页。

② 参见［德］康德《实践理性批判》,邓晓芒译、杨祖陶校,第 122 页。"与此完全相一致的也有在我们里面我们称之为良心的那个奇特能力的公正判决。"

回事。

其次，说对意志自由的意识和理性事实毫无二致，并不是说前者就是后者，而是说两者不可避免地结合在一起。道德律作为理知原因与行动之间的联结，以应当的形式表现出来，它通过道德律的意识，使得行动者意识到应当做某些行动，由于应当蕴含着能够，而能够意味着对自由的意识，因而道德律就与对自由的意识结合起来了。能够之所以意味着对自由的意识，是因为能够使行动者获得了自主性，让他意识到自己拥有开启一个后果序列的能力，这就是对自由的意识。①

最后，康德之所以在某些段落说道德律仿佛是个理性的事实，是因为道德律对于思辨理性来说是不可解释的，"我们虽然不理解道德命令式的实践的无条件必然性，但我们毕竟理解其**不可理解性**"②。由于道德律本身不可理解，而我们又要理解它，因而不得不采用一种象征和类比的方式，"仿佛"正是表达了象征和类比的含义。这样一来，道德律在理性的事实和仿佛之间就不存在任何矛盾，它由于得到了道德律的意识的辩护而是自明的，但它毕竟不可认识，因而需要用象征和类比的方式来说它。

二　基于理性事实的论证

在《实践理性批判》序言中，康德明确交代了道德律和自由的关系：自由是道德律的存在理由（ratio essendi），道德律是自由的认识理由（ratio cognoscendi）。"理由"都是必要条件的意思。在存在论上，自由是道德律的必要条件，即没有自由就没有道德律，"假如没有自由，则道德律也就根本不会在我们心中被找到了"③，而在认识论上，道德律是自由的必要条件，如果不认识道德律，就不会认识自由。自由的现实性论证是在存在论上做出的，因而康德用到的是存在理由这一点。自由是道德律的必要条件，它在逻辑上也可以表述为：如果有道德律，那么有自由。这就是自由现实性论证的基本原则。这条原则在三处重要文本中均有

---

① 参见杨云飞《定言命令研究》，第 89 页。

② ［德］康德：《道德形而上学的奠基》（注释本），李秋零译，第 89 页。

③ ［德］康德：《实践理性批判》，邓晓芒译，杨祖陶校，第 2 页。

体现。

在第二批判第一章的第五至第八节中，康德说："假如我们被要求应当做某事，我们就能够做某事。"① 亦即"应当"意味着"能够"。这里的"应当"是应当绝对地以某种方式行事，也就是基于自律的，如果它是基于他律的，就未必能够做某事了。这样一来，应当就成了道德命令的形式。而能够则意味着自由，因为"在这方面凡是他想要做的，他也就能够做到"②，想到什么就能做到什么，这体现出行动者的自发性，它正是自由的基本含义。因此，"应当"意味着"能够"可以改写为：道德律意味着自由，亦即，如果有道德律，那么有自由。

第二处文本来自"纯粹实践理性原理的演绎"，"道德律实际上就是出于自由的原因性的一条法则，因而是一个超感性自然的可能性的法则，……道德律规定的是思辨哲学曾不得不任其不加规定的东西，也就是其概念在思辨哲学中只具有消极性的那种原因性的法则，这就第一次**使这条法则**获得了客观实在性"③，其中的"这条法则"指的是自由法则。道德律是以自由的因果性为前提的法则，自由的因果性本身也是一条法则，道德律使得自由法则第一次获得了客观实在性。

第三处文本出现在"对纯粹实践理性的分析论的批判性说明"，"我们要能在一个现实的场合下仿佛通过一个事实来证明，某些行动不论它们现在是现实的还是仅仅被要求的、即客观实践上必要的，都是以这样一种原因性（智性的、在感性上无条件的原因性）为前提的"④，意即，理性的事实可以证明，某些应当的行动以自由的因果性为前提，"前提"可以被理解为必要条件，自由是道德律的必要条件。

上述三处文本是自由实在性论证的主要文本，第一章的第五至第八节已经开始进行自由实在性的论证了；"纯粹实践理性原理的演绎"中的纯粹实践理性原理就是道德律，虽说从标题来看，要演绎的是道德律，但其中的内容却是，道德律作为理性的事实不需要演绎，要演绎的只是

① ［德］康德：《实践理性批判》，邓晓芒译，杨祖陶校，第 37 页。
② ［德］康德：《实践理性批判》，邓晓芒译，杨祖陶校，第 47 页。
③ ［德］康德：《实践理性批判》，邓晓芒译，杨祖陶校，第 59 页。其中的黑体部分是笔者添加。
④ ［德］康德：《实践理性批判》，邓晓芒译，杨祖陶校，第 130 页。

自由，"取代对道德原则的这种被劳而无功地寻求的演绎的，是某种另外的但完全背理的东西，……，这就是自由的能力"①；"对纯粹实践理性的分析论的批判性说明"是对自由的可能性论证和实在性论证的总结。

由于这些主要文本的佐证，因而自由的现实性论证很容易完成。即：

1. 如果有道德律，那么有自由；

2. 有道德律；

3. 因此，有自由。

这是个标准的先验论证。先验论证的特点是通过另一物来反推此物的特征。它的基本形式是：A 是 B 的必要条件，B 是如此这般的，所以 A 也必须如此这般。康德做的一个典型的先验论证是阐明空间是先天直观。他不是从空间本身来阐明的，而是借助于几何学来阐明。由于几何学命题是综合的，因而作为基础的空间是直观，而非概念，又由于几何学命题具有必然性，因而空间直观是先天的，而非后天的。简言之，因为空间是几何学的必要条件，几何学如此这般，所以空间必须是先天直观。这里的论证也一样。由于自由是道德律的必要条件，道德律是现实的，所以作为必要条件的自由也要是现实的。第一个前提就是存在理由的基本原则揭示的，它由上述文本确保。第二个前提由理性的事实确保。由于道德律是理性的事实，它自然是现实的。因此，自由也是现实的，或者说自由具有客观实在性，尽管是实践的客观实在性。

通过论证而获得客观实在性的自由不仅是实践意义的，而且是先验意义的，也就是说，这里的自由就是思辨领域中悬设的自由理念，它与那个对知性规则进行调节的自由是同一个自由。这一观点至少有三处文本依据，第一，最直接的，"没有这种惟一是先天实践性的（在最后这种真正意义上的）自由，任何道德律、任何根据道德律的责任追究都是不可能的"②，这里的自由就是先验自由，它明确指出，道德律的必要条件是先验自由。第二，"自由在思辨理性的一切理念中，也是惟一的这种理念，我们先天地知道其可能性，但却看不透它，因为它是我们所知道的

---

① ［德］康德：《实践理性批判》，邓晓芒译，杨祖陶校，第 58 页。

② ［德］康德：《实践理性批判》，邓晓芒译，杨祖陶校，第 121 页。

道德律的条件"①，引文中的自由显然是先验意义的自由，由于它是道德律的必要条件，因而通过道德律所演绎出来的自由就是它。第三，"这个空的位置现在由纯粹实践理性通过在理知世界中的一个确定的原因性法则（通过自由）而填补了，这就是道德律。这样一来，虽然对于思辨理性在它的洞见方面并没有丝毫增添，但却给它那悬拟的自由概念增加了保障，这个概念在这里获得了客观的、虽然只是实践的但却是无可怀疑的实在性。"② 这段话表明两点，一是通过道德律演绎的自由是"悬拟的自由概念"，也就是思辨领域的先验意义的自由；二是演绎所赋予的不是诸如知性范畴的那种经验性的实在性，而是实践的客观实在性。实际上，实践领域演绎的自由和思辨领域悬设的自由是同一个理念，实践意义和先验意义的区分只在于视角的差异。

不过，罗尔斯反驳说，"道德法则作为一个理性观念仅仅是一个观念，像不朽的观念和上帝的观念一样，它本身缺乏客观实在性，所以不能应用于任何对象。所以道德法则自身不可能是理性的事实"③，他在质疑道德律作为理性事实的合法性。对此，康德明确指出，"道德律的客观实在性就不能有任何演绎、任何理论的、思辨的和得到经验性支持的理性努力来证明，……，但这种实在性仍是独自确凿无疑的"④。道德律作为理性的事实无须证明，也无法证明，不过康德在某处给出了一种解释。他说："对那个道德律的意识是如何可能的呢？我们能够意识到纯粹的实践法则，正如同我们意识到纯粹的理论原理一样，是由于我们注意到理性用来给我们颁布它们的那种必然性，有注意到理性向我们指出的对一切经验性条件的剥离。"⑤ 理性的事实可以是道德律或者道德律的意识。那么，道德律的意识何以能够成为理性的事实呢？因为道德律是理性的固有原理，我们作为理性存在者当然可以先天地意识到道德律，就像纯粹的理论原理是知性的固有原理，因而我们可以先天地意识到它们一样。纯粹的理论原理包括直观的公理、知觉的预测、经验的类比和一般经验

---

① ［德］康德：《实践理性批判》，邓晓芒译，杨祖陶校，第2页。
② ［德］康德：《实践理性批判》，邓晓芒译，杨祖陶校，第60页。
③ ［美］约翰·罗尔斯：《道德哲学史讲义》，张国清译，第351页。
④ ［德］康德：《实践理性批判》，邓晓芒译，杨祖陶校，第58页。
⑤ ［德］康德：《实践理性批判》，邓晓芒译，杨祖陶校，第36页。

性思维的公设，它们都是一些先天综合命题，我们可以先天地注意到它们的必然性和对一切经验性条件的剥离。同理，道德律作为纯粹的实践法则也是先天综合命题，我们也可以先天地注意它的必然性和对一切经验性条件的剥离。因此，在我们能够先天意识到道德律的意义上，道德律的意识成为理性的事实。

自由和自然因果性的相容性问题又可以被看作自由的拯救问题，因为自由和自然因果性看起来是冲突的，后者又被康德在第二类比确认过正确性，因而与之冲突的自由是否存在，成为重要问题。康德的目标是将自由从自然因果性的统治下拯救出来。他的总体思路是从思辨领域的"能够"转变成实践领域的"现实"，即先论证自由的可能性，再论证自由的现实性，分两步完成任务。之所以分两步走，而不是一步就解决问题，实属无奈之举。康德认为如果能一步到位那再好不过，但思辨理性却没有能力这么做，只能分两步走。虽然如此，第一步毕竟在自然因果性的统治下为自由开出了概念空间，这也是有意义的。

自由的可能性论证的具体目标是证明自由和自然因果性不冲突。对此康德给出了倒 T 模型。根据这个模型，自然原因通过自然因果性、理知原因通过理知因果性分别作用于任意，在二者的共同作用下，任意借助于另一种自然因果性，在现象中产生结果。模型如下图所示：

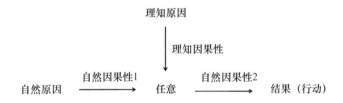

我们将处于任意左边，规定任意的自然因果性称为自然因果性 1，而将处于任意右边，任意借用的自然因果性称为自然因果性 2。由图可知，理知因果性（即自由）无论与自然因果性 1 还是与自然因果性 2，都丝毫不冲突。首先，理知因果性与自然因果性 1 并行不悖。自然因果性 1 在现象领域规定任意，理知因果性在物自身领域规定任意，二者井水不犯河水。正是由于理知因果性处于物自身领域，因而对于自然因果性 1 来说，它是不可知的黑箱，这样一来，理知因果性虽然不能被证实，但毕竟也没有被证伪，因而保留了它的可能性。而且，如果从纯粹实践理性出发，则通过两个世界、两种立场的铺垫，自由的可能性也能得到演绎。

其次，理知因果性与自然因果性 2 也不冲突。这是因为理知因果性不会妨碍自然因果性 2。对于自然因果性 2 来说，即使来自自然因果性 1，它也可以同时来自理知因果性，换言之，理知因果性总是可以延续到自然因果性 2，因而二者不会冲突。更何况，理知因果性和自然因果性 2 还具有因果关系，前者规定后者，后者再产生自然结果。也就是说，理知因果性要在现象中产生结果，必须借助于自然因果性 2，以之为中介来实施因果作用。这表明理知因果性与自然因果性 2 不但不矛盾，而且后者还充当了前者的"助手"。

既然理知因果性同自然因果性 1 和自然因果性 2 都不冲突，那就意味着它在自然因果性的管辖范围内建立了一块属于自己的领地。但这块领地目前还虚位以待，需要其他东西将其充实起来。换言之，这只是证明了自由的可能性，但只是可能的话，它还可能不存在。因此，康德还需要确认自由的现实性。

自由的现实性论证有两个前提。一是理性的事实。理性的事实是理性得出的先天的、不言自明的东西，它既可以指道德律，也可以指对道德律的意识。这两者是一回事。第二个前提是存在理由的基本原则，即自由是道德律的存在理由。存在理由的另一种表述是必要条件。自由是道德律的必要条件，它在逻辑上等价于如果有道德律，则有自由。有了这两个前提，自由的现实性便可推出：（1）如果有道德律，则有自由；（2）有道德律；（3）所以，有自由。至此，康德完成了他的相容论论证，将自由真正拯救出来。

第三部分

回应质疑

第 六 章

过度决定问题

　　康德的相容论面临过度决定问题，这一点学界早有人关注，尤其是韩林合做过线上讲座并发表论文《论康德哲学中的过度决定问题》之后，国内更多研究者注意到它。这个问题主要来源于金在权对下向因果关系的排除性论证，人们发现它的逻辑结构跟康德相容论的结构非常相似，于是将其引入康德哲学。但实际上过度决定并不必然得出排除一个原因的结论。因此，过度决定问题虽然是对康德相容论的重要质疑，但解决起来并不困难。本章首先论述康德哲学中的过度决定问题的缘起与实质，其次评论韩林合的解决方案，最后提出我自己的解决方案，并回应对这一方案的质疑。

第一节　过度决定问题的缘起与实质

　　过度决定主要是指因果过度决定（causal overdetermination），即同一个结果被两个或两个以上的原因共同规定。本来任何一个原因都足以导致这个结果，它却被多个原因共同规定，因而这个结果被"过度"决定了。按照这个标准，康德哲学中的行动是被过度决定的，因为在他看来，人的行动既是自然原因的结果，又是理知原因的结果，而自然原因和理知原因分处现象和物自身两界，这就意味着同一个结果被两类不同的原因决定了，因而被过度决定。但过度决定其实没什么，它本身并不对康德的相容论构成挑战，只有当它和其他原则合到一起才构成挑战。挑战表现为：两类原因中必须消除一类原因，不能两类原因都规定结果，这会对康德的相容论带来灾难性的后果。

过度决定的原因中必须消除其中一个，这个看法很可能源于金在权对下向因果关系的论述。下向因果关系是心灵哲学的提法。在心灵哲学中，心理属性是上位概念，物理属性是下位概念。如果某物的心理属性是物理属性的原因，则这种因果关系被称为下向因果关系，因为它的方向是向下的。如果物理属性是心理属性的原因，则是上向因果关系；如果物理属性是物理属性的原因，则是下层的同向因果关系；如果心理属性是心理属性的原因，则是上层的同向因果关系。跟本书直接相关的是下向因果关系。金在权试图将其还原为下层的同向因果关系。

金在权的论证有几个基本概念。一是心身随附性。它的意思是："心理属性随附于物理属性，即假如某物在 t 时刻例示任一心理属性 M，存在一个物理基本属性使得某物在 t 时刻有 P 和必然在 t 时刻具有 P 的某物都在此时有 M。"[1] 例如有个心理属性是疼痛，另外有个物理属性是 C 纤维的激发。如果某物在 t 时刻感到疼痛，而在同一时刻它的 C 纤维处于激发态，并且在 t 时刻 C 纤维处于激发态的该物必然在此时感到疼痛，那么我们就可以说疼痛随附于 C 纤维的激发。二是物理因果闭合原则，即"假如你挑选一个物理事件并探求它的因果前件或后件，它们将从来不能跳出物理域。也就是说，没有因果链条会跨越物理的和非物理之间的界限"[2]。这意味着如果一个结果是物理事件，那么它的原因只能是物理事件，不能是心理事件，反过来，如果一个原因是物理事件，那它的结果也只能是物理事件，否则就使得物理因果的闭合链被打开了。

简单地讲，金在权对消除下向因果关系提出了两个论证。第一个可以叫作随附性论证：（1）心理属性 M 是物理属性 P^* 的原因，（2）物理属性 P 是物理属性 P^* 的原因，（3）心理属性 M 随附于 P，（4）所以，心理属性 M 只是 P^* 的表面原因，P^* 的真正原因是 P。前提（1）和前提（2）意味着物理属性 P^* 被心理属性 M 和物理属性 P 过度决定，又由于 M 随附于 P，因此，心理原因 M 被消除掉，只剩下 P 充当 P^* 的原因。第二个可以称为物理因果闭合论证：（1）心理属性 M 是物理属性 P^* 的原因，（2）物理属性 P 是物理属性 P^* 的原因，（3）物理结果只能出自物理原

---

① ［美］金在权：《物理世界中的心灵》，刘明海译，商务印书馆 2015 年版，第 50 页。
② ［美］金在权：《物理世界中的心灵》，刘明海译，商务印书馆 2015 年版，第 51 页。

因，（4）所以，心理属性 M 只是 P* 的表面原因，P* 的真正原因是 P。①
这个论证的前两个前提跟第一个论证的一样，都造成过度决定的局面。
第三个前提出于物理因果闭合原则，因而得出结论："M 对 P* 的因果关
系只是表面的，这源于由 P 对 P* 的一个真正因果过程。"② 由于后文主要
讨论随附性论证，我们将其作如下图示：

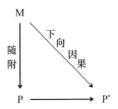

　　例如小明不小心碰到烧红的铁钳，赶紧缩手，我们以这个场景为例，
假定 M 是手疼，P 是手部的 C 纤维处于激发态，P* 是缩手。我们通常会
认为小明缩手的原因是他的手被烫疼了，换言之，手疼导致了缩手的动
作。但金在权认为不是，他主张缩手的真正原因是手部的 C 纤维处于激
发态。因为缩手这一结果被手疼和手部的 C 纤维处于激发态共同引起，
而前者随附于后者，所以缩手的真正原因是手部的 C 纤维激发。手疼不
过是一种副现象，它在因果关系中不起实质作用。这样一来，下向因果
关系被还原为下层的同向因果关系。
　　金在权的论证很有说服力。康德的相容论似乎具有类似的结构。对
于同一个结果而言，它被自然原因和理知原因共同引起，其中理知原因
随附于自然原因，这样一来，理知原因就被消除了，真正的原因是现象
中的自然原因。它意味着康德拯救自由的工作全都白费了。一旦自由得
不到拯救，那建立于其上的道德哲学和宗教哲学就都灰飞烟灭。这是过
度决定问题的实质。光是过度决定并不会威胁到康德的相容论，但它加
上随附性或现象因果闭合原则，会对康德的相容论造成非常严重的后果。

---

　　① 参见［美］金在权《物理世界中的心灵》，刘明海译，商务印书馆 2015 年版，第 50—
59 页。
　　② ［美］金在权：《物理世界中的心灵》，刘明海译，商务印书馆 2015 年版，第 58 页。

第二节 韩林合的解决方案及其缺陷

自然结果被过度决定，如何避免理知原因被消除，对此佩里布姆（Pereboom）、汉娜（Hanna）、阿利森等人都提出过解决方案。例如，佩里布姆诉诸基督教中的神意或神的能动性来辩护，汉娜拒绝对物自身和现象做形而上学的区分，阿利森甚至认为作为物自身的理知原因不是真正意义上的原因，因而不构成过度决定。① 不过这些方案都被韩林合一一否决。② 对于这些内容，本节不再赘述，而是接着韩林合的解决方案进行探讨。

对于心灵哲学中的排除性论证，韩林合撇开物理因果闭合原则，单就随附性来谈。"由于非还原的物理主义者均承认非物理性质依赖于物理性质（无论他们如何理解实现、伴生和奠基关系），非物理性质的因果效力似乎应当完全得自于相应的物理性质的因果效力。这样，由于因果效力是个体化一个事项的关键要素，进而也是保证一个事项的存在论地位的核心要素，因此，非物理性质的存在论地位便受到了威胁。"③ 其中，非物理性质主要是心理性质，依赖性的核心是随附性。的确，通过随附性可以在过度决定中消除一类原因。因为一个结果同时被物理原因和心理原因规定，由于心理原因随附于物理原因（或者由于物理原因能够实现心理原因），因而心理性质的因果效力完全来自物理性质的因果效力，这样一来，这个结果的真正原因就是物理性质，而非心理性质。

按照对应关系，心灵哲学中的物理原因和心理原因分别对应于康德哲学中的自然原因和理知原因，尽管前两种原因在康德看来都是自然原因，但如果真要对应的话，对应关系就是如此。物理主义者认为心理原因随附于物理原因，那么对应过来，应当是理知原因随附于自然原因。

---

① Cf. D. Pereboom, "Kant on Transcendental Freedom", *Philosophy and Phenomenological Research*, 2006, Vol. 73, No. 3, p. 557; R. Hanna, *Kant, Science, and Human Nature*, Oxford: Oxford University Press, 2006, pp. 424 – 425; H. Allison, *Kant's Theory of Freedom*, Cambridge: Cambridge University Press, 1990, pp. 38 – 41.

② 参见韩林合《论康德哲学中的过度决定问题》，《学术月刊》2020 年第 8 期，第 45 页。

③ 韩林合：《论康德哲学中的过度决定问题》，《学术月刊》2020 年第 8 期，第 43 页。

但令人诧异的是，韩林合将心灵哲学中的排除性论证纳入康德哲学时，他认为应当排除的是自然原因，而非理知原因，因为康德主张自然原因依赖于理知原因，而不是相反。"按照当代哲学的相关讨论，在此真正冗余的进而应该放弃的只能是相应的自然原因，因为在此它们是被理性原因决定的。"①

虽然韩林合主张的需要排除的原因跟人们预想的不同，但结论是相同的，那就是康德绝不能接受这种排除方式，"因为放弃了自然事件的原因身份就等于放弃了其有关显象的观点，进而就等于放弃了其基于显象与物自身的区分而建立起来的整个哲学大厦"②。在我看来，在过度决定的原因中，无论排除哪一个，都会对康德的相容论造成重大损失。如果排除理知原因，那就把拯救自由的工作取消了，进而瓦解了康德的道德哲学和宗教哲学，如果排除自然原因，则把建立在因果关系之上的整个科学大厦给摧毁了。康德的相容论必须保留两类原因，一个都不能少。

韩林合从随附性角度解决过度决定问题，他认为理知原因和自然原因之间是因果关系，因而根本不会陷入过度决定的困境。"康德之所以能够避开过度决定的困境，是因为先验主体或相关的超感性事项（或超自然事项），与相关的自然条件即相关的超感性事项在主体之内的内感显象（意志决定或意志行为）之间的关系，并非是当代哲学中所讨论的实现关系、伴生或奠基关系，而是一种因果关系。因此，先验主体或相关的超感性事项、相关的自然条件与相关的行动构成了一个因果链条，或者说，理知因致并不是一个直接的因致，而是一种间接的因致：先验主体即作为物自身的人或其理性，决定作为显象的人之内的相应的自然原因，即意愿按照自然法则、同时也与理性法则协调一致地实施其因致性，以因致一个相应的自然事件即合乎理性法则的行动。"③ 其中的"因致"是"原因"的意思，表述不同而已。在韩林合看来，过度决定要求同一个结果同时被两类原因决定，其中一类原因随附于另一类原因，这种随附性表现为实现、伴生或奠基关系，但理知原因和自然原因之间不具有随附

---

① 韩林合：《论康德哲学中的过度决定问题》，《学术月刊》2020 年第 8 期，第 44 页。

② 韩林合：《论康德哲学中的过度决定问题》，《学术月刊》2020 年第 8 期，第 44 页。

③ 韩林合：《论康德哲学中的过度决定问题》，《学术月刊》2020 年第 8 期，第 44—45 页。

关系，而是一种因果关系，因此两类原因不构成对结果的过度决定，因而不会陷入过度决定的困境。他甚至给出了两种原因产生结果的模型：理知原因→自然原因→行动。

按照韩林合的思路，确实可以解决过度决定问题，因为他把这个问题取消了。也就是说，当我们问康德要如何摆脱过度决定的困境时，他的回答是康德没有陷入这个困境。理知原因和自然原因之间存在因果关系，这一点有很多文本支持，我们在上一章第一节讨论转化论时有引述。这是韩林合解决方案的合理之处。不过，这一方案仍然存在缺陷，有些缺陷是可以弥补的，但有些缺陷无法弥补。我们先考察前者。

韩林合忽略了现象因果闭合原则的效用。诚然，随附性可以导出消除一个原因的结论，但现象因果闭合原则也可以。因为现象中的结果只能出自现象中的原因，所以物自身中的原因只是表面的，真正的原因是自然原因。它也会威胁到康德的相容论。因此，就算韩林合在随附性这个点上解决了过度决定问题，还有由现象因果闭合原则造成的过度决定问题没有解决，因而他的解决方案不够全面。但这是可以弥补的小缺陷。很简单，现象因果闭合原则本身是有待论证的，不能直接拿来当作前提，否则就根本不需要讨论理知原因是否存在的问题了。之所以能够讨论这一问题，就是因为现象因果闭合原则是否成立是尚需讨论的。所以，尽管韩林合没有涉及这个方面，但它比较容易解决。

韩林合的核心论证依赖于随附关系和因果关系的区分，正是因为理知原因和自然原因之间的因果关系不同于随附关系，康德的相容论才能避开过度决定困境。我们可以承认两类原因之间是因果关系，但问题在于，为什么它们是因果关系就不是随附关系呢，韩林合并没有给出因果关系和随附关系的区分标准。或许在他的认知中，这是一目了然的，但读者并不清楚。我们尝试给出一个标准。在随附关系中，不管是实现、伴生还是奠基关系，关系中的两项之间没有秩序，但因果关系中的两项是有秩序的。就像疼痛感随附于 C 纤维的激发一样，二者之间没有秩序，它们是伴生的，但原因和结果之间有秩序。尽管这种秩序不等于时间秩序，但毕竟有一种秩序。在有无秩序的意义上，我们可以区分随附关系和因果关系。

以上是韩林合可以弥补的小缺陷，但他的解决方案还有个无法弥补的缺陷，即他的观点不符合康德的文本。理知原因和自然原因或者理知因果性和自然因果性之间的确存在因果关系，但这不是二者关系的全貌，而只是一个局部。从整体上看，理知因果性和自然因果性既有因果关系的一面，也有过度决定的一面。至少有两处文本表明这一点。文本1："一个这样的理知的原因就其原因性来说是不被现象所规定的，虽然它的结果能显现出来并因而能被别的现象所规定。"① 其中，"别的现象"是不同于理知原因的其他自然原因。意即理知原因有个结果，这个结果同时还被其他自然原因规定。在这个文本中，理知原因和自然原因之间不是因果关系，而是并列关系，它们共同规定了同一个结果。文本2："虽然每个在现象中的结果固然需要按照经验性的原因性规律与其原因相连结，然而这个经验性的原因性本身有可能丝毫也不中断它与自然原因的关联，却仍然并非经验性的原因性的结果，而是理知的原因性的结果。"② 这是前面提出倒T模型的关键文本。现象中的自然结果出自经验性的因果性，即自然因果性，而这种自然因果性一方面出自自然原因，另一方面又出自理知因果性和理知原因。显而易见，虽然理知原因、理知因果性和自然因果性之间构成一个因果链条，但同是产生自然因果性的另一个自然原因和理知原因之间是并列关系。因此，理知原因和自然原因的关系全貌是：二者共同产生自然因果性，然后由自然因果性产生自然结果。韩林合只看到理知因果性产生自然因果性这个部分，却忽视了同一个自然因果性被自然原因产生的另一个部分。由此可知，现象中的自然结果还是被理知原因和自然原因过度决定。

第三节　可允许的过度决定

兜了一圈之后，我们发现康德还是面临过度决定问题。那么，如何避免对一种原因的消除？上文已述，过度决定只是说结果同时被两种或两种以上的原因规定，它并不自动导出消除一种原因的结论。如果要消除一种原因，需要加上随附性或者现象因果闭合原则的前提。现象因果

---

① ［德］康德：《纯粹理性批判》，邓晓芒译，杨祖陶校，第436页。
② ［德］康德：《纯粹理性批判》，邓晓芒译，杨祖陶校，第440页。

闭合原则不能直接当作前提，因为它正是我们目前讨论的问题。这个原则暂且搁置。我们来看随附性。在过度决定的情况下，只有两类原因之间具有随附性，才需要消除其中一类原因。因此，我的解决方案是表明理知原因和自然原因之间不存在随附性。只要做到这一点，即可轻松解决过度决定问题。

在倒 T 模型中，理知原因和自然原因之间既有因果关系，又有并列关系。韩林合已经正确地揭示出因果关系不同于随附关系，因为前者的两项之间有秩序，后者的两项没有秩序。我们可以进一步指出，康德所说的两种原因的并列关系也不同于随附关系，因为后者的两项之间存在依赖关系，而前者的两项之间是相互独立的。拿心理属性和物理属性来举例，我们说心理属性随附于物理属性，意思是前者依赖于后者，它或者由物理属性来实现，或者把物理属性当作基础。但理知原因和与其并列的自然原因之间没有这种依赖关系，二者之间既不是一个实现另一个，也不是一个充当另一个的基础。例如小明借钱时本来短期内还不了，他却虚假承诺一个月还清。为什么他会做虚假承诺？一方面是因为他陷入了财务危机，没钱却又急着用钱，另一方面他选择了"为了让他人爽快借钱，应当虚假承诺"的行动准则。前者是自然原因，后者是理知原因。不难看出，陷入财务危机和他的行动准则之间是独立的，没有无秩序的实现关系和奠基关系。

在过度决定的情况下要消除一类原因，两类原因之间必须有随附关系。理知原因和自然原因之间要么是因果关系，要么是并列关系，但无论哪种关系，都不是随附关系。因此，尽管自然结果被理知原因和自然原因过度决定，但不需要消除任何一类原因。

实际上，过度决定可分为可允许的和不可允许的。韩林合也赞同这一观点。[①] 只有在两类原因之间存在依赖关系，比如随附关系时，才是不可允许的，而如果两类原因之间不存在依赖关系，则它们是可允许的过度决定，因而每个原因都可保留。例如两个力大无穷的弓箭手同时射穿了靶心。为什么靶心会被射穿呢？这两个弓箭手射出的箭都是原因，不能说其中一个是原因，另一个不是，因为这两支箭之间不存在依赖关系，

---

① 参见韩林合《论康德哲学中的过度决定问题》，《学术月刊》2020 年第 8 期，第 44 页。

并且每支箭都足能穿透靶心。因此，在过度决定中，只要两个原因不存在依赖关系，那么它们都是结果的原因，无须做任何消除。上文已述，理知原因和自然原因不存在依赖关系，因而它们都是自然结果的原因。

不过，这种解决方案仍然可能受到消除论者的两个质疑。第一个质疑是：虽然从近处看，自然因果性出自理知因果性，但理知因果性还可能出自更遥远的自然因果性，因而它淹没在自然因果序列之中。实际上，康德对这个质疑有过回应，它把这种理知因果性称为比较的自由。"规定他的运动的那些最近的原因以及这个运动上溯到它的那些规定原因的一个长长的序列虽然都存在于内部，但最后和最高的那个规定原因却毕竟完全是在一只外来的手那里找到的，那么这种自发性就只配称为比较性的。"① 比较的自由是康德反对的。真正的自由是先验自由，它"必须作为对于一切经验性的东西、因而对于一般自然的独立性而被思维"②。先验自由的独立性之所以能被思维，是因为我们至少可以设想作为理知原因的理性的绝对自发性，这种自发性是如此纯粹，以至于可以凌驾于知性的自发性之上，彻底将感官世界和知性世界区分开。由此看来，由于我们可以设想理性的绝对自发性，因而理知原因可以被思考为独立于一切自然因果性，充当自然因果序列的绝对第一开端。

第二个质疑是：当同一个结果被自然原因和理知原因共同规定时，理知原因是不必要的，光是自然原因就能充分解释这一结果了。这个质疑出自最为激进的过度决定论立场，它连随附性都不要了，光凭过度决定就可以消除一类原因。它带有浓烈的自然主义或类似物理主义信仰，认为一切都可以被还原为自然性解释。极端的立场通常是无法驳倒的，这一立场也不例外。不过，康德倒是可以稳住自己的立场。在康德看来，需要依靠理知原因和自然原因一起才能充分解释一个结果，光靠自然原因则总是停留在未完成状态。只提供自然性解释，会导致沃克（Ralph walker）所说的责任链的终止问题。他认为在为行动归责时，由于现象序列凡事都有原因，因而一个行动的原因序列可以一直回溯到天荒地老，

---

① ［德］康德：《实践理性批判》，邓晓芒译，杨祖陶校，第 126 页。
② ［德］康德：《实践理性批判》，邓晓芒译，杨祖陶校，第 121 页。

因而无法为其归责。① 要对行动归责的话，必须找到它的第一因，将其从因果序列中斩断。这个第一因只能是理知原因。因此，从康德的立场看，理知原因不能被还原为自然原因。

康德的相容论面临过度决定的问题，因为同一个结果，既被自然原因规定，又被理知原因规定。然而，过度决定本身并不对其构成挑战，只有再加上随附性或现象因果闭合原则，才会有挑战。从随附性看，既然结果被两种原因同时规定，其中一种原因随附于另一种原因，那么被随附的原因才是真正的原因，那个随附的原因不过是副现象。而从现象因果闭合原则看，由于现象中的结果被现象中的原因和物自身中的原因共同规定，又由于现象中的结果只能出自现象中的原因，因而物自身中的原因是不必要的。因此，过度决定加上随附性或现象因果闭合原则会导致消除一种原因的结论。这对康德相容论造成重大损失。如果消除理知原因，那就取消了自由，由此建立的道德哲学和宗教哲学瞬间崩塌，如果消除自然原因，那就取消了自然因果性，由此建立的科学大厦也惨遭瓦解。

以往的研究者多以取消问题的方式解决问题。阿利森认为理知原因只是比喻性的，不是真正的原因，真正的原因只有自然原因，因而不存在过度决定，韩林合承认理知原因和自然原因都是真正的原因，但二者不是共同规定结果，而是理知原因规定自然原因，然后这个自然原因规定结果，也不存在过度决定。他们都认为没有过度决定，自然不会陷入过度决定的困境。但根据康德有关理知因果性和自然因果性之间的倒 T 模型，结果确实是被过度决定的，因而阿利森和韩林合的解决方案都不符合康德的文本。

实际上，承认过度决定不会造成有害的威胁，因为这种过度决定是可允许的，不需要消除任何一种原因。因为共同规定结果的自然原因和理知原因是相互独立的，不是随附关系。只要不是随附关系，它们就都可被允许充当结果的原因。所以，虽然康德相容论面临过度决定问题，但它很容易解决。

---

① Cf. R. Walker, *Kant*, Routledge and Kegan Paul Ltd, 1978, p. 149.

第 七 章

他律行动的归责问题[*]

上一章质疑自由的必要性，本章仍然质疑自由，因为它在道德归责方面会带来问题。道德责任不同于法律责任，它是指一个人的行动基于道德规范所需承担的非强制性的责任。通常我们认为自由是道德责任的前提，没有自由则没有责任。例如一个人持刀行凶，虽然直接伤害受害者的是刀，但在追究责任时，受害者不会怪罪刀，而是会归咎于持刀的人，因为刀没有自由，而人有自由，他本可以不这么做。可是康德的合法则的自由却给道德归责造成了麻烦。

第一节　归责问题的引入

《纯粹理性批判》就显露出归责问题的端倪。先验自由是种"自行开始一个状态的能力，所以它的原因性并不是按照自然规律又从属于另外一个按照时间来规定它的原因"①，意即它是种不受自然原因规定，且能产生自然结果的能力。这暗示了如果一个结果完全被自然原因规定，则它是不自由的。到了《道德形而上学的奠基》，康德说出了著名的"交互论（Reciprocity Thesis）"②，即"一个自由意志和一个服从道德法则的意志是一回事"③。他把自由同道德法则（或自律）做了等同。这一点延

　＊本章写作参考笔者之前发表的论文《康德哲学中的抉意自由》，《道德与文明》2013 年第 6 期。

　①　［德］康德：《纯粹理性批判》，邓晓芒译，杨祖陶校，第 433 页。

　②　参见［美］阿利森《康德的自由理论》，陈虎平译，第 301—321 页。

　③　［德］康德：《道德形而上学的奠基》（注释本），李秋零译，第 70 页。

续到《实践理性批判》中。"那种独立性是消极理解的自由，而纯粹的且本身实践的理性的这种自己立法则是积极理解的自由。"① 交互论中的自由是合法则的，这种自由是单向的、不对称的，也就是说，如果行动独立于感性冲动，服从道德法则，那么它是自由的，但如果行动服从感性冲动，违背道德法则，则它是不自由的。这就引出了他律行动的归责问题。

其实，跟康德同时代的莱因霍尔德就发现了这个问题。他批评康德混淆了实践理性自我立法的能力与意志自由，所以为不道德行动奠基的自由是不可能的。② 后来的西季威克和伍德都明确地提出了这一问题。"显然只有道德的或自律的行动是自由行动，而不道德的或他律的行动全都是不自由的。……因此，似乎康德承认说我们只为道德的或自律的行动负道德责任，没有人能为不道德或他律的行动负责。"③

根据这些论述，我们可以概括出他律行动的归责问题：

1. 自由与自律行动相互归结；
2. 所以，他律行动是不自由的；
3. 不自由的行动不用负责；
4. 所以，他律行动不用负责。

前提 1 是合法则的自由或交互论的基本含义。由前提 1 可以推出前提 2，行动要么是自律的，要么是他律的，既然自律行动跟自由相互归结，那么他律行动只能和不自由相互归结。前提 3 之所以成立，是因为自由是道德归责的前提，这是个直觉性的信念。由 2 和 3 可以推出结论 4。他律行动不自由，不自由的行动不用负责，所以他律行动不用负责。这样一来，诸如偷鸡摸狗、杀人越货等他律行动就都不用负责了，这显然是荒谬的。

康德的自由观不会陷入这种荒谬境地。本书第二章对自由概念的论述可以很好地解决这个问题，即区分两种自由即可。与自律行动相互归

---

① ［德］康德：《实践理性批判》，邓晓芒译，杨祖陶校，第 41 页。
② 转引自［美］阿利森《康德的自由理论》，陈虎平译，第 193 页。
③ A. Wood，"Kant's Compatibilism"，*Self and Nature in Kant's Philosophy*，ed. A. W. Wood，Ithaca：Cornell University Press，1984，p. 78.

结的自由是合法则的自由，在这个意义上，他律行动确实不自由。但他律行动可以具有自发的自由，因而它仍然可以归责。由此可知，上述归责问题论证的前提 2 是不准确的，他律行动既自由，又不自由。以合法则的自由为标准，它是不自由的，但以自发的自由为标准，则它是自由的。在归责问题上，我们以自发的自由为标准，因此他律行动可以归责。实际上，康德明确表示诸如恶意说谎这类他律行动是自由的，他说道："他在现在正在说谎的这一瞬间中完全是有罪的；因而理性不顾这一行为的所有那些经验性的条件而完全是自由的"；[1] "在可能基于自由而行动的情况下，出于爱好的行动同样是自由的。"[2] 基于任意的绝对自发性，他律行动是自由的，因而可以归责。

　　这是种主流的、标准的看法，贝克、阿利森、哈德森、傅永军等人都持这种观点。[3] 不过，也有研究者另辟蹊径，通过别的方式来解决。接下来我将讨论两种有代表性的主张，一种是伍德的"拥有—实施"方案，另一种是胡学源的"客观—主观自律"方案，指出它们的缺陷，接着提出我自己的解决方案，回应合理的质疑。

第二节　"拥有—实施"方案及其缺陷

　　对于归责问题，学界的一致看法是一切行动都是自由的，不道德的行动或他律行动同样是自由的，因而可以归责。问题在于，不道德的行动或他律行动为何是自由的。大家对这个问题的回答有分歧。正是在这个问题上，伍德提出了"拥有—实施"的区分。他认为我们都有服从道德法则的能力，这种能力跟是否实施出来没关系，哪怕没有实施出来，

---

　　① ［德］康德：《纯粹理性批判》，邓晓芒译，杨祖陶校，第 447 页。

　　② Kant, *Notes and Fragments*, translated by C. Bowman, P. Guyer and F. Rauscher, Cambridge：Cambridge University Press，2005，p. 450.

　　③ Cf. L. W. Beck, *A Commentary on Kant's Critique of Practical Reason*, Chicago：The University of Chicago Press，1960，pp. 202 – 205；H. E. Allison, *Kant's Theory of Freedom*, Cambridge：Cambridge Press，1990，pp. 133 – 136；*Kant's Groundwork for the Metaphysics of Morals—A Commentary*, Oxford：Oxford University Press，2011，pp. 296 – 300；Hud Hudson, *Kant's Compatibilism*, Ithaca：Cornell University Press，1994，p. 158；傅永军：《康德道德归责论探赜》，《道德与文明》2018 年第 5 期，第 71—80 页。

也不影响我们对这种能力的拥有。为了清楚地刻画"拥有—实施"的区分，他用了一个类比。就像会游泳的人也可能溺水一样，"虽然他有游泳的能力，但如果没有将这种能力有效地发挥出来，他也可能溺水"，① 溺水的可能性不是由于他缺乏游泳的能力，而是由于他没有把这种能力实施出来。同理，我们有违背道德法则的可能性，这种可能性不是由于我们缺乏服从道德法则的能力，而是由于没有把这种能力实施出来。因此，不管实施情况如何，都不影响我们对能力的拥有。自由正是一种服从道德法则的能力，所以，不管事实上我们的行动服从还是违背道德法则，都不妨碍它们是自由的。"人的意志拥有自律行动的能力，这种能力就是自由。如果它做了他律行动，它仍然拥有这种能力，只是没有把能力实施出来。这种没有实施出来的失败不是由于缺乏自由，而是对我们拥有的自由在实施和执行方面的失败。"②

这种观点很有影响力，很多人都这么看，我的一位好朋友也有类似看法。"作恶也是自由的，因为行动者具有先验自由的能力，也具有对道德法则的意识。具有能力，并不意味着一定要把这个能力做正当使用。"他们的文本依据主要是《道德形而上学》中的一句话，伍德将其翻译为："与理性的内在立法相关的自由仅仅是种能力（power）；违背理性立法的可能性是能力的缺乏（a lack of power）。"③ 看上去伍德的解读是符合文本的。其中，"能力的缺乏"有讲究，它不是不拥有这种能力，而是能力没有得到实施。这样一来，整句话的意思变成了：自由是种对理性内在立法能力，违背理性立法的可能性不是否认能力的拥有，只是没有将能力实施出来，换言之，违背法则的可能性不是不自由，只是没把自由的能力实现出来。

伍德的结论我可以接受，不管自律行动还是他律行动，都是自由的，但他的理由不能成立。实际上，伍德的意思是：自律行动和他律行动都

① A. Wood, "Kant's Compatibilism", *Self and Nature in Kant's Philosophy*, ed. A. W. Wood, Ithaca: Cornell University Press, 1984, pp. 81 – 82.

② A. Wood, "Kant's Compatibilism", *Self and Nature in Kant's Philosophy*, ed. A. W. Wood, Ithaca: Cornell University Press, 1984, p. 81.

③ A. Wood, "Kant's Compatibilism", *Self and Nature in Kant's Philosophy*, ed. A. W. Wood, Ithaca: Cornell University Press, 1984, p. 81.

是实施那一侧的，但自由跟实施无关，它属于拥有这一侧。只要拥有服从道德法则的能力，那就是自由的。他在一切行动之外找到了自由，这种自由完全抽象掉了行动的差异。但这种观点既不符合康德的文本，在义理上也站不住脚。

首先，伍德的解读不符合文意。康德的原文是："与理性的内在立法相关的自由仅仅是种能力（Vermögen）；违背理性立法的可能性是种无能（Unvermögen）。"[1] Unvermögen 和 Vermögen 是对反义词，二者是同一层级的对立关系。如果像伍德那样把 Unvermögen 翻译成能力的缺乏，那么它和能力之间就不再是同层级的，而是把能力当作更基础的层级，换言之，能力的缺乏是以能力为导向的。就像我们说黑暗是光明的缺乏，此时黑暗不是与光明处于同一层级的性质，而是以光明为导向的。因为光明没有实现出来，才导致黑暗。同理，"能力的缺乏"的翻译给人的印象也是能力没有实施出来，才导致违背理性的立法。但康德的原文不是能力的缺乏，而是能力的反义词"无能"。无能的意思是没有能力，它不能被说成能力的缺乏，而是和能力对立的东西，就像黑色不能被说成白色的缺乏，而是和白色对立的性质一样。因此，无能和能力的缺乏不同，前者是没有能力，后者是有能力，只是没有实施出来；前者和能力的关系就像黑色和白色一样，是同层级的对立关系，后者和能力的关系就像光明和黑暗一样，是不同层级的依赖关系。康德的用语是无能，而不是能力的缺乏。伍德的翻译有误导之嫌。其实康德的意思很简单，自由是种能力，不自由是种无能，行动如果服从理性的内在立法，则它是自由的，但如果违背理性的立法，则是不自由的。当然，他在这里强调的是合法则的自由，而非自发的自由，因而主张违背法则的行动不自由。

其次，从义理上看，我承认拥有和实施的区分，只要拥有某种能力，即使没有实施出来，这种能力不会失去。但问题在于，如果只是拥有做某事的能力，却没有把它实施出来，我们不能把这件事情评判为具有与能力相应的性质。好比小明会骑自行车，他拥有骑自行车的能力，即使没有骑车，这种能力还存在，不会因为没有骑而失去。这没问题。但我们设想这样一个情景：有一天小明腿受伤了，没办法骑车。正好他一个

---

[1]　［德］康德：《道德形而上学》（注释本），张荣、李秋零译注，第24—25页。

朋友请他把自行车骑回去，他不好意思拒绝，就答应了。答应之后他将自行车推了回去。请问在回去的那段路上，小明是骑回去的吗？不是，他是推回去的，没有骑。这说明当他没有把骑车的能力实现出来时，我们不能说他在骑车。推车就是推车，不是骑。反过来说，虽然他在推车，我们并没有否认他还是有骑车的能力。同理，当一个人没有把自由的能力实现出来时，我们不能说他是自由的。虽然他不自由，我们也并没有否认他拥有自由的能力。所以，我们不能因为拥有自由的能力就把一切行动评判为自由的。在拥有—实施的区分中，行动是否自由的标准在实施，不在拥有，也就是说，当我们评判一个行动是否自由时，看的不是处于潜在状态的能力，而是看这种能力是否实现出来。实现出来了就是自由，没有实现出来就不是自由。

最后，我们还可以做一个归谬。如果不管实施，只要拥有做某事的能力，做什么都具有与能力相应的性质，那会导致很荒谬的结果。在自由问题上这种荒谬之处不太明显，因为只要拥有自由的能力，做什么都自由，这是符合直觉的。但如果把同样的逻辑用到其他问题上，就马上可以看出其中的荒谬。比如小明拥有骑车的能力，所以他做什么都在骑车。他推车的时候在骑车，吃饭的时候在骑车，睡觉的时候也在骑车……太荒谬了。因此，不能说拥有某种能力，做什么都具有与能力相应的性质。重点是实施，而不是拥有。只有把能力实施出来了，才能把行动评判为与能力相应的性质。

由此可知，伍德的解读虽然看上去很有道理，在学界也很有影响力，但它无论在文意上，还是在义理上都无法成立。

第三节 "客观—主观自律"方案
及其缺陷

他律行动的归责问题的难点在于证明他律行动和自律行动一样，都是自由的，只有这样才能归责。胡学源诉诸"客观—主观自律"的区分加以解决。她从恩斯特龙（S. Engstrom）和舍林（E. Sherline）那里得到启发,① 认为自律可以分为客观自律和主观自律。"在第一种意义上, 意志自律意味着意志处于出自自身意愿活动的普遍的道德法则之下, 它受道德法则支配、而不受自然法则支配; 在第二种意义上, 意志自律意味着人的任意所选择的主观准则与客观道德法则的一致。让我们把第一种意义的意志自律称为'客观自律', 把第二种意义的意志自律称为'主观自律'。"两种自律的区别在于:"客观自律与任意的自由选择无关, 作为理性存在者, 每个人的意志在客观上都服从出自自身的道德法则、受道德法则的支配, 因而每个人在客观上都是自律的; 主观自律则与任意的自由相关, 只有那些遵从理性的规定、将道德法则作为最高准则从而道德地行动的人才是主观上自律的, 因而并不是每个人都能实现主观上的自律。"②

在胡学源看来, 人在主观上可能实现自律, 也可能实现不了, 但在客观上必然是自律的, 因为人作为理性存在者, 必然被道德法则规定。而自由就在于客观自律, 也就是说, 只要客观上人是自律的, 他就是自由的。这样一来, 她就可以轻松解决他律行动的归责问题。"不道德的行为之所以可以被合理地归责于行为者, 是因为在做出不道德的行为时, 行为者的意志从客观上说仍然是自律的, 行为者仍然是自由的, 并不因为其任意选择违背道德法则, 道德法则就不再对其具有约束力。"③ 简言之, 胡学源的策略是: 把自律和他律行动放到主观这一侧, 而把自由放到客观这一侧, 因而不管做出自律还是他律行动都是自由的。具体而言, 如果任意选择服从道德法则, 这是主观自律, 而如果它选择违背道德法则, 这是主观他律。但无论是主观自律还是主观他律, 都跟自由无关。只要人具有理性, 他就是自由的。因此, 她在一切行动之外宣布了人的自由, 这种自由抽象掉了行动的差异。

---

① Cf. S. Engstrom, "Conditioned Autonomy", *Philosophy and Phenomenological Research*, 48 (1988): pp. 438 – 439; E. Sherline, "Heteronomy and Spurious Principles of Morality in Kant's Groundwork", *Pacific Philosophical Quarterly*, 76 (1995): pp. 39 – 42.

② 胡学源:《康德哲学中的"归责问题"及其解决——以两种意义的意志自律概念为基础》,《世界哲学》2021 年第 6 期, 第 115 页。

③ 胡学源:《康德哲学中的"归责问题"及其解决——以两种意义的意志自律概念为基础》,《世界哲学》2021 年第 6 期, 第 118 页。

在胡学源的解决方案中，客观自律和主观自律的区分是关键，但坦率地说，我没看到她对这一区分给出强有力的文本证据。接下来我将分析她给出的一处比较重要的证据，并帮她提供另一处证据。她注意到康德的一句话："无论以什么样的准则，人（即使是最邪恶的人）都不会以仿佛叛逆的方式（宣布不再服从）来放弃道德法则。毋宁说，道德法则是借助于人的道德禀赋，不可抗拒地强加给人的。"① 她认为这句话表明了客观自律的含义。"对任何人来说，道德法则总是有效的，它总是以定言的方式对人发出命令。……作为理性存在者，人在客观上必然处于道德法则之下、必然服从道德法则，或者，我们可以说，人的意志（在客观上）必然是自律的。"②

胡学源引用的这句话能否表明客观自律，这是值得讨论的。退一步讲，即使可以表明客观自律，它也没有直接论证客观自律与主观自律的区分。下面我补充《奠基》里的一段话，或许能支持这一区分。"如果理性必然地规定意志，那么，这样一个存在的被认做客观上必然的行为，就也是主观上必然的；也就是说，意志是一种能力，仅仅选择理性不依赖于偏好而认做实践上必然的亦即善的东西。但是，……如果意志并非就自身而言合乎理性（在人这里的确是这样），那么，客观上被认做必然的行为在主观上就是偶然的，而按照客观法则对这样一个意志的规定就是强制。"③ 这里康德使用了客观必然和主观必然的区分。前者是理性在客观上必然规定意志，后者是指对意志客观上的必然规定，它主观上未必服从。如果主观上必然服从，则是主观必然，而如果主观上不必然服从，则是主观偶然。这一区分跟客观自律和主观自律的区分看上去有些类似，它至少在客观和主观之间做了区分。

因此，胡学源的解决方案似乎可以很好地解决他律行动的归责问题，但这一方案还是有不令人满意的地方。首先，她对自律的理解是不准确的。她认为自律可以分为客观自律和主观自律，这一点不符合康德的文

---

① ［德］康德：《纯然理性界限内的宗教》（注释本），李秋零译，第21页。
② 胡学源：《康德哲学中的"归责问题"及其解决——以两种意义的意志自律概念为基础》，《世界哲学》2021年第6期，第117—118页。
③ ［德］康德：《道德形而上学的奠基》（注释本），李秋零译，第30页。

本。在康德看来，客观自律和主观自律的概念都是不成立的，因为自律本身就包含了主观的成分。

自律这个概念非常复杂，它有很多面向。很多人注意到自律是意志的自我普遍立法的面向，它似乎体现不出主观性。例如，"每一个理性存在者的意志都是一个普遍立法的意志"；"意志不是仅仅服从法则，而是这样来服从法则，即它也必须被视为自己立法的，并且正是因此缘故才服从法则（它可以把自己看做其创作者）"①。在这里，我们只看到，意志要服从的法则都是他自己订立的，不是他者订立的，而且他自己订立的法则不仅适用于自己的意志，还适用于一切理性存在者的意志。② 这些好像都与主观性无关，但实际上是关乎主观性的。主观性的表现是准则，因为"准则是意欲的主观原则"③，所以当康德说准则应当如何如何时，这已经包含了主观因素。何谓自我普遍立法？"每一个人类意志都是一个通过自己的准则普遍地立法的意志"，"意志能够通过其准则同时把自己视为普遍立法者"，④ 它说的是理性将法则颁布给意志的准则，通过准则的合法则性而成为一切理性存在者的普遍立法者。

康德认为自律和道德法则、定言命令式是等同的。"'意志在一切行为中都对自己是一个法则'这一命题，仅仅表示如下的原则：除了能够也把自己视为一个普遍法则的准则之外，不要按照任何别的准则去行动。而这正是定言命令式的公式和道德的原则。因此，一个自由意志和一个

① ［德］康德：《道德形而上学的奠基》（注释本），李秋零译，第52页。

② 李科政为了解决平卡德提出的"康德悖论"，将自律看作一种类比，这种做法代价太高了。完全可以在不改变传统看法的前提下解决所谓的"康德悖论"。这个悖论是这样："如果我们要将一个原则（一个准则、道德律）加之于我们自己，那么我们大概必须有理由这样做；但是，如果我们接受那个原则的理由是先已存在的，那么这个理由本身就不是我们加之于自己的；而由于它要对我们有约束力，所以它必须是（至少如康德模糊地说的那样被'认为'是）我们加之于自己的。"（参见李科政《立法的类比性与自律的必然性——康德伦理学中的一个问题》，《中国人民大学学报》2022年第3期，第65—75页。）它基本上来自自因悖论，但解决起来比自因悖论容易得多。道德法则既是理性颁布给意志的，又是先天存在的，因为它是纯粹实践理性的固有结构，就像范畴是纯粹知性的固有结构一样。我们不会问范畴从哪里来，因为它先天地从属于纯粹知性，同样的，道德法则也先天地从属于纯粹实践理性。但这个先天存在的道德法则，只有当它被赋予意志时，才能对意志具有约束力。这两方面完全不构成悖论。没必要为了解决这个悖论，改变自律的看法。

③ ［德］康德：《道德形而上学的奠基》（注释本），李秋零译，第16页。

④ ［德］康德：《道德形而上学的奠基》（注释本），李秋零译，第53—55页。

服从道德法则的意志是一回事。"① 其中,"意志在一切行为中都对自己是一个法则"这个命题指的是自律。这段话明确表示自律就是定言命令式和道德法则。道德法则在这里的意思是:要按照能够成为普遍法则的准则去行动。它至少包含三个基本要素:第一,道德法则是针对准则来说的,它要求准则怎样怎样;第二,道德法则是祈使句,它包含了应当的含义,它要求应当如何如何;第三,准则的目标是能够成为普遍法则。这三个要素缺一不可。简言之,道德法则是种准则合乎法则的应当,或者准则合乎法则的行动必然性。既然自律等同于道德法则,这三个要素它也是必定包含的。所以康德说道:"自律的原则是:不要以其他方式作选择,除非其选择的准则同时作为普遍的法则被一起包含在同一个意欲中。"② 这里说得更加明确,不再是道德法则,而是直接讲自律。它的意思跟上面一样,都是行动的准则要能够成为一条普遍法则。

因此,自律的基本要素是准则、应当和法则。这样一来,客观自律和主观自律的概念就不能成立。第一,客观自律的概念完全没有顾及主观性。理性通过道德法则必然规定意志,这是纯粹客观的,它可以叫作客观必然,但不能叫客观自律。自律除了意志客观上被法则规定,还要求主观准则去服从法则。胡学源引用的道德法则"不可抗拒地强加给人",这也是自律的客观因素。但它还体现在对行动准则提要求。因此,没有单纯客观的自律。第二,也没有单纯主观的自律。胡学源说的主观自律是实然层面的,也就是说,当任意选择的准则符合道德法则时,这叫主观自律,当它选择的准则违背道德法则时,这叫主观他律。但康德的自律是应然层面的。应然跟实然是不同的。就算世界上没有一个人做符合道德法则的事情,我们也应当服从道德法则。自律就是这种应当。实际上,当康德把自律等同于道德法则,尤其等同于定言命令式的时候,它的应当性就体现出来了。因此,现实中行动准则是否符合道德法则,这和自律的定义无关。由此可知,客观自律和主观自律的概念是不能成立的,因为,自律包含了客观和主观的因素。

另外,除了文意上的缺陷,胡学源的解决方案在义理上也有问题。

① [德]康德:《道德形而上学的奠基》(注释本),李秋零译,第69—70页。
② [德]康德:《道德形而上学的奠基》(注释本),李秋零译,第63页。

她说："仅仅由于人是有理性的存在者，其意志就必然服从出自自身理性的道德法则，必然是自律的，因而必然是自由的。"① 按照她的逻辑，人有理性，而理性必然会通过道德法则规定意志，因而人必然是客观自律的，客观自律等同于自由，所以人必然是自由的。简言之，有理性，则有自由。这种自由固然能解决他律行动的归责问题，但它由于抽象掉了行动的差异，会显得过于单薄。按照常识和直觉，不同的行动体现不同的自由，它们不应被抽象掉。请大家设想这样一些场景：一名高考生在填报大学志愿时，不顾亲朋好友的劝阻，放弃了清华北大，毅然决然地选择了另一所大学自己喜欢的专业，他的决定是自由的。为什么说他自由？因为这种自由来自他的强烈意愿。他愿意，所以做的决定是自由的。但胡学源说，不，因为他有理性。一位同学经过长时间的备考，终于考完了，从考场走出来的一瞬间，他感到了久违的自由。这种自由来自对考试这种束缚的摆脱。胡学源说，不，因为他有理性。一个小伙子冒着生命危险从凶恶的歹徒手中救下了一个小女孩，为此被歹徒砍了好几刀。他做出了英雄般的壮举。这种舍己为人的行为无疑是自由的，这种自由来自与强制做斗争。胡学源说，不，因为他有理性。理性固然是自由的必要条件，没有理性不能谈自由，但光有理性也不能充分解释自由。如果自由仅仅源于有理性，那它就显得太空洞、太单薄了。不管讨论谁的自由，它总是和行动过程中的意愿、摆脱束缚、不受强制等要素紧密相连的。如果一种自由概念无法将这些要素容纳进来，那它不是一种好的自由观。我们没必要将康德的自由概念解读成这样。

总的来说，胡学源的解决方案颇具新意。她从自律入手，将自律行动和他律行动都放到主观那一边，而把自由放到客观自律这一边，这样一来，不管做什么行动，都是主观上的事，但自由只跟客观自律相关，所以，做什么都自由，做什么都可以归责。不过，这一解决方案有两大缺陷：第一，客观自律是单纯客观的，但康德的自律包含主观性，主观自律是实然层面的，但康德的自律是应然层面的，因而客观自律和主观自律的概念不能成立；第二，将自由等同于客观自律，这会使康德的自

---

① 胡学源：《康德哲学中的"归责问题"及其解决——以两种意义的意志自律概念为基础》，《世界哲学》2021 年第 6 期，第 118 页。

由概念变得过于单薄。因此,我们没必要将自由和自律做她这种解读。

第四节 理性的失职与意志的纵容

以上是对两种新近的有代表性的解读的评论,我的解读是传统的,诉诸自发的自由来解决。不过跟传统解读不一样的是,在追责的时候,我越过任意追到了理性那里。

一 绝对自发性的歧义性

第二章我们已讨论了康德的两个自由概念,分别是合法则的自由和自发的自由。正是合法则的自由导致了他律行动的归责问题,因为根据这种自由,他律行动是不自由的,不能被归责,但实际上我们都给他律行动归责,所以如何使得他律行动的归责跟实际情况相一致,这成为一个问题。但这个问题在我的论述中,或者在传统的论述中很容易解决,因为他律行动虽然不具有合法则的自由,但具有自发的自由。由于这类行动是任意绝对自发地做出的,因而它们是自由的,可以被归责。

不过,这里的"绝对自发性"这个关键词有歧义,值得详细分析。在第三个二律背反中,康德给绝对自发性做了一个界定:"必须假定有一种因果性,某物通过它发生,而无需对它的原因再通过别的先行的原因按照必然律来加以规定,也就是假定原因的一种绝对的自发性,它使那个按照自然律进行的现象序列由自身开始,因而是先验的自由。"① 绝对自发性是原因的一种性质,它不被别的先行原因规定,并能由自身开始一个现象中的因果序列,它是先验自由,即消极自由(独立性)和自发性(积极自由)。

一方面,绝对自发性是单向的、不对称的,它只独立于自然原因,而要服从理知原因。"如果我现在(例如说)完全自由地、不受自然原因的必然规定影响地从椅子上站起来,那么在这个事件中,连同其无限的自然后果一起,就会绝对地开始一个新的序列,⋯⋯规定性的自然原因就这一发生虽然跟随自然原因之后,但并不由此实现出来,⋯⋯但毕竟

---

① 〔德〕康德:《纯粹理性批判》,邓晓芒译,杨祖陶校,第375页。

是就原因性而言，必须被称之为诸现象的序列的一个绝对第一开端。"①
这个经典的从椅子上站起来的例子，它所强调的绝对自发性只是不受自
然原因规定。

　　另一方面，绝对自发性是双向的、对称的，它不仅不受感性动机规
定，还不受理性动机规定。"任意的自由具有一种极其独特的属性，它能
够不为任何导致一种行动的动机所规定，除非人把这种动机采纳入自己
的准则（使它成为自己愿意遵循的普遍规则）；只有这样，一种动机，不
管它是什么样的动机，才能与任意的绝对自发性（自由）共存。"② 理论
领域中的自然原因就是实践领域中的感性冲动，理论领域中的理知原因
就是实践领域中的理性的道德法则。康德在此对绝对自发性的刻画是：
就算是作为道德法则的动机，也不能规定任意。任意的绝对自发性（即
自由）就体现在它不受任何一种动机或原因（包括理知原因）规定。

　　因此，绝对自发性有歧义，它可以指独立于自然原因、服从理知原
因的自发性，也可以指独立于自然原因和理知原因、服从任意的意念的
自发性。而当康德要为行动归责时，他会诉诸绝对自发性的第二种含义。
这样一来，哪怕是违背道德法则的行动，也是自由的，因为它毕竟是任
意绝对自发地做出的。

二　责任承担者是理性与意志

　　不过，需要负责的不是任意，而是意志或纯粹实践理性。第二章我
们讨论过任意和意志的区别，主要区别在于前者是执法者，后者是立法
者。与归责问题相联系，我们可以发现它们之间的联系，任意像孩子，
意志像家长，它们之间就像是子女和父母的关系。在动物—人—神的三
元结构中，动物没有理性只有感性，人既有感性又有理性，神没有感性
只有理性。人介于动物和神之间。而人根据理性的成熟程度差异，又可
以分为两个层次：孩子和成人。前者理性不够完善，后者理性发展成熟。
孩子摆脱了动物那种被自然奴役的状态，他可以对一切说"不"。叛逆期
的孩子不仅可以对自然说"不"，还可以对自由说"不"，它通过否定一

---

① ［德］康德：《纯粹理性批判》，邓晓芒译，杨祖陶校，第378—379 页。
② ［德］康德：《纯然理性界限内的宗教》（注释本），李秋零译注，第7 页。

切来获取自由。这体现为任意的绝对自发性。但成人要走出叛逆期，不再去否定一切，而是去追求好东西。成人不像孩子那样在与动物的对照中获取自由，而是把目光投向神，在不断接近神的过程中寻求自由。有一类成人很特殊，他们是孩子的家长。家长是孩子的监护人，他们要为孩子的行为负责。意志或纯粹实践理性就是这样的监护人，它们为任意的行为负责。

康德说："他在现在正在说谎的这一瞬间中完全是有罪的；因而理性不顾这一行为的所有那些经验性的条件而完全是自由的，而这一行为完全要归咎于理性的失职。"① 恶意说谎是自由的，因而是有罪的，这一点不用多说，值得注意的是，这种罪责要归咎于"理性的失职"。这是很奇怪的。做出恶意说谎这一行为的是任意，它所具有的自由也是任意的绝对自发性，这些都跟任意有关，为什么在归责的时候要归到理性？既然是任意做出了违背道德法则的事情，为什么负责的不是任意，而是理性呢？根据上一段的分析，我们可以很好地回答这一问题。任意就像是孩子，理性像是孩子的监护人。孩子犯错，他要负一定责任，但主要负责的是他的监护人，是监护人的失职，才导致了孩子犯错。就像六年级的小明欺负一年级的小红，事后他需要向小红道歉，但付医药费的是小明的父母。而且，大家会更多地谴责小明的父母，认为他们没管教好小明，才有了他的霸凌行为。当然，小明的行为是自由的，但这是由于他父母疏于管教，才使他滥用了自己的自由。父母要为他们的失职负责。同理，理性也要为它的失职负责。它的本职工作是确保任意做出符合道德法则的行动，现在任意做了相反的行动，此时要归咎于理性的失职，它本应避免任意这么做的。

除了失职，如果孩子犯的错是出于父母的纵容，这也要归因于父母。例如有些孩子刚开始犯些小错，如果父母及时阻止和劝诫，是不会有事的，可有些父母溺爱孩子，不仅对他们犯的错视而不见，反而去责怪别人。久而久之，孩子越来越不懂得是非，以至于后来酿成大祸。这都是父母过分偏袒和纵容所致。既然如此，我们当然会归因于父母，早知现在，何必当初。康德认为任意犯的错，也是意志纵容的结果。"当他容许

---

① ［德］康德：《纯粹理性批判》，邓晓芒译，杨祖陶校，第447页。

它们影响他的准则而损及意志的理性法则时，却把他对它们可能怀有的纵容归于意志。"①其中"它们"是指感性的偏好和冲动。当任意选择感性动机而做出违背道德法则的事情时，应该负责的是意志，因为这是出于意志的纵容。

因此，任意和意志就像孩子和父母，孩子犯错，父母需要负责，他们本应不让孩子犯错的。孩子犯的错是自由行为，但却滥用了自己的自由，父母应当为他们的失职和纵容负责。相应的，他律行动是任意的自由行为，但却是任意滥用自身的自由，意志或纯粹实践理性要为它们的失职和纵容负责。

第五节　回应合理质疑

有人对我的解决方案提出质疑，他们认为自发的自由无非是做或不做的双向选择能力，但康德明确反对这种看法，因而这种解决方案是成问题的。胡学源就提出这样的质疑。②康德的确说过，"任意的自由，却不能像某些人曾试图做的那样，被界定为一种赞成或违反规律之行动的选择能力（两可的自由），虽然任意作为现象在经验中提供了大量这方面的例子"③。看上去证据确凿，不过它值得仔细分析。

我以前写论文回应过这个质疑，那时的思路是诉诸严格意义的自由和宽松意义的自由的区分。在严格意义上，任意的自由不是选择能力，但在宽松意义上它可以是。④现在的思路略有不同。任意自由的定义不是选择能力，但选择能力可以从定义中推出来。任意自由的定义是绝对自发性。这有很多文本依据，例如《纯然理性界限内的宗教》那句引用颇多的话："只有这样，一种动机，不管它是什么样的动机，才能与任意的

①　［德］康德：《道德形而上学的奠基》（注释本），李秋零译，第83页。李秋零将Nachsicht译为"宽容"，根据文意，似应为"纵容"。

②　参见胡学源《康德哲学中的"归责问题"及其解决——以两种意义的意志自律概念为基础》，《世界哲学》2021年第6期，第114—115页。

③　［德］康德：《道德形而上学》（注释本），张荣、李秋零译注，第24页。

④　参见笔者《康德哲学中的抉意自由》，《道德与文明》2013年第6期，第60—61页。当时我把"Willkür"译成了"抉意"，即做抉择的意志。

绝对自发性（即自由）共存"。① 绝对自发性和选择能力不同，前者强调独立性和自发性，独立于其他原因的规定，并自发地开启一个因果序列，后者强调在实际行动的同时，还有一种本可以不这么做的能力，简言之，前者强调自主性，后者强调有两个或两个以上的选项，二者不一样。但绝对自发性可以推出选择能力。因为任意有独立性和自发性，所以它有得选，也就是说，由于任意可以斩断一切因果链条对它的束缚，因而摆在它前面的就会有两个或两个以上的选项。康德只是告诫我们，不要以为任意有选择能力就错把它当作任意自由的定义，但他没有否认任意有选择能力。

康德多次承认任意具有选择能力，就在他说完任意自由不能界定为选择能力后，就马上做了一个让步，"虽然任意作为现象在经验中提供着这方面的一些常见的例子"，任意在经验中还是既可以赞成，也可以违反道德法则而行动的。在给不道德的行动归责时，他说道："不论他直到那时所实行的整个生活方式如何，这个行为者毕竟本来是可以放弃撒谎的"；② "有理性的存在者对于他所干出的每个违背法则的行动，哪怕它作为现象是在过去充分规定了的并且就此而言是不可避免地必然的，他也有权说，他本来是可以不做出这一行动的。"③ 康德完全承认行动者具有本可以不这么做的能力，他只是强调不要把这种能力当作任意自由的定义。"人作为感官存在者，按照经验来看，表现出一种不仅遵循法则，而且也违背法则作出选择的能力，但毕竟不能由此来界定他作为理知存在者的自由。"④ 很多人看到康德反对将任意自由界定为选择能力，就以为他反对任意具有选择能力，他们混淆了定义和定义的推论。康德不反对任意有选择能力，但认为任意自由的定义是绝对自发性。所以，诉诸自发的自由来解决他律行动的归责问题，这是不成问题的。

另一个质疑更难应付。根据自发的自由，自律和他律行动都是自由的，而人的一切行动无非是自律和他律行动，这意味着人的一切行动都

---

① ［德］康德：《纯然理性界限内的宗教》（注释本），李秋零译注，第 7 页。
② ［德］康德：《纯粹理性批判》，邓晓芒译，杨祖陶校，第 448 页。
③ ［德］康德：《实践理性批判》，邓晓芒译，杨祖陶校，第 122 页。
④ ［德］康德：《道德形而上学》（注释本），张荣、李秋零译注，第 24 页。

是自由的，没有给不自由留下余地。可现实生活中我们会承认一些行动不自由。因此，如何解释不自由的行动成为一个问题。

现实中有不自由的行动，比如被强制。一个穷凶极恶的歹徒被警察围困，在即将被擒获的时候他狗急跳墙，把无辜的小明当作人质。他把枪顶在小明的头上，要求警察让开一条路。结果在小明的掩护下，歹徒逃脱。在这个案例中，小明是被挟持的，我们认为他当时处于不自由的状态，不能因为他客观上"帮助"了歹徒而谴责他。但他仍然有反抗的能力，因而他当时具有自发的自由。我们可以根据这种自由来追究小明的道德责任吗？我们可不可以对他说，你为什么不反抗，你知不知道就因为你不反抗，让那个警察追了十年的歹徒逃脱了！我们可以这样谴责小明吗？显然不行。小明可以豁出命去反抗，这是他的自由，但我们没有权利要求他这么做，否则就是种道德绑架。他是个无辜的受害者，我们凭什么做这样的要求？

因此，在行动者被强制的情况下，自发的自由不适合做道德归责的标准。因为一旦以它为标准，则行动者由于具有本可以反抗的能力而是自由的，又由于他是自由的，因而可以追究他的道德责任。这里的潜台词是：被强制者本应反抗的，既然他没反抗，那就得接受谴责。这是种不道德的要求，因为它过于严苛。对于强制，有两种道德要求：一种是反抗是应当做的，没有反抗就得谴责，另一种是反抗值得褒奖，没有反抗是本分。前者是过高的要求，它对于平凡的普通人来说不可行，也不必要。舍己为人可以作为一种价值倡导，但不能成为必须去做的使命。如果有人要求别人在被枪顶在头上或刀架在脖子上时必须反抗，那我们可以让他自己去试试。这完全是站着说话不腰疼。后者是正常的要求。如果被强制者冒着生命危险奋起反抗，这是英勇的行为，值得褒奖；而如果他没有反抗，这也情有可原，毕竟保全生命很重要。显然，如果以自发的自由作为道德归责的标准，那就是第一种道德要求。这是不合适的。所以，在存在强制的情况下，不能再以自发的自由为归责标准。

既然如此，我们需要换一种标准。这个标准是不受强制的自由。根据这种自由，被强制则不自由，而如果行动者试图跟强制做斗争，则这种行为是自由的，因为他在摆脱强制。就算在此过程中没有完全挣脱，这也是自由行为。这种自由不以是否反抗成功为标志，只要有反抗的行为发生即可。不受强制的自由跟上述正常的要求是吻合的。被强制不自由，因而不能追究行动者的责任，不能谴责他；反之，如果行动者奋起反抗，则是自由的，此时要追究他的责任，褒奖他。值得注意的是，追究道德责任不是只有道德谴责或惩罚，还有道德赞许或褒奖，也就是说，道德归责不仅仅是否定性的，还可以是肯定性的。

我在第二章论述过合法则的自由包含不受强制的要素。不受强制的完整表达是不受他者强制。康德强调的他者是个体内部的感性，他要求任意不受感性的规定。这里的他者则是个体之外的其他个体。但无论如何，他强调的都是自己不受他者强制。由于合法则的自由包含不受强制的要素，又由于在强制的情况下，道德归责的标准是不受强制的自由，因此，我们也可以说在强制的情况下，道德归责的标准是合法则的自由。这意味着当行动者被强制时，如果他做出合乎道德法则的反抗行动，这是自由的，应予以嘉奖；而如果他选择以感性偏好（即保全生命）为根据的不反抗行动，这是不自由的，不予追究责任。

因此，在大多数情况下，我们以自发的自由为道德归责标准，这样一来，那些自愿做出不道德行为的人都需要负责，不能以悲惨命运、社会不公或天生的性格等借口为自己开脱。但在少数情况下，例如在强制的情况下，我们不能再以自发的自由为道德归责标准，因为它过于苛刻，潜在地要求人们必须反抗。在这些情况下，合适的标准是合法则的自由。这样一来，被强制者做了反抗的行为，自由，嘉奖；没有做出反抗行为，不自由，不追究责任。这是对受害人的保护，也是种人道的原则。[①] 通过合法则的自由，我们为不自由的行动提供了解释。

有意思的是，基于合法则的自由，他律行动的归责成为问题，同样基于合法则的自由，他律行动的归责问题又得到解决。这是由于他律行动的复杂性。有些他律行动是行动者自愿做出的，但根据合法则的自由，它们是不自由的，不用负责。这就引发了他律行动的归责问题。但有些

---

① 袁辉认为所有他律行动都需要负责，因为行动者本应做出符合道德法则或自律的行动，既然没有做，那就应当负责。正常情况下，如果行动者自愿做出他律行动，他们的确应当负责，但袁辉没有看到，还有些被迫的他律行动，如上文所说的那样，在这些情况下行动者做出的他律行动不需要负责，否则道德要求会过于苛刻。因此，袁辉的观点不适用于一些被迫的他律行动。参见袁辉《双重论抑或单一论——康德伦理学中的任性自由理论》（待发表）。

他律行动是行动者被迫做出的，此时根据合法则的自由，它们不自由，不用负责，这恰好是合适的。① 这就解决了不自由的他律行动的归责问题。大家主要注意到前一个问题。学界提出两种有代表性的观点，一个是伍德的"拥有—实施"方案，另一个是胡学源的"客观—主观自律"方案。但这两个方案在文本解读和义理上都存在问题。我的解决方案跟传统方案一样，也是诉诸自发的自由。由于他律行动是行动者绝对自发做出的，因而它们是自由的。不过不同于传统方案的是，我主张他律行动虽然是任意自由地做出的，但负责的不是任意，而是意志或纯粹实践理性。因为理性的失职或意志的纵容，才使得任意滥用自由去犯错。

---

① 实际上，强迫、自由和道德归责之间的关系是很复杂的。像文中案例那样，如果有人拿枪顶在头上，反抗会面临丢掉生命的危险，此时不反抗是不用负责的。但有些强迫我们却应当反抗，不反抗需要被谴责。比如旧社会我们顶着三座大山的压迫，面对国破家亡的困境时，就应该奋起反击，不能得过且过、麻木不仁。因此，有些强迫，我们不宜轻易反抗，但有些强迫，则必须反抗。这些讨论不能一概而论，需视情况而定。本书没有就强迫问题做专题讨论，只是点到为止，不过已注意到它的复杂性。以后有机会再讨论。

第 八 章

对比解释难题[*]

毋庸讳言，本章的质疑仍然指向自由，不过有些质疑能够一目了然看出来，例如过度决定问题和他律的归责问题，但有些质疑不那么容易看出来，例如本章的对比解释难题，它需要联系到行动者因果性理论。行动者因果性理论是当代讨论自由意志问题的一个重要理论，代表人物有里德（T. Reid）、泰勒（R. Taylor）、齐硕姆（R. Chisholm）、奥康纳（T. O'Connor）等人。他们持自由论立场（libertarianism），认为自由和非决定论相容，即自由是不被自然因果性决定的。尽管康德主张独特的先验观念论，但我们可以把他看作行动者因果性理论的支持者。

之所以这么看，基于以下几个理由。首先，我在第二章讨论过，自由可从很多角度来看待，比如摆脱束缚、不被强制、自愿等，但康德主要是从因果性的角度看待自由，他把自由跟自然因果性并列起来称为自由因果性，而且认为自由这一属性归属于意志。只要我们把意志看作一个行动者（agent），那康德所说的自由就是一种行动者因果性。其次，行动者因果性理论的奠基人里德提出一个核心概念：积极能力。^① 如果一个理论认为行动者拥有积极能力，那这个理论就可以被看作行动者因果性理论。它有三个标准："第一，X 是有能力导致事件 e 的一种实体；第

---

* 本章写作参考笔者之前发表的论文《对比解释难题会威胁到行动者因果性理论吗》，《哲学动态》2018 年第 3 期。

① Cf. T. Reid, *The Works of Thomas Reid*. ed., Williams Hamilton. Edinburgh：Georg Olms Verlag, 1895, p. 517.

二，X 发挥它的能力从而导致 e；第三，X 有能力阻止 e 的发生。"① 很显然，康德的意志概念就是其中的 X，意志拥有积极能力，因而它拥有行动者因果性。最后，行动者因果性理论强调自由和控制，康德也非常看重自由和控制，因此我们可以把他看作行动者因果性理论的支持者。

这样一来，对行动者因果性理论发起的某些质疑也会适用于康德的相容论。对比解释难题就是这样的质疑。在行动哲学中，对比解释（contrastive explanation）是指对某个行为给出一种对比性的解释。它是相对于解释而言的。二者都是给出某个行为发生的理由，但对于已经发生的行动 A 而言，解释只需回答行动者为什么做 A，而对比解释需要回答行动者为什么做 A，而不做 B，也就是说，解释只需给出 A 为什么会发生的理由 R_a，对比解释则需要进一步给出 R_a 优于 R_b 的理由。对于一个行动 A 来说，我们总能给出解释，却未必都能给出对比解释。例如，你走进超市选了第三排货架上的第三支黑人牙膏。如果问你为什么选这支牙膏，你可以回答说，我喜欢这个牌子，它的剂量很合适，包装也很精美，等等。但如果问你为什么选第三支，而不是旁边的第二支呢，估计你会挠挠头说，谁叫它就在眼前呢，我只是顺手一拿。此时你给不出选第三支优于第二支的理由。一旦某个行动给不出对比解释，那就意味着它是随机的。你选第三支黑人牙膏就是随机的。而随机的事件往往是不能控制的。就像抛硬币这类随机事件一样，我们控制不了每次都抛出正面朝上。所以，如果给不出某个行动的对比解释，则这个行动是失控的，失控意味着不自由。质疑者认为行动者对某些行动给不出对比解释，因而达不到捍卫自由的目的。这个质疑对康德的相容论同样有效。接下来本章先考察基于对比解释难题的三个有代表性的案例，指出它们对康德相容论构成的挑战，然后做出回应。

第一节　对比解释难题的案例

以下三个案例的内容各有不同，但都借助了对比解释难题这个工具，

---

① W. L. Rowe, "Responsibility, Agent-Causation and Freedom: An Eighteenth-Century View", *Ethics.* 1991（101），p. 238.

它们分别是动机选择问题、时机选择问题和纯粹机遇问题。

一 动机选择问题

罗伯特·凯恩（Robert Kane）对行动者因果性理论发起挑战，他认为该理论必须满足解释性条件（The Explanation Condition），即"为什么这个行动在此时此地发生而非彼时彼地发生"，实际上就是要求给出对比解释，但行动者因果性理论给不出来。因为这个理论主张非决定论，而非决定论要求一个自由的行动是不被决定的。既然不被决定，那么做 A 或者不做 A 可能有相同的原因。这意味着 A 和非 A 是同一些原因的可能结果。这样一来，任何行动都无法满足解释性条件。假设有两个选项 A 和 B，"如果行动者在此时此地做 A 而不是 B，乃是因为在选择行动之前她有如此这般的理由或动机，并且进行了如此这般的慎思，那么倘若她并非做 A 而是做 B，既然她有完全相同的理由或动机，事先进行了完全相同的慎思，我们又如何解释她做 A 而非 B 呢？如果行动之先的慎思合理化了做 A 而非 B（或者相反），那么作为同一慎思的结果，做 B 而非 A（或者相反）相对于行动者的过去而言岂不是任意的或者反复无常的？岂不是一种偶然和意外？"简言之，在非决定论的立场下，当行动者面临两个选项 A 和 B 时，无论选哪个，都给不出对比解释，因为二者的理由或动机和慎思都是相同的。既然原因相同，那就无法解释为什么选 A 而不选 B，因为如果能给出理由，那同一个理由也可以解释为什么选 B 而不选 A。[①]

相同的原因抹掉了选 A 的理由优于选 B 的理由的可能性。假设事实上选了 A，为什么选 A 不选 B 呢？我们有理由选 A，记作 R_a，也有理由选 B，记作 R_b。之所以选 A 不选 B，一定是因为 R_a 优于 R_b。现在选 A 和选 B 的原因相同，因而 R_a 和 R_b 相同，这当然给不出对比解释。回到选第三支黑人牙膏的例子，我们解释不了为什么选第三支而不选第二支。如果说选第三支是因为品牌、剂量或包装，那第二支也有相同的品牌、剂量和包装，为什么不选第二支？难道第三支的位置和次序有特殊的地位？

---

① R. Kane, "Two Kinds of Incompatibilism", *Philisophy and Phenomenological*, 1989（50）, pp. 225 – 228.

似乎没有。所以，由于选第三支和第二支的理由是相同的，因此我们给不出选它的对比解释。因此，选 A 或者选 B 是随机的，就像随机拿起第三支黑人牙膏一样。既然一个行动是随机的，如何说明它是自由的？

米尔（Mele）利用"可能世界"提出了类似的疑问。他说，"为什么伴随着相同的过去和自然法则，一个行动者在 t 时刻运用他的行动者因果能力决定做 A 而不是在其他可能世界以其他方式做决定，这个问题原则上是无法回答的"，对于现实中运用能力造成的结果，那都归之于行动者的运气。①

由此，我把上述对行动者因果性理论的质疑概括为动机选择问题。假如行动者面临两种动机（包括理由、慎思等心理因素），每种动机都对他施加影响，结果他选择其中一个而放弃另一个。由于行动者因果性理论的非决定论立场，选择任何一个动机的原因都是相同的，因而我们无法解释他为什么选这个，而不是那个，这样一来，他对动机的选择就是随机的。随机选择意味着失控和不自由。

康德的相容论同样面临动机选择问题，但阐述起来更为复杂，复杂之处源于他不是简单的非决定论者。前面第七章第二节有讲，康德跟休谟一样，也主张结果的不同出自原因的不同，不会出现相同原因导致不同结果的情况。但微妙的是，康德在《纯然理性界限内的宗教》中指出，不管什么动机，哪怕是理性动机，只有当它们被任意选择纳入准则才能规定任意，否则就不能规定，这才与任意的绝对自发性相容。② 这意味着不同的动机选择只有从事后归因的角度才能回溯出不同的原因，但如果从实际发生的角度看，它们都出自相同的任意的绝对自发性。这样一来，任意选择任何一个动机都给不出对比解释。在康德看来，任意面临两类动机。这两类动机不是理由和慎思这些，而是感性动机（出自本能的偏好）和理性动机（道德法则）。由于每种动机的选择都出自相同的绝对自发性，因而给不出对比解释。例如任意事实上选择了感性动机，为什么它选择感性动机而不是理性动机呢？因为这种选择出自任意的绝对自发性。可是，同样

---

① A. R. Mele, *Free Will and Luck*. Oxford：Oxford University Press, 2006, p. 70.

② 参见［德］康德《纯然理性界限内的宗教》（注释本），李秋零译注，中国人民大学出版社 2012 年版，第 7 页。

出于绝对自发性，也可以选择理性动机而不是感性动机。因此，康德给不出对比解释。而给不出对比解释意味着任意的选择是随机和不自由的。讽刺的是，原本彰显自由的绝对自发性，此时却恰好变成了不自由。这给康德的相容论带来严峻的挑战。

二　时机选择问题

行动者作为行动的原因，是个历时性的实体，这就引出时机选择问题。布罗德（C. D. Broad）提出疑问，"只要一个事件是被决定的，[①] 它的总原因的本质要素就必须是其他事件。如果一个事件的总原因不包含时刻概念可以用于其上的要素，它怎么可能被决定在某个特定的时刻发生呢？时刻的概念又如何能够适用于不是事件的任何东西？"[②] 布罗德是个事件因果关系论者，他认为事件的原因有很多要素，本质要素必须是事件，而不是行动者。如果一个事件的总原因是行动者，而行动者持存着，那就无法解释为什么该事件在特定的时刻发生，而不在其他时刻发生。在他看来，时刻概念不适用于行动者。

奥康纳把布罗德的问题归结为："'我在 t 时刻引起这个决定'这个命题并不能解释为什么在那一刻做出这个决定，也不能解释为什么我像我所做的那样做出这个决定。"[③] 意即，为什么"我"偏偏在 t 时刻做出这个决定，而不在其他时刻做出呢？这个问题原则上是无法回答的。如吉莱特（Ginet）所言，"我可能有理由拿起电话（我想打电话给朋友），但我没有理由用我的左手而不用我的右手，即便我确实用的是我的左手。

---

① 前面说自由的行动不被决定，这里又说行动可以被决定，行动者因果性理论是不是自相矛盾？行动被决定，这也是行动者因果性理论承认的，毕竟它受到行动者控制。行动者因果性理论一方面主张自由的行动被行动者规定，另一方面主张它不被外部原因规定，因而它既被决定，又不被决定。这并不矛盾，因为它是从两个不同意义来讲的。正是在后一方面的意义上，该理论主张自由和非决定论相容。非决定论可以分为严格的非决定论和宽松的非决定论。前者主张行动不受一切东西规定，包括行动者本人，它主张自由就是失控和随机，后者只要求世界进程在某一点上不被决定即可。行动者因果性理论接纳的是宽松的非决定论。

② C. D. Broad, "Determinism, Indeterminism and Libertarianism", *Ethics and the History of Philosophy*, London: RKP, 1952, p. 215.

③ T. O'Connor, "Agent Causation", *Agents, Causes and Events: Essays on Indeterminism and Free Will*, ed., T. O'Connor, New York: Oxford University Press, 1995, p. 15.

同样，我也可能没有理由恰好在我打电话的那一刻去打电话"①。

综上，我把布罗德对行动者因果性理论的质疑称为时机选择问题。如果一个行动的总原因是历时性的行动者，那么这个行动为什么偏偏在这个时刻做出，而不在其他时刻做出呢？这个问题没办法回答。因为行动者持续存在着，他没办法为某个特定时刻的行动提供特殊地位。既然行动者是这个时刻，而非其他时刻的行动的原因，那同一个行动者也可以成为其他时刻，而非这个时刻的行动的原因。因此，如果持存的行动者是原因，那他的行动给不出对比解释，因而他在某个时刻做出的行动完全是随机的，失控的。这个问题不仅质疑了行动者对行动的控制，而且有将其还原为事件因果关系的效果。原因是行动者，这当然解释不了为什么在这个时刻而非其他时刻做出决定的问题，但如果原因不是行动者，而是事件，问题就迎刃而解了。行动者的每个心理状态都是在特定时刻产生的，所以特定时刻的心理状态导致了这个时刻而非其他时刻的结果。例如我有急事要找小明，这导致了下一瞬间而非第二天给他打电话的行动。为什么我会在下一瞬间而非第二天打电话？很简单，因为我在前一瞬间有急事要找他。换言之，我在前一瞬间打电话的原因不是我这个行动者，而是我所经历的事件。

显然，康德的相容论也面临时机选择问题，不过它不是出于行动者原因，而是出于无时间的理知原因。前文已述，康德的自由因果性是跨界的，它是无时间的理知原因在时间中产生结果。既然理知原因是处于时间之外的，那它无法为某个时刻的行动提供对比解释，因为它无法为不同时刻的行动提供差异化解释。为何理知原因在这个时刻，而非其他时刻做出行动？我们固然可以在时间序列中找到差异化的先行原因，但只要归结到无时间的理知原因，就没办法差异化处理了。但凡用一个理由解释它在这个时刻，而非其他时刻做出行动，那么同一个理由也能解释它在其他时刻，而非这个时刻做出行动。无时间的理知原因究竟在哪个时刻会产生结果，这完全是随机的，因而是失控和不自由的。时机选择问题也让康德丢掉了自由。

---

① C. Ginet, "Freedom, Responsibility, and Agency", *The Journal of Ethics*, 1997 (1), pp. 85 – 98.

三 纯粹机遇问题 （mere matter of chance）

因瓦根（P. v. Inwagen）认为自由既和决定论不相容，又和非决定论不相容，因而它仍然是个谜。在论文《自由意志仍然是个谜》的第二部分，他提出自由和非决定论的不相容，这一点正好与行动者因果性理论的观点对立。他的论证如下：

1. 假定自由和非决定论相容，即一个自由行动是不被决定的；

2. 不被决定的行动是随机的；

3. 随机行动意味着失控和不自由；

4. 所以，假定自由和非决定论相容，则产生矛盾：自由行动是不自由的；

5. 所以，自由和非决定论不相容，自由行动不被决定是错误的。

前三个前提推出前提4，前提4依据归谬法推出结论5。前提1是相容的定义，重点是前提2和3。对于前提2，因瓦根做了一个思想实验：

> 假设在爱丽斯讲真话之后，上帝马上引起宇宙精确地回到爱丽斯在讲真话之前一分钟的状态……，然后让事情"次继续向前"。第二次将发生什么？……她将撒谎还是讲真话？由于爱丽斯"原来的"决定（讲真话的决定）并不被决定，因为她是撒谎还是讲真话不被决定，因此她的"第二次"决定也将不被决定，于是这个问题就没有答案；……。我们只能说她可能已经撒了谎和她可能已经讲了真话。[①]

由于爱丽斯原来讲真话的决定是不被决定的，因此，如果时间倒流到她做决定的前一刻，我们无法预知"这一次"她会撒谎还是讲真话。假设时间倒流不是1次，而是1000次。随着观察次数的增加，讲真话和撒谎的次数的比率会收敛到某个固定值，但我们能够据此预测下一次重放将会发生什么吗？不能。即使我们已经观察了726次重放，也仍然不会知道第727次重放爱丽斯会讲真话还是撒谎。"关于第727次重放（这是

---

① P. v. Inwagen, "Free Will Remains a Mystery", *Philosophical Perspectives*, 2000 （14）, p. 14.

将要发生的），我们只能接受这个结论：这次重放的两个可能结果之一具有一个客观的、0.5 的根本概率——除此之外还能说更多的东西吗？这确实意味着，在可以想象的最严格意义上，重放的结果将是随机的。"① 由于讲真话和撒谎的客观概率都是 0.5，因此第 727 次重放的结果不可预测。中间的细节是这样的：讲真话和撒谎的客观概率相等，假定事实上爱丽斯第 727 次重放讲了真话，为什么她讲真话而不撒谎，同一个理由也可以解释她为什么撒谎而不是讲真话。也就是说，由于讲真话和撒谎的客观概率都是 0.5，因此每个结果都给不出对比解释，在这种情况下，哪个结果出现都是随机的。这个结论适用于其他所有次数的情况。这和抛硬币是一样的。我们知道正面和背面朝上的概率相等，都是 0.5。假设这一次正面朝上，由于导致这个结果的原因同样可以导致背面朝上，因而它给不出对比解释，所以我们说它是随机产生的。

因瓦根对前提 3 没有给出论证，而是以反诘的方式暗示了这一点："如果她是会讲真话还是会撒谎是一件纯粹偶然的事情，那么，就讲真话和撒谎而言，爱丽斯的自由意志在哪里？如果一个人面临在 A 和 B 之间的一个选择，一个人是选择 A 还是选择 B 是一件纯粹偶然的事情，那么'他能够选择 A'这件事究竟是如何发生的？"② 由此可见，他基本默认了随机行动就是失控和不自由的。

通过前提 2 和前提 3 的确认，尤其是前提 2 中对对比解释难题的运用，因瓦根完成了他的论证。这一论证不仅挑战了行动者因果性理论，而且威胁到康德的相容论，因为它把自由取消了。在康德看来，不管是先验自由还是任意自由，核心要义都是绝对自发性，而绝对自发性的一个特点是独立于自然因果性的规定。但因瓦根却说自由不被规定这一点是错误的。

第二节　回应基于对比解释难题的质疑

在动机选择问题、时机选择问题和纯粹机遇问题中，质疑者利用对

---

① P. v. Inwagen, "Free Will Remains a Mystery", *Philosophical Perspectives*, 2000 (14), p. 15.

② P. v. Inwagen, "Free Will Remains a Mystery", *Philosophical Perspectives*, 2000 (14), p. 17.

比解释难题这个工具对康德的相容论构成挑战。前两个质疑的思路是：由于在任意动机和时机的选择上给不出对比解释，因而行动是随机的，不自由。第三个质疑利用爱丽斯无法为讲真话提供对比解释，否定了自由是不被决定的这一点。本节将依次回应这三个质疑，以期证明它们并没有真正威胁到康德的相容论。

一 回应动机选择问题

行动者因果性理论的拥护者奥康纳明确回答了动机选择问题。首先，他认为行动者因果关系可以通过偏好为某些行动提供对比解释，"行动者完成一个特定的行动而不是做其他事情，因为他偏爱它胜过任何其他可能的选项"①。例如我面前摆着芒果和榴莲，由于我喜欢吃芒果不喜欢吃榴莲，因而自然选择芒果。之所以我选杧果不选榴莲，是因为我偏爱它胜过榴莲。其次，对于那些给不出对比解释的行动，"我们依然能够给出一个非常好的关于这个被选择的行动的非对比解释。"② 三期梅毒在不用青霉素治疗的情况下，引发麻痹性痴呆的概率大约是28%。③ 假设张三不幸得了三期梅毒，没用青霉素治疗，真的引发了麻痹性痴呆。在这种情况下，人们不会在意其他人在同等条件下为什么不这样，顶多感叹"这就是命"。许多行动跟这类似，不用给出对比解释，给出解释就够了。

然而，他的回答有明显的缺陷。首先，偏好提供不了对比解释。为什么会偏爱这个不偏爱那个？这又重新回到对比解释难题中，以至于陷入无穷后退。其次，当两个选择的偏好程度相近时，给出解释真的足够吗？有时我们不会满足于解释。更重要的是，就算给出再好的解释，只要提供不了对比解释，那就意味着这个选择是随机的，是失控和不自由的。奥康纳始终强调有些事实不用给对比解释，给出解释即可，而对于"如果给不出对比解释，这个行动何以能够是自由的"这个问题始终采取回避的态度。

徐向东分析了一个具有同等动机力量的例子：待在北京大学还是去

---

① T. O'Connor, *Persons and Causes*. Oxford：Oxford University Press, 2000, p. 93.

② T. O'Connor, *Persons and Causes*. Oxford：Oxford University Press, 2000, p. 93.

③ T. O'Connor, *Persons and Causes*. Oxford：Oxford University Press, 2000, pp. 91 – 92.

另一个学校。待在北京大学，有较为丰富而全面的图书资料，有更多的对外交流机会，生活环境也很熟悉；去另一个学校，有优厚的物质生活条件和更多想要的自主权。前者对他的职业目标发展必不可少，后者对他也有足够的吸引力。二者在他心中具有同等分量且不可通约，换言之，他对两个选择具有近似的偏好程度。后来他去了另一个学校。在这种情况下，仅仅给出一般解释就足够吗？他为什么去另一个学校？如果只是回答说因为那个学校有更好的物质生活条件和更多的自主权，那是不够的，因为待在北京大学也挺好，为什么不留下来？此时需要对比解释。如果给不出对比解释，则这个选择跟随机选没什么区别。就像徐向东自己说的，"既然我仍然处于内在冲突的状态，两方面的理由对我都产生了相持不下的动机力量，那么我就很想知道我为什么会做出这个选择。如果我发现不了任何进一步的理由来说明我为什么会做出这个选择，那么我就只能把我的选择看作是随机的或者偶然的，类似于对自己的命运下个赌注"[1]。随机选择也是一种选择，但它怎么能是自由的呢？

其实，奥康纳并不是不能回答这个问题。他有个观点非常值得注意，"这个我将其称作是'我的理由'的意动的、认知要素的嵌套结构是最为基本的要素，这些要素将我的能力限制在行使有限自主性的范围内（积极能力是出于理由自由地选择某个过程的能力）"[2]。意即，我的控制能力是有范围的。有些事件我能够控制，有些事件不能控制。在那些能够控制的事件中，我的能力体现在能够出于理由选择范围中的任何一个。这样一来，选择任何一个都是自由的，因为它们都处于我的控制之下。

这就可以解决随机选择动机何以能够成为自由行动的问题。任意面临感性动机和理性动机，最终它选择其中一种动机。为什么任意选这种动机而非另一种呢？由于任意的绝对自发性，它的选择给不出对比解释，因而是随机的，但不管选哪个，都处于任意的控制范围内。任意有能力选感性动机和理性动机，选哪个都没有失控，选哪个都是自由的。我把这种解决方案称为"划范围"。就像篮子里有一百个大小相近、颜色相似的鸡蛋，我闭着眼睛随便挑，或许我回答不了为什么挑这个不挑那个，

---

① 徐向东：《论行动者因果性理论的不连贯性》，《心智与计算》2007 年第 1 期，第 58 页。

② T. O'Connor, *Persons and Causes.* Oxford：Oxford University Press，2000，p. 95.

但这不会让我失去挑鸡蛋的能力。

二　回应时机选择问题

对于时机选择问题，奥康纳的回应是，事件因果关系跟行动者因果关系一样，都给不出对比解释，但这没关系，给出解释就够了。首先，他认为事件因果关系同样提供不了对比解释。"虽然行动者产生一个决定有各种必要条件，但这些条件可能要经过一段漫长的时间才能获得，因而没必要被认为是引起了这个决定。"① "这些条件"是指包括心理事件在内的各种事件。因为这些事件经过漫长的时间才会发生，所以它们不是引起决定的原因。其次，他提出既然事件因果关系也给不出对比解释，那行动者因果关系没必要给出对比解释了，给出解释就行。他拿量子力学的实验做类比。这个实验将一个光子发射到有两条缝隙的屏幕上。如果发射到 A 缝上，则绿灯亮；发射到 B 缝上，红灯亮。结果显示红灯亮。我们无法解释为什么亮红灯不亮绿灯，但可以解释为什么亮红灯，这就够了。同理，对于某个事件的发生时刻而言，行动者给不出对比解释也没关系，能给出解释就行了。②

奥康纳讲的第一点是可以接受的。或许更好的说法是，这些事件在那个时刻而不在其他时刻发生，这有陷入无穷后退的危险，所以事件因果关系同样提供不了对比解释。但第二点不成功。对比解释难题质疑的是控制和自由。量子力学给不出对比解释，这恰好说明光子出现在 A 缝还是 B 缝是完全随机的，如果真要类比的话，行动者引发行动是不是也是随机的？而且，科学实验和行动哲学并不具有同构性。即使科学实验不需要对比解释，但行动哲学需要。徐向东的例子就表明，现实生活中对很多行为我们并不满足于仅仅给个一般解释。

解决时机选择问题的关键同样是划范围。行动者意志的能力范围不仅包括动机，还包括时间。在一段时间内的任何一个时刻，作为理知原因的理性都有能力产生结果。它在哪个时刻产生结果，这或许是随机的，但不影响它的能力。好比我答应今晚给某人打电话，可能是晚上八点打，

---

①　T. O'Connor, *Persons and Causes*, Oxford：Oxford University Press, 2000, p. 74.

②　T. O'Connor, *Persons and Causes*, Oxford：Oxford University Press, 2000, p. 76.

也可能晚上九点打，打电话的时刻是随机的，但无论如何，我都不会失去打电话的能力。

三　回应纯粹机遇问题

因瓦根的论证是有效的，可靠性依赖于两个前提：（1）不被决定的行动是随机的，（2）随机行动是失控和自由的。他对前提（2）论证是这样的：不被决定的两个行动可能有相同的原因，相同原因产生两个行动的概率都是 0.5，因而任何行动的发生都给不出对比解释，所以它们是随机的。

对于不被决定的行动是随机的观点，康德有不同意见。先验自由具有消极和积极两方面的意义，就前者而言，意志不受任何先行原因的规定，就后者而言，它可以自行开启一个全新的因果序列。在康德看来，不被决定的行动未必是随机的，它可以充当第一因。在因果链条中，有些行动不被先行原因决定，却可以产生后续的结果。这样的行动被看作自由的行动。"如果我现在（例如说）完全自由地、不受自然原因的必然规定影响地从椅子上站起来，那么在这个事件中，连同其无限的自然后果一起，就会绝对地开始一个新的序列。"① 自由之所以为自由，题中之义就在于意志的行动不被任何先行原因决定。

这个观点的理由也有问题。如果任意面临两个可能的选项，每个选项的概率都相等，那么我们通常会认为它的选择就像赌博一样，只在一念之间。诚然，从观察者视角看，这是没错的。鱼和熊掌都是它欲求的，别人怎么知道会选哪个呢。但任意是特殊的，它有绝对自发性。不管观察者从过去的经验得到的概率是大还是小，这一次行动只由任意说了算，换言之，客观概率对任意来说是完全没用的。奥康纳正确地指出了这一点。"说我有 80% 的客观概率产生意图去参加当地酒吧的学生活动，这对我实际上将要做的来说等于什么都没说。我能抵制这种强烈的倾向，就像按照它去做一样。"② 80% 的概率是相对观察者来说的，对于当事人而

---

① ［德］康德：《纯粹理性批判》，邓晓芒译，杨祖陶校，第378—379页。

② T. O'Connor，"Agent-Causal Power"，*Dispositions and Cause*，ed.，Toby Handfield. New York：Oxford University Press，2009，p. 39.

言，只有 1 和 0，他做了就是 1，不做就是 0。试想张三面临 100 次类似的抉择情境，他 99 次选了同一个选项，这个选项的概率是 99%，我们当然可以据此预测他会选以往的那个选项，但作为当事人，他总是有能力选 1% 的选项。这就是为什么"奇迹"总在我们身边发生的原因。如果区分第一人称和第三人称视角，因瓦根的论证就不能成立了。从第一人称视角看，任意做出的行动对他来说是可以预测的。

以上都是对前提（1）的反驳，接下来我们要给出一个经常被忽略，却十分重要的反驳。退一步讲，即使承认行动因给不出对比解释而成为随机的，这也没关系，随机行动并不总是失控的和不自由的。当然，像抛硬币这类随机事件是完全失控的，我们既不能促使，也不能阻止正面或背面朝上。但还有一种随机行动是部分失控的，它在局部失控，但在整体上仍然是可控的。像上面说的篮子里挑鸡蛋，我给不出挑选某个特定鸡蛋的对比解释，因而在局部失控了，但从整个挑选范围看，它仍然处于控制之中。换言之，我给不出挑这个不挑那个的对比解释，但我能够挑它们之中的任何一个，这是毋庸置疑的。因瓦根不加论证就直接认可的前提（2）正是本章通篇加以批评的。

本章论述了基于对比解释难题的三个质疑，并对它们一一做了回应。不管是动机选择问题、时机选择问题，还是纯粹机遇问题，它们都有共同点：不被决定的行动有相同的原因，相同原因导致的结果给不出对比解释，给不出对比解释的结果是随机的，随机的结果是失控和不自由的。论证主要分为两步，一是通过某个行为给不出对比解释表明它是随机的，二是由随机行为推出它失控和不自由。学界的讨论主要集中在第一步，相对来说忽视了第二步的重要性。我的思路是承认第一步，反对第二步。即使行动者的任意对某个动机、某个时刻或者某种概率的行动的选择是随机的，那也不意味着它们是不自由的，因为这些动机、时刻和客观概率的行动都在任意的掌控范围内。所以，对比解释难题没有威胁到康德的相容论，行动者做出的行动仍然是自由的。

结　　语

在这里我准备做两件事情，一是总结全书，二是揭示康德相容论的当代价值。如导言所述，康德面临一个严峻的时代问题：机械论无效怎么办，机械论有效又怎么办。如果机械论无效，则自然科学的理论基础产生动摇，如果机械论有效，则自由受到威胁。他解决这个问题的基本策略是先确立自然因果性的正确性，亦即机械论的有效性，然后在这一前提下确保自由，也就是说，他一方面建构自然因果性，另一方面拯救自由。在自然因果性方面，康德通过对休谟的继承和改造，确保了普遍因果律的必然性。而在自由方面，他对自由的拯救分为两步，第一步论证自由的可能性，第二步论证自由的现实性，这样一来，即使自然因果性是正确的，自由也不仅可能存在，而且现实存在。自由和自然因果性一方面呈现并列关系，另一方面呈现因果关系；不管哪种关系，都表明自由和自然因果性不冲突，亦即自由在自然因果性规定的世界图景中得以可能。然后，康德转向实践领域，通过存在理由、理性的事实等条件将自由的现实性确定下来。由此康德解决了他面临的时代问题。

康德所说的自然因果性是种普遍因果律，即一切发生的事情都有其原因。他需要从休谟的怀疑中确立这种因果律的有效性。休谟认为因果关系的必然性不能建立在理性的先天推理的基础上，而要诉诸经验。在经历两个事件的恒常会合之后，主体会产生习惯性转移的新印象，由此保证因果关系的必然性。康德对此既有继承，又有改造。他同意因果关系的必然性不能通过理性的先天推理得出，但反对由此转向经验和想象力。在他看来，无论基于经验还是想象力，因果关系都得不到真正的必然性。他在理性和想象力之间找到第三种认识能力——知性，又在单纯先天和单纯后天之间找到第三种认识来源——先天形式和后天质料的结合，由此他改造了休谟的因果观。因果关系不基于理性和想象力，而是基于知性的先天推理。这种推理不再是抽象掉经验内容的形式逻辑推理，而是包含了后天质料的先验逻辑推理。推理的结论是：一切发生的事情都有其原因，这一点是先天必然的，但这种原因具体是什么，需要诉诸经验，不能先天断定。因此，康德持有一种先验的因果观，而非休谟那种经验的因果观，他主张因果关系使得经验成为可能，而非经验使得因果关系成为可能。对于这种因果观，他从两个事件的客观相继和某一事件的确定的时间位置展开论证。现实中两个事件 A 和 B 的发生是客观相继的，它们的先后秩序是确定的，能够赋予这种秩序的只有因果性范畴。而因果性范畴除了包含确定的先后关系，还内在地蕴含了因果关系。因此，事件 B 总是有原因。虽然 B 的原因是不是 A 还需要经验来检验，但它有原因这一点是确定的。同理，如果一个单独的事件 B 在时间轴上有确定的时间位置，那它一定是由因果性范畴规定的。又由于因果性范畴内在地包含了因果关系，故事件 B 必有原因。事件 B 代指任何一件事情，这意味着一切发生的事情都有其原因。因此，自然因果性得证。

　　康德的自由概念辨析起来相当烦琐。他至少表述过七个自由概念，分别是比较的自由（或心理学的自由）、先验自由、实践自由、任意的自由、意志的自由、消极自由、积极自由。除了第一个是他反对的，后面六个都是他加以肯定的。这些自由概念的大致关系是：先验自由和实践自由分属理论和实践两个领域，实践自由又分为任意的自由和意志的自由，其中重要的是先验自由和任意自由。① 消极自由和积极自由不是两种独立的自由，而是从属于先验自由和任意自由的两重含义。意志和任意有两个区别：前者具有立法功能，后者具有执法功能；前者像家长，后者像孩子，孩子犯了错家长要负责，同样的，任意犯了错意志要负责。先验自由和任意自由都是从因果秩序的角度来看待的，不过它们有三大区别。其一，领域不同，前者涉及理论领域，后者涉及实践领域；其二，术语不同，前者使用的术语是自然原因、理知原因、自然因果性、理知

---

　　① 意志的自由在《道德形而上学》上被取消，康德在那里说意志无所谓自由。参见［德］康德《道德形而上学》（注释本），张荣、李秋零译注，第 24 页。

因果性、结果等，后者使用的术语是感性偏好、纯粹实践理性、假言命令、定言命令（道德法则）、行动等；其三，模态不同，先验自由是可能的，任意自由是现实的。但先验自由和任意自由不是两个不同的自由，而是同一个自由在不同领域的运用。当自由用到理论领域，它呈现为先验自由，但它用到实践领域，它呈现为实践自由。任意自由的核心是绝对自发性，但绝对自发性有歧义。一方面，它是独立于感性偏好的规定、服从理性法则的自发性，这种自发性被称为"合法则的自由"，另一方面，它是既可以选择感性动机，又可以选择理性动机的自发性，这种自发性被称为"自发的自由"。合法则的自由和自发的自由有区别，前者是单向的、道德上善的，后者是双向的，两可的，在善恶之间是中立的；前者强调选择的内容必须是道德法则，后者不在意内容，只在意选项，即有没有得选；前者是人性趋向于神性的真正的自由，后者是人区别于动物的低层次自由。总的来说，康德的自由概念中有两个重要的对子：先验自由和任意自由、合法则的自由和自发的自由，第一个对子是康德自己表述的，后一个对子是我命名的，不过它切中了任意自由的核心。康德的自由概念含义丰富，不能被统摄到同一种含义之下，这不是缺点，反而是优点，因为自由概念的面向本来就很多。坚持康德主张唯一的一种自由概念恰恰掩盖了他的洞见，让自由变得极为单薄和片面，我们没必要如此解读。

自然因果性与自由概念存在冲突。前者要求现象中的原因是有条件的，必定还有先行原因，后者要求现象中的原因是无条件的，可以充当第一开端；前者要求因果关联都在时间之中，后者可以允许因果关联不在时间之中；前者要求所有发生的事情都得到精确预测，后者要求有些事情不能精确预测，否则就变得不自由。自然因果性已然得到确证，故自由陷入危机。

但对于自由，有人认为它存在，有人认为它不存在，双方陷入二律背反之中。康德指出，如果区分现象和物自身，则双方都是正确的。在物自身的视角下，主张自然因果性和自由相容的一方正确，在现象的视角下，主张自然因果性正确且没有自由的一方正确，前者是相容论立场，后者是不相容论立场。这意味着康德主张相容论与不相容论的相容。但这是违背排中律的。更复杂的是，自由与自然因果性相容、不相容、既相容又不相容、既非相容又非不相容，这些立场都有康德的文本支持，也有不同的学者支持。这就引出一个问题：康德到底主张何种立场，他是相容论者吗？其实两个东西相容没有那么多特殊的含义，它只是二者共存或不矛盾的意思，从这个意义上看，大量的文本都表明康德主张自由与自然因果性的相容。相容论、不相容论这些术语严格说来有些语词之争的意味，我们通过康德主张的倒 T 模型可以把握自由与自然因果性关系的实质。在这一模型中，二者呈现出并列和因果的两种不同关系，这两种关系都表明它们的相容。这是实质。至于对自由与自然因果性的关系贴上相容论、不相容论、自由论或者强决定论的标签，这已经没那么重要了。当然，如果硬要贴个标签，我们也可以说康德主张相容论与不相容论的相容，或者自由论和强决定论的相容。

那么，康德的自由与自然因果性如何相容，或者说他如何在危机中拯救自由？康德的思路是分两步，先论证自由的可能性，使其与自然因果性不冲突，然后论证自由的现实性，将其彻底拯救出来。他坦承并不是不想一步到位，只是因为思辨理性没有能力这么做。自由的可能性论证又分为三个小论证。论证 1：由于现象与物自身的区分，自然因果性在现象领域起作用，自由在物自身领域起作用，因而二者并行不悖。论证 2：自由被推向不可知的物自身领域，虽不可证实，也不可证伪，故保留了它的可能性。论证 3：我们可以设想一种纯粹理性，它凭借纯粹的自发性可以将感官世界和知性世界区分开，因而理性存在者具有两种立场，一种是由于属于感官世界而服从自然因果性，另一种是由于属于知性世界，可以独立于自然因果性而服从理性的法则。第二种立场，对感官世界的原因的独立性即是自由。由于最初的纯粹理性是设想出来的，故自由只是可能的，而非现实的。

这三个论证都依赖于现象与物自身的区分。可是，现象与物自身为什么可以区分？这个问题较为复杂，与之相关的问题还有现象和物自身是何种区分，时间的先验观念性如何为相容论扫除障碍，它们需要占用较大篇幅来阐述。为了避免自由的可能性论证这个部分过于臃肿，本书将其单列出来，在第四章专门讨论。物自身不是铁板一块，它可以分为感性物自身（如感性杂多的刺激来源）、知性物自身（如先验自我）和理性物自身（如先验理念）。物自身和现象的区分要从感性物自身说起。由于刺激总是有刺激来源，现在认识主体已经由刺激获得了感性杂多，因而刺激来源是存在的。又由于人的感性直观只具有被动接受性，不能直接给予感性杂多，因而刺激来源处于感性直观之外。这个没有经过感性直观加工的来源被看作物自身，由此它与经过感性直观乃至知性范畴加工的现象区分开来。感性物自身说明了消极本体的概念。消极本体意味着知性范畴不能越过现象，对物自身进行先验运用。但本体还有积极的一面，它能在实践中敞开一个全新的领域。自由这一先验理念就是这样的本体。在消极意义上，自然因果性不能运用到自由之上，它们之间有种界限，相互分离；在积极意义上，自由可以在实践领域实现它的客观实在性。

由于现象与物自身的区分，自由与自然因果性呈现出一种并列关系。但康德讲到两种品格时，它们的关系变得复杂。两种品格分别是经验性品格和理知品格，前者是经验性的因果性或自然因果性，后者是理知因果性或自由因果性。康德说自然因果性是自由因果性的结果，换言之，二者具有因果关系。因此，在康德的论述中，自由和自然因果性既是种并列关系，又是种因果关系。但这两种关系是冲突的，并列的两个东西没有秩序，原因和结果却有秩序。为了协调这两种关系，我构建了倒 T 模型。顾名思义，倒 T 模型是倒过来的 T 字形，一根竖线将下面的横线一分为二，这根竖线表示自由因果性，自由因果性左边的横线表示自然因果性1，它右边的横线表示自然因果性2。详细的作图请看第五章第二节中的"倒 T 模型"。这个模型意味着理知原因通过自由因果性、自然原因通过自然因果性1 共同作用于任意，任意选择其中一种因果性，然后借助于自然因果性2 产生结果。从这一模型不难看出，自由和自然因果性1 是并列关系，和自然因果性2 是因果关系，这两种关系并不冲突。

这只是论证了自由的可能性，要拯救自由，光是论证可能性还不够，因为它虽然可能存在，但也可能不存在，所以还需要进一步确定下来。这就转到自由的现实性论证。这个论证只能在实践领域考察。由于自由是道德法则的必要条件，而道德法则作为理性的事实已经被赋予客观实在性，因此，作为必要条件的自由也具有客观实在性，即现实性。由此自由被彻底拯救出来。

然而从康德那个时代开始，一直到当代，有许多人对康德拯救自由这件事情表示怀疑。有人怀疑倒 T 模型，认为自由因果性和自然因果性 1 的并列关系会导致过度决定问题。有人主张我们的行动看起来是自由的，但由于对它们给不出对比解释，因而它们实际上不自由。还有人认为合法则的自由会带来他律行动的归责问题。这些质疑都很重要，有的非常经典，例如归责问题从莱因霍尔德就开始提出来，有的从心灵哲学来看一目了然，例如过度决定问题，有的不那么容易看出来，需要借助于行动哲学等理论背景才可以揭示，例如对比解释难题。凡此种种质疑，都对康德的相容论构成挑战，不过康德都能妥善解决。

过度决定问题质疑自由的必要性。由于现象中的结果被自然原因 1 和自由的理知原因共同规定，又由于理知原因随附于自然原因 1，因而理知原因在因果关系中不起作用，实际起作用的是自然原因 1，这样一来，自由因是多余的，自然原因足以解释自然结果，因而整个世界呈现一幅决定论的图景。这个质疑虽然很苛刻，但回应起来并不难。关键在于，理知原因和自然原因 1 是独立的，它们不是随附关系，如果硬要说有随附关系的话，也是自然原因依赖于理知原因，而不是相反，所以，尽管现象中的结果被过度决定了，但这种那个过度决定是可以允许的，它不造成对某一个原因的消除，而是可以保留所有原因。

他律行动的归责问题源于合法则的自由。在合法则的自由的标准下，他律行动是不自由的，不自由的行动不能归责，这就导致荒谬的结论，恶行不能归责，作恶者可以逍遥法外。学界对此的解决思路是论证他律行动也是自由的，因而可以归责，关键在于他律行动具有何种自由。和主流观点相同，我认为他律行动具有自发的自由，也就是说，由于任意具有绝对自发性，因而无论它做出自律行动还是他律行动，都是自由的。不过与主流观点不同的是，负责的不是任意，而是意志或纯粹实践理性，正是由于理性的失职和意志的纵容，才使得任意滥用了自己的自由。这个观点需要回答两个重要质疑，其一，它看上去与《道德形而上学》的文本冲突。在那里康德说两可的选择能力不能界定任意自由，而上面的解决方案诉诸了选择能力。其二，既然任意具有绝对自发性，做什么都自由，那么如何解释生活中的不自由现象。我对第一个质疑的回应是：选择能力的确不是任意自由的定义，但它可以从这个定义推出来。任意自由的定义是绝对自发性，绝对自发性可以推出任意具有两可的选择能力，一旦它具有选择能力，就可以解决归责问题。因此，这个方案和文本不冲突。对第二个质疑的回应是：我们既可以依据自发的自由，也可以依据合法则的自由对行动进行判定，而对于那些不自由的行动，用后者判定往往更为合适。例如行动者的被迫行动，虽然他仍然可以选择反抗，具有自发的自由，但我们通常会认为这个行动是不自由的，不追究行动者的责任，因为他失去了合法则的自由。因此，合法则的自由可以给不自由的现象提供解释。

基于对比解释难题的三个案例似乎表明行动是随机的，因而不自由。任意在选择感性动机还是理性动机时解释不了为什么选择这个而不是那个，给不出对比解释，因而这个行动是随机的，随机的行动不自由。无时间的原因在特定时刻产生时间中的结果，我们解释不了它为什么在这个时刻而不是其他时刻产生结果，因而这个结果是随机产生的，不自由。因瓦根认为不被决定的自由行动给不出对比解释，因而实际上是随机的，不自由。这三个案例共同的逻辑线是：我们对行动给不出对比解释—行动是随机的—行动是不自由的。我的回应是：尽管动机选择行动、时机选择行动和不被决定的行动给不出对比解释，它们是随机的，但由于这种选择处于行动者的控制范围内，因而它们仍然是自由的。就像我在一筐鸡蛋中随便选出一个，此时没法回答为什么选这个而不是旁边那个，这确实是随机选的，但它仍然是个自由行动，因为这一筐鸡蛋都在我的控制范围内，不管我选哪个都是自由的。

以上对自由的拯救和对质疑的回应可以表明康德的相容论是立得住的。接下来我将简要地表明，它还可以在当代自由意志问题的讨论中展现出独特的价值。在关于自由与决定论的讨论中，当代大致有两种版本的相容论，一是来源版本，二是可供取舍的可能性的版本。康德的相容论跟这两种版本都不同，但相比而言，它更接近于来源版本。康德基于理性主义立场认为理性是真正的自我，自主能力的拥护者认为二阶意愿（the second-order volition）是真正的自我，二者有所不同，但它们在自发性这一点上是相同的，因而比较接近。

我们先考察可供取舍的可能性的相容论，它的论证如下：

1. 如果一个行动是自由的，那么行动者本来能够做其他事情；
2. 即便决定论为真，也存在本来可以做其他事情的能力；

3. 因此，即便决定论为真，行动者也具有自由。

第一个前提是可供取舍的可能性的版本的自由界定，即行动者本来可以做其他事情的能力，这种相容论的难点在于第二个前提的确立，如果决定论为真，为什么还存在本来可以做其他事情的能力？

看上去，二者是不相容的，因为（1）如果决定论为真，那么在给定遥远的过去和自然律的情况下，行动者的行动只有一种可能；（2）如果在给定遥远的过去和自然律的情况下，行动者的行动只有一种可能，那么没有行动者本来能够做其他事情，（3）因此，如果决定论为真，没有行动者本来能够做其他事情。这里的第一个前提可以被看作决定论的定义，即在任何一个时刻，世界只有一个物理可能的未来，或者，t 时刻之前的遥远过去和自然律的合取蕴含着 t 时刻的宇宙状态，因而第一个前提是无可置疑的。这样一来，要反驳这个论证，唯一的途径就是否定第二个前提。这就意味着，即便行动者的行动只有一种可能，他也仍然本来能够做其他事情。于是，可供取舍的可能性的版本的相容论者就开始对"本来能够做其他事情"进行条件分析（conditional analysis）。

通过条件分析，"本来能够做其他事情"的含义是：假如行动者想做不同于实际所做的事情，他就已经那样做了。这是一种虚拟语气，它依赖于反事实条件。按照这种主张，一个行动是自由的，当且仅当行动者本来能够做其他行动。比如，眼前摆着苹果和梨，我选择了苹果。如何判定这个行动是自由的呢？只有当我本来能够选其他选项时，我选苹果的行动才是自由的。那么，如何理解"我本来能够选其他选项"呢？可以这样理解：假如我在选苹果的同时想要选梨，我就确实能够选到梨。如果这样的话，那么我就具有本来能够选其他选项的能力，而一旦我具有这种能力，那么我选苹果的行动就是自由的。

由于条件分析是反事实的，因而它可被用于相容论，也就是说，即便行动者的行动只有一种可能，他也本来能够做其他行动。决定论所持有的单一世界，在相容论者看来，只是现实世界。相容论者承认，现实世界被过去和自然律的合取所蕴含，呈现出单一的状态，但还有无数个可能世界。条件分析可以保证可能世界的存在，在选苹果和梨的例子中，虽然我实际上选的是苹果，但如果我选梨的话，肯定是可以选到的，这是个很强的直觉。一旦有了可能世界，就有了自由，因为可能世界使得世界的图景从单一开始分岔，有分岔就有自由。但是，有了自由，并没有破坏决定论，因为每个可能世界都受到自然律的决定。

不过，条件分析遭到一个强有力的攻击：即便满足条件分析的要求，行动也未必是自由的。我们看看这样一个案例：假设丹妮尔有种心理疾病，她非常反感金黄色的东西，从来不愿去接近这些东西。有一天她生日，她爸爸给她的生日礼物是两只小狗，一只是金毛狗，一只是小黑狗。她爸爸让她任选一只，选中哪只就把那只送给她。结果，她毫不犹豫地选了小黑狗。① 问题出现了：丹妮尔选小黑狗是自由的行动吗？我们知道她选小黑狗的同时是不能选金毛狗的，因为她有心理疾病，永远也不会选金毛狗。这说明，她选小黑狗并不是一个自由的行动，因为实际上她只面临一个选项，金毛狗的选项对她来说是不存在的。但是，根据条件分析，丹妮尔本来是能够选金毛狗，因为假如她想要选金毛狗的话，她是能够选到的。她爸爸已经承诺了，选到哪只就送给她哪只。所以，条件分析的结果和实际的结果不一致：它的结果是丹妮尔自由地选了小黑狗，而实际的情况是这个行动并不自由。因此，通过条件分析界定自由是不合适的。

可供取舍的可能性的版本的相容论者由此发展了升级版——倾向分析（dispositional analysis）。在倾向分析下，某人本来能够做其他事情，当且仅当，这个人具有做其他事情的基本倾向。它与条件分析的差别在于，它在自由的界定中加入了心理因素，减弱了对反事实条件的依赖。按照条件分析，需要在虚拟的情况下成功地做到那件事情，而倾向分析只需要有做其他事情的倾向就行了，不管那件事情在反事实条件下能否做到。这样一来，它就能应付上述攻击了。按照倾向分析，丹妮尔并不具有选择金毛狗的倾向，因为她有心理疾病，因此她选小黑狗的行动是不自由的。分析的结果与实际情况相吻合，这说明它可以很好地回避掉条件分析遇到的问题。至此，可供取舍的可能性的版本的相容论者捍卫了相容论的立场。

同可供取舍的可能性的版本相容论相比，康德的相容论显示出诸多

---

① 参见斯坦福哲学百科全书：http：//plato. stanford. edu/entries/compatibilism/#3.3，以及 Peter van Inwagen，*An Essay on Free Will*，Oxford：Clarendon Press，1983，pp. 114–119。

缺陷，首先是理论预设多。他的先验观念论在当代基本上不被认可，这种物自身与现象的二元结构让人难以接受。其次，论证的步骤太多，必须先论证自由的可能性，再论证自由的实在性，但如果采用可供取舍的可能性的版本，过程就简单多了。如果可供取舍的可能性的版本能够完成相容论的论证，那么康德的相容论就是不必要的。

可是，即便倾向分析能够确立经典相容论的第二个前提，也无法确保结论的成立，因为有人攻击了第一个前提，即可供取舍的可能性的版本的自由界定——行动者本来可以做其他事情的能力。对此做出有力论证的有哈里·法兰克福。他的论证是建立在对 PAP（the principle of alternate possibilities）的否定的基础上的。PAP 是可供取舍的可能性的原则，即仅当一个人本来能够做其他行动，他才对他所做的行动负道德责任。否定 PAP 意味着，即便行动者本来不能做其他行动，他也需要负道德责任。法兰克福的论证是这样的：

1. PAP 错误；

2. 如果 PAP 错误，那么本来可以做其他行动的能力不是道德责任的必要条件；

3. 自由是道德责任的充要条件；

4. 因此，自由并不意味着本来可以做其他事情的能力。

其中，1→2 + 3→4。第一个前提是关键，下文着重考察，这里先承认它。如果第一个前提成立，那么第二个前提也会成立，因为如果本来可以做其他事情的能力是道德责任的必要条件，那么没有这种能力就不必负道德责任，这与第一个前提正好相反，因此，本来可以做其他事情的能力不是道德责任的必要条件。第三个前提是我们基本认同的，因此它与第二个前提的合取得出结论。

为了反驳 PAP，法兰克福设计了一个著名的思想实验：假定存在某个干涉者，他能够通过某种方式，比如操控琼斯的大脑微观过程来干涉琼斯的决定。又假定干涉者总是等琼斯下定决心后才决定是否干涉，如果琼斯的决定与他预期的相符，他不干涉；如果琼斯的决定与他预期的不符，他实行干涉，最终使得琼斯只能按照他预期的行动去做。再假定这个干涉者从来都没有实行干涉，因为琼斯总是独立地下决心并确实做了该干涉者想做的事情。①

在这个案例中，干涉者的存在使得琼斯本来不能够做不同于实际所做的行动，因为一旦他有不同于干涉者的意愿，干涉者马上进行修改，在这种情况下，琼斯的行动只有一种可能，就是做符合干涉者所预期的行动，所以，即便他本来可以产生不同的意愿，但却无法将其实现出来，最终还是本来不能做不同于实际所做的行动。但是，直觉告诉我们，琼斯需要为他的行动负道德责任，因为干涉者的存在对他的现实行动来说，没起任何作用，他的行动完全是出于他自己的意愿做出来的。因此，思想实验的结论是：琼斯本来不能做其他事情，但他需要负道德责任。而PAP意味着一个人本来不能做其他行动与他要负道德责任是不相容的，因此PAP错误。

这样一来，自由可以通过别的方式，而非可供取舍的可能性来界定，因此，在经典相容论的论证中，第一个前提是成问题的。既然如此，我们可以改用另一个版本，即来源版本。来源版本的相容论的论证如下：

1. 如果一个行动是自由的，那么行动者是行动的最终来源；
2. 即便决定论为真，行动者也是行动的最终来源；
3. 因此，即便决定论为真，行动者也是自由的。

这个论证的有效性是不成问题的，主要是看前提的可靠性。第一个前提是可靠的，因为它是自由的界定，它意味着行动的原因可以终结于行动者，不能再往前追溯。关键是看第二个前提，为什么即便决定论为真，行动者还是行动的最终来源？这是来源版本的相容论难以解决的问题，在长长的因果序列中，为什么行动的原因可以终止于行动者，换言之，行动者究竟有什么特质能够使自身成为行动的最终来源？正是在这个问题上，康德的相容论显示出某种优越性。

根据康德的结合论，行动的原因可以终止于行动者的任意。在实践的视角下，引发行动的发生机制是这样的：任意制定准则，然后借助于作为中介的经验性品格引发行动，因而这个行动在现象的序列中首次开始。这意味着任意是行动的最终来源，因为一切准则都是由任意制定的，

---

① 哈里·法兰克福：《可供取舍的可能性与道德责任》，葛四友译，载《自由意志与道德责任》，徐向东编，江苏人民出版社2006年版，第364—365页。

自然原因无法直接规定任意。例如在减肥→我节食→我病倒的因果序列中，我不能把原因追溯到我天生的肥胖和他人给我的节食建议上，因为天生的肥胖和他人给我的建议对于我的任意来说，都只是先行条件，我的任意可以采纳，也可以不采纳。我们完全可以设想在同等的条件下，他人不受这些先行条件影响的情况。所以，我病倒这个结果是源于我节食，而我节食则源于我的任意的决定，原因序列到此为止，不能再往前追溯了。可以往前回溯的，都是一些解释性的原因。当然，结合论的成立必须依赖于先验观念论，如果任意不在本体领域，而是一种现象，那么它就成不了行动的最终来源，因为凡事都有原因，任意也不能例外，这样它就只是因果序列中的一环，而不能自行开始一个因果序列了。正是借助于先验观念论和结合论，行动的原因才能够终止于行动者，让因果序列停下来。

相容论的讨论是个形而上学问题，不管是可供取舍的可能性的版本的相容论，还是来源版本的相容论，它们各自都存在缺陷。在这个问题域中，康德的相容论可以提供它们无法满足的一种解决方案。正如谢胜建所言，"我相信康德对解决自由意志问题的尝试是开创性的，因为他至少将自由从决定论的控制中分离出来。我同样相信一个成功的解决必须在于这种分离"①。我相信还可以从更多层面和角度挖掘康德相容论的意义与价值。

---

① Xie Sheng jian, "What Is Kant: A Compatibilist Or An Incompatibilist?" in *Kant-Studien*, 100 (2009), 76.

参考文献

一 中文文献

（一）康德原著

《纯粹理性批判》，邓晓芒译，杨祖陶校，人民出版社2017年版。

《纯然理性界限内的宗教》（注释本），李秋零译注，中国人民大学出版社2012年版。

《道德形而上学》（注释本），张荣、李秋零译注，中国人民大学出版社2013年版。

《〈道德形而上学〉导言》，曾晓平、邓晓芒译，载《哲学译丛》1992年第5期。

《道德形而上学的奠基》（注释本），李秋零译，中国人民大学出版社2013年版。

《道德形而上学奠基》，杨云飞译，邓晓芒校，人民出版社2013年版。

《康德书信百封》，李秋零编译，上海人民出版社2006年版。

《康德著作全集》第1—6卷，李秋零主编，中国人民大学出版社2003—2007年版。

《判断力批判》，邓晓芒译，杨祖陶校，人民出版社2005版年版。

《实践理性批判》，邓晓芒译，杨祖陶校，人民出版社2016版年版。

（二）专著

邓晓芒：《康德哲学讲演录》，广西师范大学出版社2005年版。

邓晓芒：《康德哲学诸问题》，生活·读书·新知三联书店2006年版。

邓晓芒：《康德〈纯粹理性批判〉句读》，人民出版社2010年版。

韩水法：《康德物自身学说研究》，商务印书馆2007年版。

刘凤娟：《康德因果性理论研究》，社会科学文献出版社 2017 年版。

卢雪昆：《康德的自由学说》，台湾里仁书局 2009 年版。

徐向东编：《自由意志与道德责任》，江苏人民出版社 2006 年版。

徐向东：《理解自由意志》，北京大学出版社 2008 年版。

杨祖陶、邓晓芒：《康德〈纯粹理性批判〉指要》，人民出版社 2001 年版。

　（三）译著

[美] 亨利·阿利森：《康德的自由理论》，陈虎平译，辽宁教育出版社 2001 年版。

[美] 刘易斯·贝克：《〈实践理性批判〉通释》，黄涛译，华东师范大学出版社 2011 年版。

[美] 唐纳德·戴维森：《真理、意义、行动与事件》，牟博译，商务印书馆 1993 年版。

[美] 哈里·法兰克福：《事关己者》，段素革译，浙江大学出版社 2011 年版。

[德] 奥特弗里德·赫费：《康德：生平著作与影响》，郑伊倩译，人民出版社 2007 年版。

[德] 奥特弗里德·赫费：《康德的〈纯粹理性批判〉》，郭大为译，人民出版社 2008 年版。

[美] 金在权：《物理世界中的心灵》，刘明海译，商务印书馆 2015 年版。

[德] 莱布尼茨：《人类理智新论》，陈修斋译，商务印书馆 1982 年版。

[英] 托马斯·里德：《论人的行动能力》，丁三东译，浙江大学出版社 2011 年版。

[美] 约翰·罗尔斯：《道德哲学史讲义》，张国清译，上海三联书店 2003 年版。

[英] 裴顿：《康德的经验形而上学——〈纯粹理性批判〉上半部注释》，韦卓民译，华中师范大学出版社 2009 年版。

[德] 叔本华：《充足理由律的四重根》，陈晓希译，商务印书馆 1996 年版。

[英] 康蒲·斯密：《康德〈纯粹理性批判〉解义》，韦卓民译，华中师范大学出版社 2000 年版。

［英］亨利·西季维克：《伦理学方法》，廖申白译，中国社会科学出版社1993年版。

［英］休谟：《人类理智研究》，周晓亮译，中国法制出版社2011年版。

［英］休谟：《人性论》（上册），关文运译，商务印书馆1980年版。

（四）期刊论文

白文君：《也论康德自由概念的三个层次》，《兰州学刊》2011年第6期。

陈嘉明：《概念实在论：康德哲学的一种新解释》，《哲学研究》2014年第11期。

陈伟：《论康德的"物自身"与"自由"的关系》，《吉首大学学报》（社会科学版）2008年第1期。

董滨宇：《"先验自由"与理性的功能——对阿利森关于康德哲学中相关批评的质疑》，《兰州学刊》2010年第3期。

段素革：《关于可供取舍的可能性原则的一个再思考——在哈里·G.法兰克福的自主性理论框架内》，《云南大学学报》（社会科学版）2011年第4期第10卷。

段素革：《认同与自主性——H. G. 法兰克福意志自由概念探析》，《河北师范大学学报》（哲学社会科学版）2011年第4期第34卷。

邓南海：《确立客观相继的因果原理——对康德"第二类比"的"弱读"》，《自然辩证法研究》2010年第4期。

邓晓芒：《康德时间观的困境和启示》，《江苏社会科学》2006年第6期。

邓晓芒：《康德自由概念的三个层次》，《复旦学报》（社会科学版）2004年第2期。

傅永军：《康德道德归责论探赜》，《道德与文明》2018年第5期。

宫睿：《康德的相容论》，《当代中国价值观研究》2016年第6期。

韩林合：《论康德哲学中的过度决定问题》，《学术月刊》2020年第8期。

胡好、张莉：《对比解释难题会威胁到行动者因果性理论吗》，《哲学动态》2018年第3期。

胡好：《康德是相容论者吗》，《哲学评论》2016年第2期。

胡好：《康德哲学中的抉意自由》，《道德与文明》2013年第6期。

胡好：《论康德对自由的捍卫》，《山东科技大学学报》（社会科学版）2012年第5期。

胡好：《论叔本华对康德因果关系理论的反驳》，《西北师大学报》（社会科学版）2018 年第 4 期。

胡好：《再论自由、强制和必然——与刘清平教授商榷》，《道德与文明》2019 年第 5 期。

胡学源：《康德哲学中的"归责问题"及其解决——以两种意义的意志自律概念为基础》，《世界哲学》2021 年第 6 期。

姜树培：《斯宾诺莎与莱布尼茨自由观之比较》，《湖南师范大学社会科学学报》1993 年第 2 期。

克勒梅：《自由与自然必然性的对立——克里斯蒂安·伽尔韦的问题与康德的解决》，钱康译，《复旦学报》（社会科学版）2018 年第 4 期。

李恒熙：《自由意志是道德责任的必要条件吗？》，《现代哲学》2009 年第 6 期。

李建华、覃必青：《论康德的道德自由观》，《哲学研究》2007 年第 7 期。

李科政：《立法的类比性与自律的必然性——康德伦理学中的一个问题》，《中国人民大学学报》2022 年第 3 期。

李梅：《康德如何确立自由概念的实在性》，《安徽大学学报》（哲学社会科学版）1996 年第 2 期。

刘凤娟：《被误读的休谟》，《南昌大学学报》（人文社会科学版）2013 年第 1 期。

刘作：《康德对自由和道德律的演绎》，《德国哲学》，中国社会科学出版社 2010 年版。

吕超：《人类自由作为自我建构、自我实现的存在论结构——刘康德自由概念的存在论解读》，《哲学研究》2019 年第 4 期。

钱捷：《因果律的休谟诠释和康德诠释——兼对〈休谟因果问题的重新发现及解决〉一文提几点质疑》，《哲学研究》1999 年第 3 期。

舒永生：《康德时间本质的学说探源》，《南京社会科学》1999 年第 10 期。

苏德超：《"先验观念论"和"经验性实在论"试析——兼谈牟宗三对康德哲学的误读》，《江苏社会科学》2003 年第 6 期。

苏德超：《自由与自然是如何相容的？——从视网膜类比看康德相容论难题》，《云南师范大学学报》（哲学社会科学版）2019 年第 5 期。

田广兰:《康德伦理学中关于自由的两个证明》,《东南大学学报》(哲学社会科学版)2008 年第 4 期。

田平:《自由意志的深问题及其知识论的解决方案》,《哲学研究》2007 年第 3 期。

王建军:《论康德空间与时间表象中的统一性》,《哲学研究》2009 年第 5 期。

王建军:《康德自由理论的两个前提》,《安徽大学学报》(哲学社会科学版)2010 年第 3 期。

吴童立:《康德能够解决休谟问题吗》,《学术研究》2017 年第 12 期。

徐向东:《论行动者因果性理论的不连贯性》,《心智与计算》2007 年第 1 期。

徐晓宇、姜军:《自由的实在性之思》,《理论探讨》2010 年第 4 期。

易晓波:《康德实践理性的事实概念及其对自由的证明》,《现代哲学》2008 年第 6 期。

张传有:《康德道德哲学中的准则概念》,《西北师大学报》(社会科学版)2004 年 11 月。

张双龙:《莱布尼茨对自由与必然迷宫的破解及其存在的问题》,《湖北大学学报》(哲学社会科学版)2010 年 5 月。

甄龙:《康德"第二类比问题"再探——基于两种因果模式的区分》,《东岳论丛》2014 年第 9 期。

朱会晖:《康德关于自由与必然的相容论是融贯的吗》,《南京社会科学》2020 年第 4 期。

朱会晖:《自由的现实性与定言命令的可能性——对康德〈道德形而上学奠基的新理解〉》,《哲学研究》2011 年第 12 期。

(五)硕博论文

胡好:《康德的相容论》,博士学位论文,武汉大学,2012 年。

杨云飞:《定言命令研究》,博士学位论文,武汉大学,2006 年。

曾晓平:《自由的危机与拯救》,博士学位论文,武汉大学,1995 年。

二 外文文献

（一）康德原著

Kant, *Critique of Practical Reason*, translated by Mary Gregor, Cambridge: Cambridge University Press, 1997.

Kant, *Critique of Pure Reason*, ed. Paul Guyer. Cambridge: Cambridge University Press, 1998.

Kant, *Practical Philosophy*, ed. Paul Guyer. Cambridge: Cambridge University Press, 1999.

Kant, *Critique of the Power of Judgment*, Trans. Paul Guyer and Eric Matthews. Cambridge: Cambridge University Press, 2000.

Kant, *Groundwork for the Metaphysics of Morals*, ed. and trans. Allen W. Wood. New Haven: Yale University Press, 2002.

Kant, *Groundwork of the Metaphysics of Morals* (A German-English Edition), ed. and trans. by M. Gregor and J. Timmermann, Cambridge: Cambridge University Press, 2011.

Kant, *Lectures on Ethics*, Trans. Peter Heath. Cambridge: Cambridge University Press, 1997.

Kant, *Metaphysical of Morals*, ed. and trans. Mary Gregor. Cambridge: Cambridge University Press, 1999.

Kant, *Notes and Fragments*, ed. Paul Guyer. Cambridge: Cambridge University Press, 2005.

Kant, *Opus Postumum*, ed. Eckart Förster. Cambridge: Cambridge University Press, 1995.

（二）专著与论文

H. E. Allison, *Kant's Theory of Freedom*. Cambridge: Cambridge University Press, 1990.

H. E. Allison, *Kant's Transcendental Idealism*. New Haven: Yale University Press, 2004.

H. E. Allison, *Kant's Groundwork for the Metaphysics of Morals—A Commentary*, Oxford: Oxford University Press, 2011.

H. E. Allison, "Kant's Non-Sequitur", *Immanuel Kant*, Vol. I, ed. H. F. Klemme and M. Kuehn, Ashgate, 1999.

H. E. Allison, *Idealism and Freedom: Essays on Kant's Theoretical and Practical Philosoph.* Cambridge: Cambridge University Press, 1996.

H. E. Allison, "Practical and Transcendental Freedom in*The Critique of Pure Reason*", *Kant-Studien* 73 (1982).

L. W. Beck, *A Commentary on Kant's Critique of Practical Reason.* Chicago: University of Chicago Press, 1960.

L. W. Beck, (ed.) *Essays on Kant and Hume.* New Haven: Yale University Press, 1978.

L. W. Beck, "Five Concepts of Freedom in Kant", *Stephan Körner-Philosophical Analysis and Reconstruction*, ed. J. T. J. Srzednicki. Hingham: Kluwer, 1987.

L. W. Beck, "A Prussian Hume and a Scottish Kant", *Essays on Kant and Hume.* New Haven: Yale University Press, 1978, 111 – 129.

J. F. Bennett, "Commentary: Kant's Theory of Freedom", *Self and Nature in Kant's Philosophy*, ed. A. W. Wood. Ithaca: Cornell University Press, 1984.

J. F. Bennett, *Kant's Analytic.* Cambridge: Cambridge University Press, 1966.

G. Bird, (ed.) *A Companion to Kant.* Blackwell, 2006.

C. D. Broad, "Determinism, Indeterminism and Libertarianism", *Ethics and the History of Philosophy*, London: RKP, 1952.

L. Chipman, "Things-in-Themselves", *Immanuel Kant*, Critical Assessments, edited by Ruth F. Chadwick and Clive Cazeaux, London and New York: Routledge, 1992.

K. Coble, "How Compatibilists Can Account for the Moral Motive: Autonomy and MetaphysicalInternalism", *Kant-Studien*, 98 (2007).

D. Davidson, *Essays on Actions and Events*, Oxford: Clarendon Press, 1980.

G. Dicker, *Kant's Theory of Knowledge: An Analytical Introduction*, Oxford: Oxford University Press, 2004.

S. Engstrom, "Conditioned Autonomy", *Philosophy and Phenomenological Research*, 48 (1988).

A. C. Ewing, *Kant's Treatment of Causality*, Kegan Paul, Ltd, 1924.

L. Falkenstein, "Kant's Argument for the Non-Spatiotemporality of Things in Themselves", *Kant-Studien*, 80 (1989).

H. G. Frankfurt, "Alternate Possibilities and Moral Responsibility", *Journal of Philosophy*, 66 (1969).

C. Ginet, "Freedom, Responsibility, and Agency", *The Journal of Ethics*, 1997.

P. Guyer, *Kant.* London and New York: Routledge, 2006.

P. Guyer, *Kant and the Claims of Knowledge*, Cambridge: Cambridge University Press, 1987

P. Guyer, (Ed.) *Kant and the Modern Philosophy.* Cambridge: Cambridge University Press, 2006.

P. Guyer, (Ed.) *The Cambridge Companion to Kant.* 生活·读书·新知三联书店: 2006.

R. Hanna, *Kant, Science, and Human Nature*, Oxford: Oxford University Press, 2006.

C. Horn, *Groundwork for the metaphysics of morals.* Berlin: Walter de Gruyter, 2006.

C. Howard, *A Kant Dictionary.* Oxford, UK; Cambridge, Mass, USA: Blackwell Reference, 1995.

H. Hudson, *Kant's Compatibilism*, Ithaca and London: Cornell University Press, 1994.

H. Hudson, "Wille, Willkür, and Imputability of Immoral Actions", *Kant-Studien* 82 (1991).

D. Hume, *An Enquiry Concerning Human Understanding and Other Writings*, ed., S. Buckle, Cambridge: Cambridge University Press, 2007.

P. v. Inwagen, *An Essay on Free Will*, Oxford: Clarendon Press, 1983.

P. v. Inwagen, "Free Will Remains a Mystery", *Philosophical Perspectives*, 2000 (14).

R. Kane, "Two Kinds of Incompatibilism", *Philisophy and Phenomenological*, 1989 (50).

H. Langsam, "Kant's Compatibilism and His Two Conceptions of Truth", *Pacific Philosophical Quarterly*, 81 (2000).

R. Langton, *Kantian Humility*, Oxford: Oxford University Press, 1998.

Chong-Fuk. Lau, "Freedom, Spontaneity and the Noumenal Perspective", *Kant-Studien*, 99 (2008).

A. Lovejoy, "On Kant's Reply to Hume", *Kant: Disputed Questions*, ed. Moltke S. Gramed, Chicago: Quadrangle Books, 1967.

P. Lukow, "The Fact of Reason——Kant's Passage to Ordinary Moral Knowledge", *Kant-Studien*, 84 (1993).

J. Mackie, "Causes and Conditions", *American Philosophy Quarterly* 2, Sosa and Tooley, 1993.

Marshall, C. "Kant's Appearances and Things in Themselves as Qua-Objects", *The Philosophical Quarterly*, 252 (63): 2013.

R. Meerbote, "Kant on Freedom and the Rational and Morally Good Will", *Self and Nature in Kant's Philosophy*, ed. A. W. Wood. Ithaca: Cornell University Press, 1984.

R. Meerbote, (Ed.) *Kant on Causality, Freedom, and Objectivity*. Minnesota: University of Minnesota Press, 1984.

R. Meerbote, "Kant on the Nondeterminate Character of Human Actions", *Kant on Causality, Freedom, and Objectivity*, Minnesota: University of Minnesota Press, 1984.

A. R. Mele, *Free Will and Luck*. Oxford: Oxford University Press, 2006.

T. O'Connor, "Agent Causation", *Agents, Causes and Events: Essays on Indeterminism and Free Will*, ed., T. O'Connor, New York: Oxford University Press, 1995.

T. O'Connor, "Agent-Causal Power", *Dispositions and Cause*, ed., Toby Handfield. New York: Oxford University Press, 2009.

T. O'Connor, *Persons and Causes*. Oxford: Oxford University Press, 2000.

D. Pereboom, "Kant on Transcendental Freedom", *Philosophy and Phenomenological Research*, November 2006.

A. Reath, *Agency and autonomy in Kant's moral theory*. Oxford: Oxford University Press, 2006.

T. Reid, *The Works of Thomas Reid.* ed. , Williams Hamilton. Edinburgh: Georg Olms Verlag, 1895.

M. Rosen, "Kant's Anti-Determinism", *Proceedings of the Aristotelian Society*, New Series, Vol. 89 (1988 – 1989) .

W. L. Rowe, "Responsibility, Agent-Causation and Freedom: An Eighteenth-Century View", *Ethics.* 1991 (101) .

E. Sandberg, "Causa Noumenon and Homo Phaenomenon", *Kant-Studien*, 75 (1984) .

E. Sherline, "Heteronomy and Spurious Principles of Morality in Kant's Groundwork", *Pacific Philosophical Quarterly*, 76 (1995)

H. Sidgwick, *The Methods of Ethics.* Chicago: The University of Chicago Press, Seventh Edition, 1907.

P. Strawson, *The Bounds of Sense*, New York: Methuen & Co. Ltd, 1966.

W. A. Suchting, "Kant's Second Analogy of Experience", *Kant-Studien*, Walter de Gruyter, 58 (1967) .

P. Thielke, "Discursivity and Causality: Maimon's Challenge to the Second A-nalogy", *Kant-Studien*, Walter de Gruyter, 92 (2001) .

E. H. Thomas, (ed.) *The Blackwell guide to Kant's ethics.* iley-Blackwell, 2009.

J. Timmermann, and A. Reath, (ed.) *Kant's Critique of Practical Reason A Critical Guide.* Cambridge: Cambridge University Press, 2009.

J. Timmermann, (ed.) *Kant's Groundwork of the Metaphysics of Morals A Critical Guide.* Cambridge: Cambridge University Press, 2009.

J. Timmermann, *Kant's Groundwork metaphysics of morals A Commentary.* Cambridge: Cambridge University Press, 2007.

B. Vilhauer, "Incompatibilism and Ontological Priority in Kant's Theory of Free Will", *Rethinking Kant: Volume I*, ed. , Pablo Muchnik, Cambridge: Cambridge Scholars Publishing, 2008.

R. Walker, *Kant*, Routledge and Kegan Paul Ltd, 1978.

W. H. Walsh, "Kant's Transcendental Idealism", *Kant on Causality, Free-*

dom, *and Objectivity*, Minnesota: University of Minnesota Press, 1984, 83 – 96.

E. Watkins, *Kant and the Metaphysics of Causality*, Cambridge: Cambridge University Press, 2005.

A. W. Wood, "Kant's Compatibilism", *Self and Nature in Kant's Philosophy*, ed. A. W. Wood. Ithaca: Cornell University Press, 1984.

A. W. Wood, (ed.) *Self and Nature in Kant's Philosophy*. Ithaca: Cornell University Press, 1984.

A. W. Wood, *Kant's ethical thought*. Cambridge: Cambridge University Press, 1999.

Xie Shengjian, "What Is Kant: A Compatibilist Or An Incompatibilist?", *Kant-Studien*, 100 (2009).

G. Yaffe, "Freedom, Natural Necessity and the Categorical Imperative", *Kant-Studien*, 86 (1995).

后　记

　　本书是在我的博士论文的基础上修订而成的，说是修订，其实基本上是重写。说来惭愧，我 2012 年毕业，早就该将其扩展成书的，但由于刚工作需要站稳讲台，后来研究兴趣又转向其他主题，所以一直耽搁着。好在这些年我一直不间断地思考自由意志问题，除了康德的文本，还阅读了形而上学、心灵哲学、行动哲学等领域的文献，现在的思考比以前更加深入了。

　　在写作过程中，我时不时回想起读博的时光。那个时候我们研究德国古典哲学的风气可真浓，一大批学生跟随邓晓芒老师、曾晓平老师、赵林老师研究康德、黑格尔等哲学家的思想，以至于我都有个错觉，到武汉大学学外国哲学不就是学德国古典哲学吗。当时出去开德国古典哲学的会议，近一半参会者都是武汉大学毕业的。我很幸运，博士论文每写出一章，我的导师曾晓平教授都会组织师门的同学集体讨论。经过一章一章的讨论以及曾老师的悉心指导，我的论文质量得到显著提升。这种开组会的方法非常好，我现在也沿用下来。

　　本书参考了一些已发表的论文，具体而言，第一章参考《论叔本华对康德因果关系理论的反驳》，第三章参考《康德是相容论者吗》，第五章参考《论康德对自由的捍卫》，第六章参考《康德对自由与自然因果性的相容性论证》，第八章参考《康德哲学中的抉意自由》，第九章参考《对比解释难题会威胁到行动者因果性理论吗》。

　　本书的写作得到钱永生、魏亚杰、毛喜文、陈佩等老师和同学的鼎力相助，尤其是魏亚杰同学，他对全文的文字和格式编辑做了大量的工作。在此我对他们表示由衷的感谢。还要郑重感谢教育部人文社会科学重点研究基地中华伦理文明研究中心、中国特色社会主义道德文化省部共建协同创新中心、湖南师范大学哲学系对本书的资助。

胡　好

2023 年 4 月于岳麓山下